克里斯蒂娃学术精粹选译
祝克懿 主编

语言，这个未知的世界

Le Langage, cet inconnu

［法］朱莉娅·克里斯蒂娃 著
马新民 译

复旦大学出版社

内容简介

本书是法国当代著名语言学家、哲学家、思想家、精神分析学家、文学批评家朱莉娅·克里斯蒂娃1969年出版的一本语言学专著。作者以广阔的多重视野，以史论的眼光对语言和语言学作重新审视和梳理，系统地汇总了人类史前时期至当代各种文明文化对语言的认识、思考和研究，是一本颇有价值的语言学百科全书。尽管此书侧重西方文明对语言的反思，但它从世界文明和哲学的角度对语言与人类思想发展史的独特追述，必将对阅读此书中文译本的海内外读者产生巨大的影响。

本书是一本不可多得的语言学入门教材。并且，所有对人文科学和语言学感兴趣的人也一定会受益于书中独特的对语言思想史、语言文明发展史的哲学思辩与精辟阐述。

Le Langage, cet inconnu

作者介绍

朱莉娅·克里斯蒂娃（Julia Kristeva）1941年6月24日出生于保加利亚，1965年圣诞前夕移居法国。现为法国巴黎第七大学教授、"罗兰·巴特研究中心"主任，兼任欧美多所著名大学和研究机构的常任客座教授、荣誉博士。

克里斯蒂娃学术成就卓著，与其师罗兰·巴特同为后结构主义文本理论的创始人，于20世纪60年代后期创立了互文性理论，并在符号学、语言学、哲学、文学理论、精神分析、女性主义等学科领域都有重大建树，其学术影响力是世界性的、前沿的、多领域的和持续性的。主要著作有《符号学：符义分析探索集》《语言，这未知的世界》《作为文本的小说》《诗歌语言革命》《中国妇女》《多元逻辑》《恨与谅》《时间的冲动》等42种，其中35种已被译成英语。克里斯蒂娃多次获得人文社科类重要奖项和荣誉称号，如：法国"文学艺术骑士勋章"（1987）、法国"荣誉勋位骑士勋章"（1997）、美国"艺术与科学学院"荣誉会员（1998）、美国哈佛大学荣誉博士（1999）、挪威"霍尔堡国际纪念奖"（2004）、比利时自由大学荣誉博士（2000）、德国"汉娜·阿伦特政治思想奖"（2006）、中国上海交通大学欧洲文化研究院荣誉院长（2010）、阿根廷布宜诺斯艾利斯大学荣誉博士（2011）、英国玛丽女王大学荣誉博士（2011）、法国"国家功勋章司令勋位"（2011）、复旦大学主办的中国语言学核心期刊《当代修辞学》学术顾问（2012）、法国"荣誉军团勋章司令勋位"（2015）等。曾任法国政府顾问、法国总理残疾人状况顾问。

Le Langage, cet inconnu

译者介绍

马新民，1975至1977年作为"文革"后第一批中法政府交流学生在巴黎第三大学学习法国语言和文化，1990年获瑞士洛桑大学语言学博士。现为美国丘博保险集团公司资深程序分析师。主要研究兴趣是语言学理论、语言教学和中国方言。曾发表过数篇法语教学和方言研究论文。

Le Langage, cet inconnu

"克里斯蒂娃学术精粹选译"总序

祝克懿

也许,仅仅用"高山仰止""叹为观止"等随手拈来的修辞表达,还不能真切地表现我们初涉朱莉娅·克里斯蒂娃学术思想时的敬畏与感佩;也许,仅仅用"博大精深""高屋建瓴"等最易联想到的赞誉之辞,还很难充分描述我们进一步探索其精彩纷呈、逻辑严密的体系时那瞬间的撼动与震惊。从外观之,它横跨多个学科;从内观之,它多核多向,呈现为一个复杂变幻、镜像丛生的多维结构体,欲准确定位实属不易,以至于世界各地学者从哲学、符号学、语言学、文学、精神分析、社会学、政治学、女性主义、历史学、人类学、宗教学、写作学、传播学等学科背景和研究目的出发来解读这个体系,归结出不同的理论范式,描写出不同的思想体系以及随之形成的对克里斯蒂娃的多元评价与身份定位。

克里斯蒂娃是互文性理论的创始人。但她的学术贡献不仅于此,她的著述在多个学科被奉为经典、范本,她的学术思想在全球传播。从20世纪60年代后期至今,她的学术理念影响了几代人。

美国哥伦比亚大学出版社几乎翻译了克里斯蒂娃的全部著述,成立了克里斯蒂娃研究中心。在日本哲学家评论现代西方哲学的"现代思想的冒险家们译丛"和中国台湾"当代大师系列译丛"中,克里斯蒂娃的名字与尼采、弗洛伊德、胡塞尔、荣格、维特根斯坦、海德格尔、巴赫金、巴特、拉康、阿尔都塞、福柯、哈贝马斯、德里达、库恩等大师的名字出现在同一个学术共同体。

在美国,2012年成立了世界性的学术组织"克里斯蒂娃研究会"。2012年10月在纽约州锡也纳学院举办了首届年会;2014年3月在美国田纳西州范德比尔特大学举办了第二届年会。在中国,2010年,克里斯蒂娃被聘为上海交通大学欧洲文化研究院荣誉院长;2012年11月克里斯蒂娃接受复旦大学最高级别的"光华人文杰出学者讲座"邀请,围绕着"主体·互文·精神分析"发表了四场学术演讲。

第一专题:

讲座1. 主体与语言:互文性理论对结构主义的继承与突破

讲座2. 主体与语言:互文性与文本运用

第二专题：

讲座3. 主体与精神分析：女性天才三部曲——阿伦特、克莱因、柯莱特

讲座4. 主体与精神分析：陌生的自我

前两讲主要阐释"主体"与"互文性"的互动关系，从动态的、对话的、潜意识的角度阐释文本理论；后两讲阐述"主体"与"精神分析"的相互关系，介绍个体欲望与集团规约的异质性互动问题，并以此为基础阐述她在文学批评、女性主义、政治伦理等领域的思想观点，为我们呈现了一个兼容互文性理论、符义分析理论、精神分析理论、女性主义思想、社会政治思想的宏阔体系。该系列讲座的内容后被整理为《主体·互文·精神分析——克里斯蒂娃复旦大学演讲集》（2015），纳入复旦大学"人文高端讲座系列丛书"，由北京三联书店推出。这是克里斯蒂娃的首部学术演讲录。在复旦访问期间，克里斯蒂娃不仅参加了"复旦大学克里斯蒂娃研究小组"的成立仪式，还欣然接受邀请，担任复旦大学主办的中国语言学核心期刊、CSSCI来源期刊《当代修辞学》的学术顾问。克里斯蒂娃已将上述信息公布于她的法国官网，将中国学界的影响推向了国际社会。

至于学者们对克里斯蒂娃的多元学术评价与身份界定，完全取决于关注焦点的选定。关注其哲学思考、女性研究的，誉之为"哲学家、思想家、女性研究专家"；推崇其

跨领域发展成就的，敬之为"符号学家、语言学家、文学批评家、精神分析学家"；欣赏其四部小说独特的创作模式和语言风格的，称之为"小说家"。斯罗文尼亚学者波拉·祖潘茨·艾塞莫维茨（Paula Zupanc Ecimovic）在《符号与象征的辩证空间——朱丽娅·克里斯蒂瓦哲学述论》（金惠敏译，《女性主义学刊》2004年第1期）中直接评述道：她"不仅被公认是西方符号学界最重要的理论家之一，而且在文学理论、美学，在文化批评、精神分析理论与实践等方面也有着强劲而独特的声音"。

而国内学界，更多学者关注的还是克里斯蒂娃互文性理论创始人的身份，倾力于传播与深入探讨本质上属于文本理论的互文性理论。

我们从语言学视角解读互文性理论，认为这一理论给出了一个观察语言生态的崭新视角和描写语言结构的多维视野，发掘出线性、静态、微观角度下的语言研究所不能展示的文本世界；我们还归结出互文性理论具有"宏观、动态、多元"的认知维度和由"系统、关系、层级"作为支柱构成的学科范式，确立了以"克里斯蒂娃学术思想的再认识与互文性理论的中国化"为语言学理论建设的目标。而这种"再认识"与"中国化"的建构过程，有力地帮助我们打破了已有的知识结构框架，彻底改变了过去的狭隘认知，即只知晓互文性理论源自巴赫金的"对话理论"和索绪尔的结构主义。可实际上，一方面，前起陀思陀耶夫斯基、巴赫金、马克思、黑格尔，后至列维—斯特劳斯、阿尔都塞、德里达、福柯、本维尼斯特、巴特、索莱尔斯、弗洛伊德、拉康、格雷马斯、阿兰·巴迪乌，特别是中国哲学家张东荪，其相关思想都伴随着互文性理论的发展形成。而互文性理论正是在这些学者思想的养护浇灌下不断完善，形成了内蕴丰富的多元性特征。另一方面，克里斯蒂娃创建的互文性理论虽本质上属于文本理论，但其学术思想被跨界运用到文学、符号学、语言学、心理学、女性主义、政治学等学科领域，形成这些学科范式下的分支理论和范畴理论。不言而喻，由于互文性理论具有源自哲学、符号学的宏阔学术视野，其精锐思想和前瞻意识也确实对多门学科具有方法论的意义和研究实践的启迪。借鉴其邻近学科、相关学科多源理论的强有力支撑和反刍其他学科的多领域性，克里斯蒂娃的学术思想先在欧洲，后在美洲、亚洲形成了相当的学术影响力，也成就了她在世界各地的卓著声誉。

至此，我们产生了一种直觉，好像我们直面的克里斯蒂娃的学术思想体系不仅只有互文性理论这一棵独立生长、枝繁叶茂的大树，它更像一片蓊蓊郁郁的森林，而且不知道哪里是中心，哪里是边际。要走近克里斯蒂娃，要走进其学术思想体系这片森林，我们就不能只从一棵树（互文性理论）而应该从一片森林（克里斯蒂娃的学术思想体系）的整体观来考虑问题。

我们曾尝试从五个方面来读解克里斯蒂娃学术思想：克氏人生镜像和法国学术思想编年史的半自传体小

说《武士》;中国哲学家张东荪中西哲学理念对克氏互文思想形成的影响;克氏与巴赫金互为成就的关系;克氏学术思想对索绪尔、本维尼斯特为代表的结构主义的传承与创新;弗洛伊德的精神分析为克氏的互文研究开辟的新天地。通过这五个方面史实的挖掘,力图从理论来源的角度论证互文性理论是一种不断创新发展、内蕴丰富的多声构成。(参见《互文性理论的多声构成:〈武士〉、张东荪、巴赫金与本维尼斯特、弗洛伊德》,《当代修辞学》2013年第5期)

顺势推进,我们又尝试将克里斯蒂娃的学术思想分为三个阶段,整体考察其源起与流变:互文性理论阶段(20世纪60年代中期—70年代初期)、符义分析阶段(20世纪70年代)和精神分析阶段(20世纪80年代至今)。这三个阶段的研究看似是三种完全不同的理论模式,实则有一条全面贯通的脉络:符义分析是对互文性理论的深化和升华,为互文性理论提供了动力支持,而精神分析阶段的研究则是以符义分析思想为据点向整个人文学科的发散。通过梳理克氏思想的发展轨迹,从共时层面和历时层面的双维视角复原学术语境中的克里斯蒂娃,从多学科视域中探索其理论思想的全貌,为克里斯蒂娃学术思想的多元思维特征提供了又一理论依据(参见《克里斯蒂娃学术思想的发展流变》,《福建师范大学学报》2015年第4期)。

我们还通过多个选题、从多个角度对学术思想体系的"多元性特征"进行多重考量。基于这种考量,我们认为:"多元"应该是互文性理论未被提取而与"互动"并列的思维特征,它们是支撑起互文性理论体系的支柱与核心。我们进一步推论:克里斯蒂娃学术思想体系也是以"互动""多元"为核心的理论体系。"互动"特征("符号""文本""主体""意义"的流动性和不稳定性特征等)已经广为证明;而"多元"特征还未得到深刻认知和充分论证。"多元"特征首先体现为它是构成多元的一片"森林",这片"森林"是一个克里斯蒂娃学术"树木"的大荟萃,是众多学者精粹思想参与构建的大体系。哲学理念指导着思想分析的方法,由互文性理论牵头,符号学理论、语言学理论、文本理论、精神分析作底,女性主义、政治学、社会学、宗教学、传播学等交融其中。森林的名字叫人文学科,互文性理论是母体,其余理论是母体繁衍出来的子体。其学术生态就这样在三个层面清晰呈现:

底部——克氏理论的人文学科的基础,盘根错节的根系四处延伸,广泛吸收营养,有的交叉渗透至自然学科的领域(如数论、拓扑学等),但都深深地扎根于人文学科的土壤之中,交融为一体。

中部——克氏理论的主体,主干茁壮,互文性理论、符义分析、女性主义等都是一个个独立的体系,都有代表性著作支撑,但都围绕着互文性理论这个中心,其理论基础——根系,交织着人文学科多种类型的融汇。

顶部——由克氏的42部著作、百余篇文章等语言文字符号体系建构起来的学术思想体系,枝繁叶茂、郁郁葱葱、富有强盛的生命力。

这片森林的后部还接续绵延着一片又一片广大无垠的森林,那是她成长的那个杰出思想激流勇进的伟大时代中那些杰出学者的学术高地,是一批又一批后起学者创造辉煌的学术领域。

我们有走近克里斯蒂娃,穿过互文性理论这棵"树木"走进那片"森林"的学术愿景。许多学者披荆斩棘,已经撞入森林的深处,收获了颇多的惊喜。据统计,21世纪以来,以"互文性"为题的论文千余篇,译著、专著数十部。而我们感觉好像还盘桓在森林的边缘,还没找到通达中心的有效路径。因为克里斯蒂娃等学者的著述主要由法语写成,中国的教学与研究又是以英语为主要语种的体制,所以我们接触到的或是美国哥伦比亚大学翻译的资料或者是中国学者译介、研究的资料,连其代表性理论——互文性理论的核心理念也是通过中国学者的已有研究来了解,无力去把握克氏的思想脉络和体系。于是,直接从原著中汲取理论精髓就成了我们翻译经典的动力。

2009年,得益于台湾辅仁大学陈永禹教授的援手,我们得到了一批由哥伦比亚大学翻译成英语的克里斯蒂娃的文献资料,并将其首创互文性理论的代表论文《词语、对话和小说》(《当代修辞学》2012年第4期)翻译成中文。更属一种机缘,复旦大学新闻学院的孟慧丽博士得知我们拟将克里斯蒂娃的语言学专著《语言,这个未知的世界》翻译成中文后,即向她的师兄——复旦大学出版社新闻政法编辑室主任章永宏博士推荐了这个项目。非常幸运的是,章永宏博士是一位极具前沿意识、又非常有学科建设理想的出版人,翻译出版一批克里斯蒂娃原著的计划很快拟定。

2012年11月9日,时任复旦大学出版社社长贺圣遂先生与克里斯蒂娃教授会晤,正式确定了翻译出版克氏的三本原著(《符号学:符义分析探索集》《语言,这个未知的世界》《克里斯蒂娃自选集》);孙晶总编辑为这个项目申请到上海市文化发展基金的出版资助;有幸的是,译丛还得到了法国驻华使馆翻译中心"傅雷图书资助出版计划"的资助;中国社会科学院外文所研究员、著名翻译家史忠义先生,史先生在瑞士共同攻读博士学位的同学、美国丘博保险集团公司资深程序分析师马新民先生,复旦大学外文学院讲师赵英晖女士以高度的热忱、科学的精神迎接高难度的挑战,完成了翻译工作;责任编辑余璐瑶女士又以她精益求精的职业精神和耐心细致的工作态度完成了极其复杂的编辑工作全过程。

我们从克里斯蒂娃的42部学术著作中遴选出《符号学:符义分析探索集》《语言,这个未知的世界》和《克里斯蒂娃自选集》译介给读者,一方面出于读者可以整体把握其理论体系的考虑(我国克里斯蒂娃早期学术著作翻译介绍缺失,中后期翻译成中文的只有涉及文学批评、女性主义、精神分析方面的六部);另一方面是由于这三部著作自身的经典性、代表性,集中映射了克里斯蒂娃学术思想由语言学—符号学—人文学科全域发展的路径;当然也有彰显克里斯蒂娃符号学家、语言学家身份的考虑。克里斯蒂娃最初踏上学术征程,正是从语言学思考开始的:她传承了罗兰·巴特等学者建构的文本理论体系,充分运用"文本"这个区别于结构主义静态观的动态理念,从互文性文本分析出发,创新性地提出了一系列重要术语和研究范畴。她批判性地解读结构主义语言学,将关注的焦点锁定于探讨语言的意义。为了探索语言意义的极限,她以博士论文为中心展开系列文学语言的研究,引出了语言意义的生成问题,并结合精神分析的研究方法,将语言学、符号学研究的视野扩展到精神分析、哲学、女性主义、社会学等众多领域。

《符号学:符义分析探索集》出版于1969年。出版其时,学界正是结构主义的一统天下。由语言特征出发的法国结构主义当时尚不了解俄国形式主义大家巴赫金的"对话理论"。克里斯蒂娃将巴赫金引入法国,由此生发出互文性理论,并在论文集《符号学:符义分析探索集》的论文《词语、对话和小说》中全面阐释了互文性理论。在论文集中,克里斯蒂娃以文本为核心概念,视文本为超语言的装置,提倡将超语言的生产性的文本当作研究对象的新符号论。从出版时间、理论的前瞻性、系统性方面看,作为克里斯蒂娃的首部专著,《符号学:符义分析探索集》毫无疑义地占据了学术思想体系中开端作兼奠基作的地位。

《语言,这个未知的世界》作于20世纪60年代后期,与《符号学:符义分析探索集》同年出版,时间稍晚。在书中,克里斯蒂娃通过对西方语言思想作系统的历时梳理,在肯定结构主义语言学历史功绩的同时,指出了它的局限性:结构主义语言学的抽象方法将社会历史和语言主体排除在研究之外,因而无法直面语言的意义和个体的语言经验,无法揭示语言的本质。由此,克里斯蒂娃从精神分析、语言实践、符号学三个方面构想了能向主体和历史开放的新语言学的面貌,实现了对结构主义研究范式的超越。此书虽属四十多年前的语言理论阐释,但读来全无过时之感,思想火花随处烁动、语言智慧时时闪现。

如果说《语言,这个未知的世界》通过梳理西方语言学史为语言研究的发展找到了方向,那么《符号学:符义分析探索集》就反映了作者通过符号意义及其生成过程的学术思考朝这个方向所做的竭诚努力。互文性理论、符义分析方法、诗歌语言理论等一系列克里斯蒂娃的著名思想都见于此书。从这里,可以隐约得见她日后广博思想的雏形。

与前两部著作不同,《克里斯蒂娃自选集》中的论文汇聚了作者从《恨与谅》(2005)和《时间的冲突》(2012)两本文集中选出的九篇论文。论题涉及精神分析、美学、文学批评、符号学、语言学、文化学、女性主义、宗教学、社会学、艺术史等诸多方面,覆盖了她学术人生的几乎全部思考领域。从出版时间看,《符号学:符义分析探索集》《语言,这未知的世界》代表着作者的学术起点、前期成果,《克里斯蒂娃自选集》则代表着作者最近的、最新的思考;从选题的丰富内涵看,此书还鲜明地体现了作者对读者的关爱,即《克里斯蒂娃学术精粹读本》译丛要满足所有学科读者的阅读需求。此书鲜明地体现了克里斯蒂娃学术思想的深邃广博,读来如同享用一场思想盛宴。虽然这些论文横跨多个学科,但都贯穿了克里斯蒂娃从早期符号学思想中发展而来的基本理念:抽象结构不能取代个体经验,人类实践强调个体异于常规的特质及个体对结构的反抗。拒绝抽象结构的压制,人文学科的研究要从个体的鲜活经验出发。

正是为了完整体现克里斯蒂娃"语言学—符号学—人文学科"的学术轨迹,帮助致力于克里斯蒂娃理论研究的海内外学者从其思想发展的"森林"中得到启示,促进学术思维的转型与创新,我们遴选了上述三本著作进行译介。

今天,符号和数码普遍化,全球已进入了网络化时代。人类的思维方式正在改变,以"互文本"为特色的超语言装置正在全面促动人类交流模式的重新塑形。克里斯蒂娃和巴特、德里达等一批学者在四十多年前的纸媒时代就规划了电子时代的文本发展空间,并超越时代地预见了这个更加注重体系性、关系性、空间性的符号时代的来临。克里斯蒂娃在1978年重印《符号学：符义分析探索集》的"序"中断言："这个时代充满着科学前景，但也机械地压制着团体和个人的能动性。说赋予人的唯一自由就是与符号一起或反对符号的不可预测的、惊人的、奇特的游戏。"综观我们今天拥有的学术范式和描写机制，面对当下多元时代符号文本的异质性，我们显然缺乏深入系统的把握和足够的解释力，亟需导引他山之石来论证先驱学者关于广袤文本世界的理论诉求，回答有关文本现象的实践问题。这也许正是我们推出"克里斯蒂娃学术精粹选译"的当下意义。

目 录

译者前言 　　　　　　　　　　　　　1
作者前言 　　　　　　　　　　　　　1

第一部分　语言学导论

序言　　　　　　　　　　　　　　　3
语言是什么?　　　　　　　　　　　5
  1　语言、语言系统、话语、言语　　　6
  2　语言符号　　　　　　　　　　　12
  3　语言的物质属性　　　　　　　　18

第二部分　语言与历史

序言　　　　　　　　　　　　　　　45
  1　人类学与语言学:所谓的原始社会对语言的认知　　50
  2　埃及人与埃及文字　　　　　　　65
  3　美索不达米亚文明:苏美尔人与阿卡德人　　69
  4　中国:文字是学问　　　　　　　73

5	印度语言学	83
6	腓尼基字母	94
7	希伯来人：圣经与卡巴拉	98
8	希腊逻辑	103
9	罗马：希腊语法的传播	117
10	阿拉伯语法	129
11	中世纪的思辨	135
12	文艺复兴时期的人文主义者和语法学家	144
13	波尔·罗瓦雅尔语法	159
14	百科全书派：语言系统和自然	174
15	历史语言观	199
16	结构语言学	227

第三部分　狭义语言(langage)和广义语言(langages)

1	精神分析与语言的关系	281
2	语言的实践	294
3	符号学	313

结语	344
参考文献	349

译者前言

承蒙原西安外国语学院法语教研室同事、瑞士洛桑大学学友,现为中国社会科学院比较文学研究所研究员史忠义先生相约,笔者勉力译出了这部著作。在此对史忠义先生的信任和支持表示感谢。在翻译过程中,普林斯顿大学图书馆王文琪女士提供了本书的法文版本;陕西师范大学政治经济学院马启民教授对译稿涉及的中文资料的查找提供了帮助;复旦大学祝克懿教授通读并校勘了译稿;复旦大学出版社余璐瑶编辑为此书的出版付出了辛勤的劳动;麻省理工学院研究员严丹(Daniel Yamins)先生解决了古希腊语的翻译问题。借此机会,我向他们表示衷心的谢意。最后,我谨将此书献给爱妻敏民,没有她的支持和鼓励,我是完成不了这本译作的。

限于译者的学识水平,译文中如有不确、差错之处,完全由译者负责,恳求读者不吝赐教。

马新民
2015 年 4 月　美国新泽西州

作者前言

　　学习语言学应该从何处入手？这是每个对语言学和人文科学抱有兴趣的学生都会有的问题。我们这本书的目的就是想对这一问题作出回答。这是一本可以当作教材来用的书，但它又和教材不同。它将在下面的章节中对不同的文明里面发展起来的有关语言的思想史作一次系统的回顾，并且把论述重点放在西方语言科学，特别是当代语言科学上面。通过这样的考察，我们将会发现，语言学思想与哲学和社会有着非常密切的联系。尽管语言学的不同流派之间还存在技术性的争论，但就它的本质来说，它是一个开放性的思想，它要面对的是人类在意义和社会实践中所进行的探索和尝试。如果说人文主义时代之后接踵而至的果真是一个未知的时代，那么要探究这个未知时代，从与人类的存在形影不离、现在并且永远比人类更为未知的语言着手，难道不是一条必由之路？

　　这本书是十多年前完成的，虽然它带有时代的痕迹，但它提出的问题依然没有过时，我想这也就是今天重新出版它的原因吧。

第一部分

语言学导论

序　言

语言成为思维、科学及哲学所青睐的研究对象，这一现象的意义至今仍然未被人们完全领会。诚然，语言很久以来就已经是人类思考的探索对象，可是语言学作为科学，却还是非常新近的事。将语言视为一把探索人与社会历史的"钥匙"，一条通往认知社会运行规则的路径，这一观念可能是当代最为鲜明的特征之一。因为这实在是一个从未有过的新现象：人类一直运用自如的语言——它与人类和社会同为一体，密不可分，而这个语言，从来没有像今天这样被独立地分离出来，似乎被放在了我们的对面，让我们可以把它作为一个特别的认知对象进行研究。这样的研究不但可以使我们了解语言自身的运作规律，也会把我们带进那些所有与社会活动有关的领域。

我们现在可以确定地说，人们对说话主体与语言之间关系的认识，经历过两个阶段，而我们现在所处的是其中的第二个阶段。

首先，人们有了想了解语言这个自己非常熟悉的事物的愿望，于是神话、信仰、哲学、语言科学被创造了出来。

然后，人们把从语言研究中获得的科学知识投射到社会总体的实践上面，将各种各样的能指表现都作为不同的语言来研究，从而为广阔的谓之人文的领域，奠定了一个科学分析的基石。

第一阶段中所产生的思想运动——即把语言确定为特定的认识对象——意味着语言不再是一个没有自我意识的行为，语言开始"谈论自身的规则"：也就是说"一个话语开始说话了"。这个转变看起来非常荒谬，因为它把说话主体（人）与构成他的成分（语言）分离开来，使人能够说出他是怎么说话的。但这是一个具有多么重大意义的变化！它的第一个逻辑延伸，就是让人不再把自己看作是一个至高无上的、不可分析的事物，而是当作一种可以分解的说话的系统，即一种语言。我们或许可以这样说，如果文艺复兴用对大写的人的崇拜代替了中世纪对神的崇拜，那么我们的时代所带来的这场革命的意义绝对不在其下：因为它荡涤了一切的崇拜，用一个可以通过科学方法来分析的系统——语言，来代替对人的崇拜。从此，人可以当作语言，语言也可以替代人。这样的观念，实在是消除神秘的一个最好的武器，因为它把科学引入了（通常是）意识形态和宗教所居处的、纷繁复杂、界定模糊的人文领域，而语言学正是这场去神秘化的推力，是它把语言设立为科学的研究对象，并教给了我们语言的运作规律。

语言学作为一门科学，发生在19世纪——语言学一词最早的记载是1833年，而语言学家一词则出现得稍早一些，被弗朗索瓦·海奴瓦尔(François Raynouard)用在他1816年出版的《行吟诗人诗选》第一册首页中(*Choix des poésies des troubadours*, t. I, p. 1)——随后它的发展加快，并不断地从新的角度照亮这个我们都会使用却又不了解的语言。

说到语言，就要说界定、意指和交流。从这个意义上来讲，人类的一切实践活动都可看作是某种类型的语言，因为它们都是通过界定、意指和交流这几项功能来完成的。在社会的网络内交换商品或买卖妇女，创作艺术作品或宗教和神话这样的阐释性话语，诸此等等，都是在构建某种相对语言而言的语言子系统(système linguistique secondaire)，并且在这个基础之上，建立起一个含有主体、意义(sens)和意指(signification)

的交流网路。认识这些系统（这些主体、意义和意指），研究它们作为语言类型所具有的特征，就是这个以语言学作为支撑、以人作为对象的现代反思所标志的第二次思想运动的内容。

语言是什么？

这个问题，其实就是历来语言学研究的中心命题。各个时代或各个文明，根据自己的总体知识、信仰和意识形态，对此都有不同的回答，并且它们也都是根据自己脱胎而出的那个模式去看待语言的。因此，在基督教时代，一直到18世纪，人们都是以神学观点来看待语言。那时要回答的首要问题是语言的起源问题，或者确切地说，是语言逻辑的普遍性规则的问题。历史主义主导的19世纪，是把语言看作一个在历史长河中不断发展、变化和进化的事物。而当今时代的主要议题，则是将语言视为一个系统以及这个系统如何运作的问题。因此，要弄懂语言是什么，就需要沿着各个时代，甚至包括语言学成为一门独立学科之前的时代的思想轨迹，了解它前前后后所建立起的各种语言观。"语言是什么？"这个问题，可以而且应该改成"语言曾经是如何被思考的？"我们之所以这样提出问题，是因为我们拒绝寻找一个所谓的语言的"本质"，而是要通过伴随语言的那个过程，即它所引发的反思和人们对它的表述方式，来探索语言的实践。

为了从整体的角度审视语言问题并帮助读者理解各个时代所形成的语言观，我们认为有必要在正文开始之前，先对一些概念的问题作出梳理和澄清。

1 语言、语言系统、话语、言语

任何时期的语言①，无论是遥远的史前时期的语言，还是被称作野蛮人的语言，或者是现代社会的语言，都是一个极其复杂、其内部各种问题混杂交错的系统。

首先从外部观察，语言具有多重物质特征。这些特征的方方面面，以及它们之间的各种关系，都是需要我们去认识的：语言是一连串顿挫抑扬，清晰可辨的声音，也是一个书写标符（文字）的网络，或是一通肢体的摆弄（肢体表达）。这些嗓子发出的声音、文字与肢体之间有什么样的关系？它们为什么不同？这不同又有什么意义？我们刚刚触及语言的行为，语言马上就把这一堆问题摆在我们面前。

与此同时，这个声音、书写或肢体动作的物质，都产生并表达（即交流）一个人们称之为思想的东西。这就是说，语言同时是思想的唯一载体，也是思想的实现和思想的完成。那么是否存在一种没有思想的语言或没有语言的思维？这是我们一次又一次听到的问题。其实即便是无声的话语（无声"思想"），也离不开语言，还要借助语言的结构网络，指引它那黑暗曲折的迷宫世界。所以，在我们这个时代，除非放弃唯物主义立场，要断言存在一种超语言的思想似乎是不可能的。如果用于交流的语言实践与其他形式的实践，如做梦、无意识或前意识活动有什么不同的地方，当代科学趋向于不把这些特殊的现象排除在语言之外，而是拓宽语言的定义涵盖范围，把

---

① langage，langue，parole，discours 在本书中分别译为语言，语言系统，话语，言语。——译者注

那些初看似乎与语言并无关联的现象，都纳入语言的范畴。同时我们亦不断言语言是思维的手段。因为这样的看法会造成一个误解，即语言只是作为工具去表达某个它自身之外的东西——某个观念？那么这个观念又到底是什么东西？它除了以语言的形式存在，还有别的存在形式吗？对此作肯定回答，无疑是一种显而易见、根植于形而上学的唯心主义观点。从上述例子可以看出，以假设存在无语言的思想或象征行为为基础的语言工具观，是如何因其逻辑的延伸而变成了神学。

语言是思想的物质材料，它同时也是社会交流的基本成分。不存在无语言的社会，也不存在无交流的社会。所有作为语言而产生的事实都是用来在社会交流中传播的。经典问题"语言的首要功能是什么：是产生思想还是传达思想？"是没有客观基础的。语言同时是两者，两个功能缺一不可。考古学所有与语言实践有关的发现证明，这些语言实践都发生在某一社会机构之内，因此都参与了交流过程。"人会说话"和"人是社会动物"，是两个重言式命题和同义词。强调语言的社会属性，并不是说它的交流功能是最重要的功能。恰恰相反，尽管交流理论是反驳语言神灵论的武器，但如果用它主导语言的研究，可能会掩盖语言的构成和产生，即说话主体和被交流的意指的构成和产生这一重要论题。因为交流理论认为，这些都是不可分析的常量。有了以上的警惕，我们就可以说，语言是至少两个说话主体之间的信息（message）交流过程。这两个说话主体：一个是说话人（destinateur）或信息发送者（émetteur）；另一个是听话人（destinataire）或信息接受者（récepteur）。

$$\text{destinateur} \dashrightarrow \xrightarrow{\text{message}} \text{destinataire}$$

或者可以说，每个说话主体同时是自己话语的说话人和听话人,因为他在发出信息的同时,也在对信息进行解码。原则上说,他发出的任何信息,他都能对其解码。因此,对他者发出的信息,在某种意义上,首先是对自身发出的。由此得出,说话即对自己说话。

同理,听话人—解码者只有在把他听到的东西可以说出来的情况下才能进行解码。

由此可见,这样形成的语言交流渠道,将我们引入一个包括诸如说话主体、说话主体相对于他者的自身建立、说话主体如何将他者内在化而与其融为一体的复杂的领域。

如果说语言是在社会交流过程中并通过社会交流形成的实践活动,那么它作为物质实体,在保持其物质世界属性的同时,与其他不是语言的事物,即其身之外的事物,如自然、社会等之间的关系就是一个需要回答的问题。这些事物尽管需要用语言来命名,却是无须语言而存在的。那么"命名"又是什么意思?"命名"如何发生?被命名的世界和命名的世界又是如何分布的?澄清这一系列新的问题将有助于我们理解"语言"事实。

最后的一点是,我们称之为语言的东西,是在时间维度上发展形成的。从这个历时(diachronie)的观点看,语言随着时代更替而演变,在不同群体内有不同的形式。作为系统,即从共时的观点看,它有准确的运转规则,特定的结构及服从严格规则限定的各种结构转变。

由此可见,正像费尔迪南·德·索绪尔(Ferdinand de

Saussure)所述:"整体来看,言语活动是多方面的、性质复杂的,同时跨着物理、生物和心理几个领域,它还属于个人的领域和社会的领域。我们没法把它归入任何一个人文事实的范畴,因为不知道怎样去理出它的统一体。"①语言问题如此纷繁复杂,对它的研究,除了各语言学学科之外,还需要借助诸如哲学、人类学、精神分析法及社会学的研究。

为了从语言如此众多的特征中,剥离出一个统一的、可以被归类的客体,语言学从语言整体里区分出语言系统(la langue)部分。按索绪尔的说法,"它(语言系统)处于这一循环线路的特定位置,在那里,一个听觉形象(i)和一个概念(c)相结合",索绪尔用下面的图来表示这一循环线路:

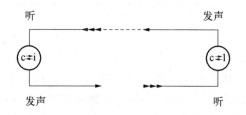

语言系统是"语言的社会部分",是属于说话个体之外的;它不会被说话个体任意改变,而似乎服从一个被社会全体成员认可的社会契约的规定。于是,语言系统从语言的异质整体中分离出来:它只保留语言的"符号系统,在这个系统里,没有什么比意义与听觉形象(image acoustique)的结合更为最重要的了"。

语言系统可以说是一个隐匿的、按特定规则组合的符号(signe)系统,所以它不可能由任何话语个体来实现,而是"完美地存在于大众之中"。话语(la parole)则"从来属于个体,个

---

① 费尔迪南·德·索绪尔:《普通语言学教程》,高名凯译,商务印书馆,1980年,第30页。以下该书的中译文所引均出自高译本。——译者注

体永远是它的主宰"。因此，正如索绪尔定义的那样，话语，这个"个体主动的、聪明的行为"，有如下特征：1）组合。说话主体运用组合来使用语言系统的编码；2）物理心理机制。这个机制让说话主体把组合具体实现。话语则是下面a)和b)的集合：a)说话主体创造的具有个性色彩的特别组合；b)完成这些组合所必要的发音行为。

区分语言—语言系统—话语的做法在语言学界是有争议的，常被当代一些语言学家拒绝，可是它对语言学对象的总体定位还是有帮助的。对索绪尔本人来说，这种区分导致了语言研究的一分为二：第一部分是研究语言系统，所以这种研究是社会层面的，独立与个体的，"纯粹心理学的"。第二部分研究语言的个体层面：话语，包括发音，它是物理心理学性质的。实际上，这两种研究是不可分割的。话语的产生需要语言系统作必要前提，但是同时，语言系统不可能悬空存在，它必须通过话语而得到实现。由此可见，研究语言系统的语言学和研究话语的语言学不可分割，都是必需的。目前话语语言学的发展仍然处于初级阶段。

交际学理论的特定概念被引入语言学领域，使语言系统—话语的区分有了新的表述方式，并赋予了它新的意义和可操作性。控制论的创始人诺伯特·维纳（Norbert Wiener）早就发现，控制论专家们和语言学家所面临的问题没有任何本质上的对立。工程师们要通过一个编码，即最少数量的二进制决定位来传达信息。换言之，他们用的是一个类归制度，一个可以称作是表示信息恒定和基本结构的格式。这些结构为信息的发送者和接收者共有。依据这些结构，信息接收者自己能够复原信息。同样，语言学家可以在复杂的话语信息中找到区别性特征，这些区别性特征的组合便是这话语的编码。正如罗曼·雅各布森（Roman Jakobson）指出的那样，一个共同语言群体的对话者可以定义为同一个编码的实际使用者；一个共同编码的存在是交流的基础，它使信息的交流成为可能。

准确地说，言语(le discours)这一术语指的是语言系统在活生生的交流中的具体实现。埃米尔·本维尼斯特(Émile Benveniste)对言语作了精确的定义，使它区别于语言系统。从此，语言系统所涵盖的部分，就只是语言作为由规范的、在不同层次连续排列的符号集合体所构成的系统和结构的那一部分。言语所指的，首先是主体通过个体的话语对其语言的参与。主体通过使用语言系统潜隐的构架，在其对他者(l'autre)交流的言语中，形成和改变自我。一个群体共同的语言系统在言语里成为某个给定主体的独一无二、符合其特殊结构的信息载体。主体在无意识的情况下，用自己特殊的结构在语言系统强制性的结构上，印下一个识别主体的特别的标记。

为了确定言语平面，人们曾将它与话语平面和历史平面相对立。本维尼斯特认为，在叙述历史时，叙述者应该置身于叙述之外：任何主观性和自传式的援引都要排除出历史叙述，因为历史叙述被认为是叙述真理的形式。与此相反，"言语"一词所指的是在其结构内纳入叙述者和听者及前者希望影响后者的所有叙述行为。因此，言语成了精神分析法垂青的领地。雅克·拉康(Jacques Lacan)说："它的手段就是作为赋予个体功能某种意义的具体话语的手段；它的领域就是作为主体跨个体性的具体言语的领域；它的操作就是在实在界里作为构成真理产生的过程的操作。"

由此可见，研究语言，捕捉它繁复多重的面貌和功能，就是构建一个多层次的、其不同分支专注语言不同层面的科学和理论。这样，当综合各个学科的成果时，就能对人类的能指运转提供愈加确切的认识。因此我们必须既研究口头语言也研究书面语言，既研究语言系统和也研究言语，研究叙述的内在系统和它们与交流主体的关系，研究历史演变的逻辑及语言层面和实在界的联系。这样我们就会更加接近象征活动的特殊法则。

2 语言符号

语言系统的本质核心在于符号的观点，存在于从古希腊到中世纪、直到当代的多个思想家和思想学派。其实每一个说话的人或多或少都意识到，语言把实在世界象征化，以命名的方式来表现它们。话语链的元素，这里暂以字为例，都和它所表示的某物或某事相关联。

查尔斯·桑德斯·皮尔斯(Charles Sanders Peirce)说过，符号，或"符号形体"(representamen)，是对某人来说对某物的代替。符号告诉某人并向他唤起不在场的某物或某事。因此，我们可以说，符号表示"缺席"(in absentia)。在"出席"(in praesentia)的情况下，即相对符号所表示的在场事物，符号似乎在被代表的实物与代表它的语音之间建立了一种约定或契约关系。从词源上看，希腊词 φύηβολον 来自动词 φυμβάλλειν，后者的词义是"放在一起"。这个词常被用来表示关联、协定或契约。在希腊人看来，无论一面旗子或一个招牌，还是一张戏票，一种情感，一种信仰，都无一不是象征：我们可以看出，上述现象之所以可以归到一起并冠以同一名称，是因为它们都替代或代表某种不在现场的事物。这些被替代或代表的事物，都通过一个中介物唤起它们的形象，因而都属于交流这个交换系统。

在皮尔斯的理论里，符号是一个三元关系，把一个物体、其表现物（représentant）和解释物（interprétant）联系在一起。皮尔斯认为，解释物是某种基础的东西，上面支撑着物体—符号关系。它相当于柏拉图意义上的"理念"。因为符号不代表物体的全部，它只代表对物体一个的理念，或如萨丕尔所说，是这个物体的概念。

从理论层面，我们可以断言，语言符号是一切象征的"起源"：第一个象征化行为是在语言里并通过语言完成的。如此说并不排除在人类实践的不同领域，符号可以具有多种形式。皮尔斯根据表现物和物体的关系，把它们分为三个类别：

1. 图标（icône）与所表示物之间是一种相似关系：比如，一棵树的图画以其和树的相似性来表示真树，这张树的图画就是一个图标。

2. 指标（index）不一定和物体相似，但仍受其影响而和物体具有某些共同的地方：如烟是火的指标。

3. 象征符号（symbole）与所指物体之间是以概念为中介的某种法则，某种约定的关系：语言符号就是这样的。

如果说皮尔斯创立了符号的一般性理论，那么对现代意义上的语言符号第一次作出全面、科学发展的是索绪尔。他在《普通语言学教程》（Cours de linguistique générale，1916）一书中指出，那种认为语言符号是某物与某词的关联的想法只是一种错觉，符号其实联结的是一个概念和一个音响形象。音响形象并不是声音本身，而是"声音的心理印记，是我们的感官给予我们的对这个声音的表象"①。由此可见，对索绪尔来说，符号是一个双面的心理事实：一面是概念，另一面是音响形象。例如"pierre"（石头）这一个词，它的符号是由音响形

---

① 费尔迪南·德·索绪尔：《普通语言学教程》，第101页。——译者注

象 pierre 和概念"pierre"构成：符号就像一个信手拈来的袋子，里面只装着我们从区别元素"pierre"中得到的千千万万个表象所拥有的共同特征。

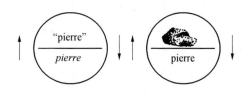

符号两个不可分割的面被索绪尔比作同一张纸的上下两面。我们把它们叫做所指 signifié（概念）和能指 signifiant（音响形象）。索绪尔把语言符号定义为能指—所指关系。在这个关系里，剔除了被称为"指涉物"（référent）的物体：语言学不研究指涉物，它只对能指、所指和它们的关系感兴趣。

那么，能指与所指之间是什么关系呢？

语言学的一个基本假设，是符号的任意性（arbitraire），也就是说，能指与所指没有必然的联系：同一所指"pierre"，它的能指在法语里是 pier，在俄语里是 kame，在英语里是 stoun，在汉语里是石。但这并不是说，能指是个人的意志行为任意选择的，因此也是可以任意改变的。恰恰相反，对所有说同一语言的主体来说，"任意性"应该说是规范性的、绝对的、有效的和强制性的。"任意性"一词更确切的意思是无动机性。换言之，能指和所指的联结没有天然或真正的必然性。尽管某些象声词和感叹词似乎在摹仿真实，似乎是有动机的，但它们并不证伪任意性这一语言学公设，因为这毕竟只是一些次要的事实。

虽然符号理论具有不争的优势，率先提出语言系统和语言学关注之外的现实世界的关系问题，并将语言系统可以作为一个服从于有序和转换结构规律的规范系统来研究，但它今天还是遇到了有力的批驳,虽不致命,却迫使它必须作出部分的修正。

例如,符号理论的基础,是把言语这一复杂的声音网络简约为一个线性链条,其中和词对应的最小元素被分离出来。然而,以词为语言最小单位的观点越来越难以被人们接受。事实上,词的完整意思只能在句子里获得,即在句法关系里并通过句法关系获得。另外,词还可以被分解成更小的形态单位,即词素(morphème)。这些词素也有各自的意指,它们组成的集合体构成了词的意指。例如,donner, don, donneur①,这三个词里,可以分离出隐含 offre("提供")意思的词素 don,和赋予词根 don 不同形态的词素-er,-,-eur。最后,这个词的指意只有放在言语里去研究,并考虑说话主体的表述方式时才是完整的。

由此不难理解,为什么词这个被认为是不可分割和具有绝对价值的实体,在语言学家眼中,变得不那么可靠了,也不再是今天对语言运作进行反思的基本支撑。安德烈·马丁内(André Martinet)正确地写道:"最新研究结果表明,符号学(符号的科学)完全不需要词。我们不能想象符号学家下笔写出'符号'时,脑子里想的是'词'。有人毋宁会想到'句子'或'陈述',而且也绝不会忘记 paiera 里的-r-也是一个符号"。马丁内建议用"'语段'(syntagme)来替代词的概念。'语段'是'数个最小符号的集合体',这些最小符号可称之为'符素'(monème)。'au fur et à mesure'②是一个单独的符素,因为说话者一旦选择使用 fur,他就不得不把剩下的部分说出"。我们从这个例子可以看出,语言学努力透过显然的表象,捕捉

---

① 分别为法语的"给予","赠物"和"给予者"。——译者注
② 法语"随着,逐渐地"。——译者注

躲藏在"词屏幕"后面的"人类语言运作的真正特征"。

另外,符号理论是以概念为主导而建立起来的,并将概念看作是语言元素的解释模式,这无疑和把词作为语言系统的基础元素分离出来的做法紧密相关。这样一来,语言就不可能存在于概念之外,因为概念作为所指,是符号结构本身的基础。全盘接受这一论点将导致把所有不属于概念的现象,如梦、无意识、诗歌等排除在语言领域之外,或至少将它们的特殊性压缩成一种同一概念的运作。这样的做法将导致把能指运作规范化,使其在面对纷繁多样的能指实践时,除了把它们当作病态去压制外,别无他法。包括爱德华·萨丕尔(Edward Sapir)在内的一些语言学家,在论及这一点时都提醒,将语言混同于以现今方式进行的概念思维是不准确的;萨丕尔甚至断言,语言首先是一种"超理性"功能,也就是说,语言材料可用于的某些差异性和系统性实践,并非必然属于目前定义为笛卡尔主体的理性主体范畴。

最后,符号的任意性概念也没能经得起严格的推敲。索绪尔的思考似乎允许存在一个错误:索绪尔一方面断言物质(指涉物)不属于语言系统,另一方面,当他断定[böf]和[oks]①尽管能指完全不同却指称同一概念(同一所指),因而能指—所指之间的关系是任意的时候,他想的恰恰就是那个实在的指涉物。从根本上说,正如本维尼斯特指出的那样,并不是能指[böf]与所指"bœuf"之间的关系是任意的。相反,[böf]—bœuf 的联结是必然的,概念和音响形象是不可分割的,它们是"设定的对称"(symétrie établie)关系。实际上,是符号(能指—所指:[böf]—"bœuf")与它表示的实物,即语言象征的整体与它所象征的实在的外界的关系才是任意的。这

---

① 分别为法语"bœuf"(牛)和英语"ox"(牛)的发音。——译者注

里似乎是一个现阶段语言科学除了在哲学或理论层面外,仍然不能解释的偶发性事件。

那么,究竟有哪些理论是在语言系统即符号系统这一构想的缺口中应运而生的呢?

语言学本身建立在语言系统是一个形式系统的设想(这个为符号理论所允许)之上,它的兴趣不在语言的象征层面上,而是把语言的纯粹形式作为"转换"结构来研究,这便是诺姆·乔姆斯基(Noam Chomsky)目前的语言理论。在第一阶段,乔姆斯基放弃对词的层面的研究而专攻句子结构。于是句子成为可以按照句法功能合成的语言的基本成分。在第二阶段,基本句法成分(主语和谓语)被分解,标以"代数"符号 X 和 Y,在通过一个叫"生成"的过程后,变成名词和动词。于是意指问题被代表合成过程的形式化替代,而后者可以使语言"共相"(构件和普遍规则)生成在句法上——因而也是在语义上——正确的句子。乔姆斯基语法不研究语言系统为什么是一个符号系统,而是要揭示语言系统这个递归集(ensemble récursif)的形式和句法机制。正确运用这个机制便能产生出意指①。因此,现代语言学比索绪尔走得更远,它把语言系统"非物质化",把意指(尽管它开始时对此并不感兴趣)表现为操作生成句子的转换句法而产生的结果。这种做法使我们想到了语言学家莱纳德·布龙菲尔德(Leonard Bloomfield)的操作方式。布龙菲尔德当时就已经把语义学从语言学里排除出去,并将其归到心理学领域。

还有另一种基于从哲学上对符号概念本身提出批评的观点,以其联结声音和思想的方式甚至可以完全不需要能指概念而仅保留所指概念。持这种观点的一些学者注意到,文字作为

---

① 参见本书第 19 章对乔姆斯基论点的更深入的分析。

语言的痕迹(trace)或它的图样(tracé)(在最新术语里亦被称作gramme"复量文字"),揭示出语言内部存在的一个不为符号和其所指看得见的"场景"。这个场景不是像符号那样要建立一种"相似性",恰恰相反,它就是一个实实在在的"差异"的机制。文字确实是图样而非表现,而这个图样——这个痕迹——为一个被称作文字学①的崭新的科学理论提供了基础。

3 语言的物质属性

如果说语言系统是一个支撑意指和交流的规范差异网络,它远非是一个纯意识性的事实。它在某种具体的物质及其客观的组合规律中并通过它们得以实现。换言之,如果说我们是通过一个复杂的概念化系统认识语言,那么语言自身的躯体却呈现出可以观察到的双重物质属性:

一方面,这一物质属性存在于语言系统的语音、肢体语和

---

① 法国哲学家雅克·德里达(Jacques Derrida)提出文字概念,把语言,包括它的语音表现,作为差异(德里达有意拼写为 différance"延异",以强调差异化过程)来思考。其实对索绪尔来说,语言系统已经是一个差异系统了:事实上不存在任何没有以差异构成其各种成分的结构……但是德里达走得更远:在他的系统里,"复量文字"同时是一个结构也是一个运动;他说,这是"差异、差异痕迹和间离的系统运作。结构的种种元素通过这种运作建立相互关系"。这就是为什么,在"复量文字—延异"的作用下,语言呈现为一个转换和生成的过程,而"结构"的古典概念则被放在附带位置;与此同时,索绪尔的话语链线性(它只是摹仿发音及发音的向性)概念也遭到质疑。
因此文字是语言所固有的,而且语音话语也可以看成是一种文字。这样一来,符号—意义—概念体系的支配地位被动摇了,在语言里思考那些非符号—意义—概念的现象成为可能。主体离不开差异系统,它仅在自我分割、自我间离和自我区别的过程中才得以形成。德里达写道:"主体性——如同客体性一样——是一个差异的结果,是一个差异系统里登记在册的结果。"不难理解,复量文字概念取消了符号的音位第一性(即它赋予语音的首要地位),并在符号(语言系统)的思考中,纳入图文的物质性及由其在整个历史过程中和所有的,包括西方拼音文字域界之外的文字系统里所提出的哲学问题。

图文层面（无声无肢体语或无文字的语言是不存在的）；

另一方面，它体现在语言整体内部诸如语音、语法、文体、语义等各个次集（sous-ensemble）的组合法则的客观性上：这些法则反映说话主体和外部现实世界之间的客观关系，也反映调节人类社会的各种关联，并同时从各个方面决定着上述的关系和关联。

语音

我们在前面看到，语言符号不包含物理音响：能指是"音响形象"而不是具体的声音。然而，能指不可能脱离它的物质支持即人类的发声而存在。这里有必要明确区分这个含有意义的声音和各种动物交流时所发出的叫声。语音是一个完全不同的类型，因为它承载着我们前面定义的仅属于人类的语言系统这一差异、指意和交流系统。

语音是由叫法并不准确的"话语器官"发出的。正如萨丕尔指出的那样，归根结底，"话语器官确切地说是不存在的。那只是一些恰巧对语言发音有用的器官而已"。事实上，如果说肺、喉咙、上颚、鼻、舌、牙齿、嘴唇参与语言的发音，它们却不能看作是语言发音的工具。语言不是生物功能，它不像呼吸、嗅觉或味觉，有各自的器官，如肺、鼻或舌。语言是一个差异和指意系统，也就是说，它是一种社会功能而不是一种生物功能，但这个社会功能却需要生物机制的参与才可以实现。

我们同样不能说语言在大脑里有具体的生物位置。心理生理学确实在大脑不同部位确定了语言物质表现的位置：听觉中枢掌控意义听辩；运动中枢掌控舌头、嘴唇、喉咙等器官的活动；视觉中枢掌控阅读时所需要的视觉辨认；等等。然而这些大脑中枢神经控制的只是语言的一些构成部分，却没有为语言系统的实践这一高度综合、高度社会性的功能提供任何基础。换言之，参与语言物质构成的身体器官可以为我们提供语言运作的定量和机械依据，却不能解释人类，因其开始在用于社会交流的指意网络的系统中标记差异，而由动物变成主体之时完成的那个质的飞跃。这个差异网络不可能定位于大脑，也不可能定位于其他任何部位。它是一个被交流和社会实践的复杂过程所多元决定的社会功能。它产生于这一过程，而且没有这个过程，它就是不可理解的。

但即便如此，为语言发音提供机械基础的各个器官，即发音系统和它的运作，仍然是可以描述的。

空气在肺的推动下，借气管冲出，使声门颤动。但声门对发出的声音不造成差异。声门由声带构成。声带为两束平行的或收缩或舒展的肌肉，声门通过声带的收紧，发出喉音。

喉音均匀单调，可以穿过口腔或鼻腔而形成不同的语音。口腔由上下唇、舌头、上齿、上颚（上颚分前后两个部分，前部是不能活动的坚硬骨板，后部是软腭，可以活动）、小舌和下齿构成。口腔通过对其部件的控制，张开或关闭。同时舌头和双唇的活动使喉音获得不同音色。由此可见，口腔既产生声音也让声音发生共鸣。当声门完全开放、喉咙不颤动时，声音就由口腔产生。但是当声带靠拢、声门颤动时，口腔只对声门所产生的喉音加以修饰。

相反，鼻腔是完全不活动的，它只起共鸣作用。

语音学家分离出一些发音特征。运用这些特征，我们便可建立一个相关分类系统以对应语音的音响品质。索绪尔建议，在分离语音特征时，要考虑下面几个因素：呼气，口腔部位，咽喉颤动，鼻腔共鸣。他写道："必须确定每个音位的口腔发音部位，它是否是喉音，是否产生鼻腔共鸣。"因此，他区分出浊音、清音、浊鼻音和清鼻音。索绪尔还根据语音的口腔位置，对话语链的最小单位，即音位（"音位是音响印象和发音动作的集合，是听话单位和说话单位的集合……"）作出以下系统分类：

塞音辅音：是口腔短暂完全关闭或部分阻塞，然后突然打开发出的声音：

a) 双唇音：p, b, m；

b) 齿音：t, d, n；

c) 喉音：k, g, ʒ；

鼻音是经过鼻腔的清塞音。

擦音或摩擦音辅音：口腔不完全关闭，气流从口腔形成的窄缝中挤出：

a) 唇音：f, v；

b) 齿音：s, z, s(chant), ʒ(génie)；

c) 上颚：x'(ich，德语发音), ɣ'(liegen，北方德语发音)；

d) 喉音：χ(Bach，德语发音), ɣ(Tage，北方德语发音)。

流音辅音：

a) 边音：发边音时，舌尖顶前颚，让气流从左右两边通过，如齿音 l，上颚音 l' 和喉音 l；

b) 颤音：发颤音时，舌尖比发边音时稍离上颚，并对着上颚颤动：如卷舌音 r (发自前抵齿龈的舌尖)，小舌音 (发自舌根部)。

元音要求口腔不参与发声：口腔只起共鸣作用，不改变发自喉部的声音的音色。元音的区分有下面几个要点：

i, ü 依照索绪尔可称作半元音；发 i 时，双唇后拉。发 ü 时，双唇则前簇；两音都要求舌面贴近上颚：它们是颚音位；

e, o, ö：这三个元音要求上、下颌的开张度比 i 和 ü 稍大一些；

a：发音时口腔张幅最大。

在描述元音和辅音的发音时，需要考虑的一个因素，就是音位不是孤立存在的，而是陈述这一整体的构成部分，并且在其中处于内在的从属地位。所以,语音科学应该是一门研究声音组群的科学,以便揭示发音的真实特征。因此,在一个音节里,我们可以根据一个音是闭音还是开音,分辨它是内爆音(>)还是外爆音(<)。例如 ap̂pâ,如果把这两个音连在一起发,便形成外—内爆音群、内—外爆音群,等等。我们把这样发出的音定义为二合元音:这是一个"双音位内爆链节,第二个音位张幅稍大一些,产生出一种特别的音响印象:似乎第一个音位的发音延拓至第二个音位"。索绪尔以德语某些方言为例:如"buob"和"liab"中的 uô 和 iâ。

语音还以其发音长短,即它的音量大小相互区别:这一属性因语言而异,也取决于语音在整个发音链中的位置。例如在法语里,长音只存在于重音节里。

因此,语链中语音的相互影响催生了一门称之为组合语音学(phonétique combinatoire)的学科,它的研究对象是元音和辅音在不同位置相互影响的各种方式。这些影响并不总是会改变语音的基本特征。比如,t 和 d 会因为与颚元音接触而产生颚音化(ti-、di-中的辅音与 ton、don 中的不同);它们也会因为与后元音接触而产生软颚音化,或因为相邻的唇元音的双唇前簇而唇化。然而有些现象会导致语音发生更加显著的变化。例如:

同化:一个音和另一音相连,它的发音方式和发音部位发生变化。例如 entendre(法语"听见")中 n 的发音移位到 t 和 d 的部位;

异化:指音位差异的强化现象。如 corridor(法语"走廊")一词,在通俗法语里读成 colidor。

易位:指音位互调位置。远距易位则是非连接音位的换位。例如专有名词 Roland 在意大利语里,变成 Orlando。

脱漏:指话语链中原本应该出现的成分的脱落。

Tragico-comédie(法语"悲剧—喜剧")变成 tragi-comédie。

因此,以音位为基础的话语链,不能约简为一个被切割成以孤立的音位为表现的片段的线性结构。在语言使用过程中,数个音位组合成更高层次的单位,即音节。格拉蒙(Grammont)和富歇(Fouché)认为,被声学语音学所验证的音节,表现为喉部肌肉由渐强到渐弱的过程。话语链中音节之上的层次不是词,而是重音落在最后一个音节上的语音群。在"l'ami du peuple"(法语"人民之友")中,只有一个重音,落在 peu 上,所以这个词组只是由一个语音群构成。语音群之上,便是句子。句子在话语链中以呼吸停顿为界定。

最后需要注意的一点是,我们对语言音韵物质特征的介绍是极为简略的,而这些音韵特征在每一个民族语言中的表现都不一样,并且随着时代的变更而演变:比如中世纪法语的音韵系统就和今天的音韵系统不一样。

图形和肢体

虽然对人类在不同时代使用的各种书写文字的论述数量巨大,当今的科学仍然没有对文字、对文字和语言系统的关系及文字的运作规则提出一个令人满意的理论。围绕"先有声音语言还是先有图文语言"这个"起源"问题,曾经展开过一场形而上学式的争论。与几乎所有学者相反,冯·吉内肯(van Ginneken)依据中国学者张正明(Tchang Tcheng-ming)的研究,支持文字先于声音语言的论点。他是基于像汉字这样的书写文字可能是对肢体语言的摹仿这一事实,认为肢体语言应该是先于声音语言的。

这场争论显然是对科学的无视,因为我们所掌握的事实不足以让我们对语言的"起源"作出判断,加之它的基本问题的理论依据前后矛盾,所以在今天看来是毫无意义的。文字与有声语言孰前孰后问题不可能有任何历史意义,只能有理论上的意义：比如，如果我们承认痕迹（文书）是构成指意的差异性的标记，因而为任何语言，包括有声话语所固有，那么语音也就因此已经是一种痕迹，尽管语音材料在语言系统里协助发展了一些也许会被文字以其他形式表示的特征。语音在社会交流中获得了独立的自主性，而文字只是在此之后才成为固定有声语言的一个次要的形式外套的。

文字可以在说话主体缺席的情况下，被长久存留、传播并产生影响。它挑战时间，利用空间并在上面刻下自己的痕迹：如果话语是在时间的维度铺展进行，那么文字语言就是一个穿越时间的空间配置。因此它表示某种类型的运作。在这个运作中，主体虽然以给围绕他的环境打上印记的方式把自己和它区分开来，但他却仍然无法脱离这个环境，也没有给自己打造出一个理想的维度（如声音、呼吸）来组织交流，而是在以标记现实世界把自己与其区分开的同时，通过自己也隶属的这个现实世界的物质和空间，使用着文字语言。相对实在界，文字是差异和参与行为。它是一种无超越无超然的语言：文字"神灵"和完成并承载它们的材料同属一个世界。因此我们可以说，文字印迹和肢体动作虽然也是区分和指示行为，它们还不是我们前面所定义的符号。符号的三元关系（指涉物—能指—所指）似乎在这里被压缩成一个标记（文字）或一种主体与他身外世界之间的关系（肢体动作），而这种标记和关系没有一个业已确定、"自我存在"的"意念"（解释者，所指）作它的中介物。

人们已经注意到肢体动作和某些文字有密切的关系，比如中国文字和北美洲印第安人的文字。J·-G·费夫里耶（J.-G. Février）根据 G·Mallery（G. 马勒里）和张正明的研究指出，在印第安人的"冬季清单"（Winter-Counts）记事系统里，书写"管子"时，不是画一根管子的图形，而是画指着管子手势。中国人在表示"朋友"和"友谊"时，用的是象形文字友或ㄨ，这是一个由两个握着的手构成的表示友好的图画。

实物或实物组合本身就可代表一种文字，即一种语言。在这种情况下，实物或实物的组合脱离本来的实用角色而组构为一个差异系统，这些差异就变成交流主体可以使用的符号。在这样的一种实物语言里，"符号"和指涉物还没有区分开，它还只是那个包括在交流系统里的指涉物本身。希罗多德在(Hérodote，II，16)讲述的故事，是这种语言再贴切不过的例子了：波斯大流士皇帝入侵西徐亚人的国家，西徐亚人给他送去一件礼物。这礼物是一只鸟、一只老鼠、一只青蛙和五枚箭头。它要传递的信息应该是："如果你不变成鸟飞到天上去，变成老鼠钻到地下去，变成青蛙藏进沼泽里去，那你就躲不过我们的箭头。"

与真正的书写文字最为接近的图形表意系统有一个更为合适的例子，就是那些由一个"普遍等同物"构成的"文字"。"普遍等同物"指仅用一种物质，以其不同形态来表示不同的事或物。印加人(Incas)用绳结代表打猎中被杀死的动物，便是这样的一个例子。西班牙历史学家加尔西拉索·德·拉·维加(Garcilaso de la Vega)是这样描述绳结的："不论是战争或行政管理，不论是部落事务或礼仪典祭，都有不同的结绳文字(guippus)来表达。那一把把的绳子，打着或绑着很多绳结和各种颜色的线，红的、绿的、蓝的、白的或其他颜色；就像我们用24个字母可以组合出那么多不同的发音一样，印第安人从不同位置和颜色的绳结，得到非常多的意义。"

然而，图样、复量文字和复杂的图形这样真正的文字很早就已经存在于考古学和人类学所能追溯的最远古的时代。最古老的绘图被认为产生在莫斯特文化期(période moustérienne)末期，在公元前35 000年左右的沙泰勒佩龙(Chatelperron)时期得到了更加广泛的使用。这是些留在岩石或骨上的刻凿遗痕,里面没有任何表象可使人们假设文字是摹仿性的,是临摹或代表某个已经存在的"形象",或是晚些时候某个已经形成的音韵系统。刻在澳大利亚土著人的圣物"酋林嘎"(churingas)上的文字就是这样的例子。土著人用抽象的方式刻凿出他们祖先的身躯和各种生活场景。其他一些旧石器时期的考古发现也证实了下面的假设:最初的文字标志的是一个象征产生过程的节奏而不是其形态,但还没有因此成为一个表现系统。

史前两万年前后,表象行为变得常见了,并快速发展。到史前一万五千年时,雕刻和绘画的技巧达到了几乎可与现代媲美的水平。令人惊奇的是,这时对人类的表现失去了人类的"现实"特征,代以三角形、方形、点线把人类抽象,就像拉斯科洞窟里的壁画那样。而表现动物的手法却是写实的,力求逼真再现其形态和动作。

由此我们可以看出,语言(口语和文字)和形象艺术交集融合,成为安得烈·勒儒瓦-古朗(André Leroi-Gourhan)所说的,"一对声与图的精神夫妻"。勒儒瓦-古朗认为,形象艺术的很大一部分依靠"图画—表意"("picto-idéographie")的标记合成手法,在表现形象(拉丁语:pictus,被画,被表现)的同时,传达一个"概念化过程",或更确切一点,一个差异化过程,一个不可表现的系统化过程(即"概念")。这样一种文字不是音韵的简单移位,甚至可能是独立于音韵而形成的;但它仍不失为一种语言。我们文化圈里的文字是表音的,是一音不差地再现发声语言。因此我们难以想象曾经存在过并且今天仍然被很多人使用的这样一种语言——一种文字:它独立于话语链的运转,所以它不是线性的(如发声是线性那样);它是空间的,因此它具有使每个印记因其在图文整体的位置不同而获取不同意义的差异性机制。因此,自拉斯科洞窟壁画被发现以后，人们就发现，在被表现的动物画像之间存在着固定的位置形态（topographique）关系：中心位置是野牛和马；边沿位置是牡鹿和野山羊；其间是狮子和犀牛。勒儒瓦-古郎认为，"在形象的抽象组合背后，必然存在过一种抽象组合与之协调契合的口述场景。抽象组合在空间里再现了口述场景里的意义"。

这样的空间布局成分似乎为一个给定社会群体的整个神话或宇宙体系提供了图形—物质支撑，因此也是持久和可以传承的支撑。这些神秘的或宗教的、半文字半"艺术"的图像，我们不妨把它们称作神话字素（mythogramme）。

另一方面，图形元素的这种组合性质使篇章的书写成为可能，而篇章的存在则表示更加复杂的句法或逻辑结构已经形成。这便是汉学家称之为逻辑集合体，即数个图素（图形元素）的并列组合。同样，"冬季清单"在记录某年"猎获丰收"时，是画一个圈子（表示储藏处或堆集），圈子中央画一个水牛头，一个桩子或类似支架的东西（用来烧烤或晾干兽肉）。

这些图表体系呈现的"多维性"，在许多非表音文字，如古埃及文字，中国文字，阿兹特克人（Aztèques）或玛雅人的文字中，都可以观察得到。这些文字的元素，正如我们下面将要看到的那样，可以看作是简化了的图形字（pictogramme）或表意字（idéogramme），其中的一些获得了固定的语音。于是产生了文字的拼音化，而其中的每个成分都与一个固定的音位联系起来。行文的空间性被缩小并被线性的语音替代。埃及的象形文字就是这样的例子，它的每个图形字都有语音价值。而中国的表意文字恰恰相反，它一方面已经非常远离形象—表现模式（image-représentation）（如果我们承认中国文字源自象形文字的话），而另一方面，却也没有发展成为一个语音拼音体系，尽管它的某些成分具有固定的发音，可以当作音位使用。

　　文字科学对有关各种文字的考古发现作了系统研究之后，将语言按类型分为三种：即图形文字(écriture pictographique)，表意文字(écriture idéographique)或象形文字(écriture hiéroglyphique)和表音文字(écriture phonétique)或拼音文字(écriture alphabétique)。目前这一传统分类法遭到质疑，学者们以一个新的文字体系分类法将其取代，并把文字分为五个大类：

　　1. 句式文字(phrasogrammes)：指那些传达完整信息并且不可分割为词的图文。这一术语是美国学者盖尔布(Gelb)提出的，其定义涵盖与费夫里耶的"合成文字"(écriture synthétique)相近。句式文字可进一步细分为两个子群：

　　a) 图形文字：这是一些使意义固定下来而又无须参照其语言形式的复杂图画或一系列图画。美洲印第安人、爱斯基摩人和其他一些群体曾经使用过这种文字去表述具体事物。由于图形文字的不稳定性和隐晦性，它没有发展成为真正的文字体系；

　　b) 议定符号(signes conventionels)：如图腾符号、禁忌、神秘符号、不同部落的族号，等等。这些符号都是独立使用的，而且和其他符号没有固定关系，因此也没有形成一种真正的文字系统。

　　2. 词符文字(logogrammes，源自希腊语的 *logos*)指的是各个不同词的标识，由布龙菲尔德、盖尔布、艾丝特琳(Istrine)等学者提出，以替代表意文字这个不精确的术语。马塞尔·柯恩(Marcel Cohen)使用"符号—词"，费夫里耶使用"单词文字"(écriture de mots)来表达同一概念。像中国文字、苏美尔文字、部分古埃及文字这样的有序文字(écriture ordonnée)都属词符文字。这些文字的本质是象形的，它们的基本单位是词，或更确切地说，是由词或词组构成的言语语义单位(unités

sémantiques du discours)。和图形文字相比，词符文字不但表示陈述(énoncé)的内容，而且也表示它的语法顺序，有时也表达它的语音特征。

词符文字还有另外一个优势，就是它明确指出，文字的最小成分不是那些没有物质支撑的思想或概念（如表意文字一词所假定的），而是词，即语言这个物质的差异标识系统的单位。

词符文字的一个类别，如中文的"会意象形字"(hiéroglyphes idéographiques)，与词的指意直接相连，它们的字形可以让人联想到所表示的事物的形状，而且有时可以有好几种读法。古埃及文字里的"去"字就是这样一个例子：它可以读作"š-m""s-'b""j-w"。这一类的词符文字有时被称为"表意词符文字"(logogrammes sémantiques)。

第二类词符文字，如中文的"表音象形字"(hiéroglyphes phonétiques)，与字的发音有直接关系。同音异形异义字就属于这一类。这样的词符文字是"一符多义"(polysémiques)，即具有数个字义：例如在古汉语里，语标字 ma 可以表示"马"字，也可表示与它发音相似的"妈"字和"骂"字。这一类词符文字是"表音词符文字"(logogrammes phonétiques)。

3. 词素文字(morphémogrammes)标识词的各个构成单位，即词素。文字发展过程中基本没有出现过充分发展的词素文字，这是因为将词分解为词素是一件异常困难和复杂的分析工作。

4. 音节文字(syllabogrammes)是指那些区分不同音节而不考虑音节是否与词素对应的文字。音节文字可细分为以下三种：

a) 符号标识不同语音结构的音节，如亚述—巴别文字(écriture assyro-babylonienne)；

b）符号只指示开音节，如克里特迈锡尼文字（écriture crétoise mycénienne）；

c）主要符号专指与辅音和元音 ă 拼读的孤立元音。

5. 音位文字（phonogrammes）所标识的是话语链条的最小单位——音位。音位文字有辅音标音文字（écriture phonétiques consonantique），即它的主要字母代表辅音，如阿拉伯语、西伯莱语等拼音文字，也有元音标音文字（écriture phonétique vocalisée），如希腊语、拉丁语、斯拉夫语的拼音文字。在元音标音文字里，符号既标识辅音，也标识元音。

我们在下面会发现，前文中（援引艾丝特琳）概要介绍的那种文字科学及其对文字的分类，秉承的是一种以口语模式建立的语言观。相对传统的象形文字——会意文字——音位文字的分类模式而言，这无疑是一个进步。然而这个进步其实只是把我们对口语的认知移植到文字层面。因为文字仍然被视为口语的再现，是固定口语的替身，而不是由特殊材料和组合规则构成的异于口语的另外一种语言实践。这样的文字科学似乎仍然囿禁于语言等同按照某种语法规则而发出的口语的观念之中。A·梅耶（A. Meillet）继索绪尔之后，在 1919 年对这种立场有如下表述："任何图像都不足以表示一个语言，无论这个语言的结构多么简单。很多词的意义也无法用图像清楚地表达出来，无论这种表达的象征力多么强。尤其是语言系统的结构本身是不可能用表物的图像来表现的：只有具备了一整套语法规则的系统才是语言系统……语言结构必然导致对语音的记录；任何象征性的标注都无法满足。"

当今某些学者受哲学研究及对无意识逻辑的认识的影响，将各种不同类型的文字系统均视为语言的类别，而这些语言类别不是像梅耶认为的那样非"要"用"语音表达"不可，它们各自所表现的，是现代人类所经历的一些已经消失或改变了的特殊的能指实践。一个作为语言运作的新型学科（至今仍因其特殊性而被曲解）的文字科学，一个视文字为语言而非有声话语或语法链的文字科学，一个视文字为窥探浩瀚语言王国未知领地的一种特殊的能指实践的文字科学，这样的一种文字科学仍有待人们去建立。

语言学的范畴和关系

在论述语言的语音、文字和肢体语的物质性时，我们已经提到并且甚至证明，语言是说话主体用来重组实在界的一个复杂的由成分和关系构成的系统，也是一个语言学家分析和概念化阐释的对象。本章旨在讨论语言的"物质性"。为了澄清我们给予"物质性"这一术语的定义，有必要在这里，即便是非常简要地，阐述一下语言的各个类别和关系是如何组织实在界（le réel）的，而且与此同时，它们是如何把关于这个其真实性已被社会实践确认的实在界——知识（réel-connaissance）的知识教给说话主体的。

语言学各流派和各学派对语言的形式和结构的看法将在后面的章节中一一陆续介绍。读者将会发现，那里边的观点和术语很多，而且常有分歧，这些都是因为作者们所持有的理论立场不同，或者是由于那些理论所依据的不同语言的特殊性造成的。我们将在下文中仅就几个有关语言构建方面的问题及它对说话人和说话人与实在界间的关系所具有的意义作一个简要概括的介绍。

语言科学分为若干分支学科，从不同角度研究语言的各种成分或类别及它们之间的关系。词典学（lexicographie）描述词典编纂：词的前世今生、词义、词的选择和组合。语义学（sémantique）——研究词和句子意义的学科——专门研究陈述中各成分之间的意义关联特征。语法学（grammaire）则被构想为对"形式和构建的研究……"然而当今语言科学被打乱重组和重塑,使这些领域间的界线变得模糊了,它们越来越多地交错重叠,互为混淆,在不断更新演变的概念中融为一体。所以当我们在引证概念(如语法)演变过程中某一时段时,我们应当明白,这个引证只涉及其有限的涵盖面,不可能完全厘清语言复杂的类别和关系问题。

当今的语言学把语言系统看作是一个规范系统,并将其中的语言形式区分为两个类别:一类具有自主性(它们表示概念:如"人民""活着""红色"等),另一类是半独立的或仅是关联性的(它们表示关系:如"的""于""在……里面""其"等)。第一类叫做语词符号(signes lexicaux),第二类叫做语法符号(signes grammaticaux)。

这些符号互相组合,成为复杂程度不同的言语片段:句子、分句、词、形式(这些术语出自 P. Guiraud, *la Grammaire*, 1967)。

词有词缀(后缀,前缀,中缀)。词缀黏附在词根上构成新词或意素(sémantèmes):如 chang-er, change-ment, re-change① 等。还有一种词缀叫做词尾屈折变化(désinences),"标识词在句中的语法形态(如格、语气、连接)"。

词按照严格的规则组成句子。词与词的关系可以用顺序表示:词序在像法语这样的孤立语(langue isolante)里是至关重要的;而在像拉丁语这样的屈折语(langue flexionelle)中,其作用就大打折扣了。重音、连读,尤其是性、数的配合(accords)、时态配合(concordances)和支配关系(rections),标明了句中各部分之间的关系。

传统语法学在研究语法范畴时,把它们分为三个类别:词类(parties du discours)、形态(modalités)和句法关系

---

① 分别为法语动词"改变",名词"变化",名词"更换物"。——译者注

(relations syntaxiques)。

词类多寡因语言而异。法语有九种词类：名词、形容词、代词、冠词、动词、副词、介词、连接词和惊叹词。

形态是指名词和动词的状态变化。形态包括单复数、名词阴阳性、人称、时间和空间、语式。

句法关系是特定词汇（以词类的身份）和形态（借助形态词）在句子中的关系。当代语言学将类别标志和形态标志也看作是句法标志：这些标志并非是"自在"的，也并非可以脱离句子关系而存在。恰恰相反，它们只有在句法关系里并通过句法关系才能得以实现并获得确切意义。换言之，一个词之所以是"名词"或"动词"，是因为它在句子里扮演某种具体的句法角色，而不是因为它"自身"有什么含义可以把它预设为"名词"或"动词"。这个理论定位适用于所有印欧语系语言，也更适用于像中文这样没有真正形态变化的语言。在这样的语言里，一个词根据它的句法功能变成一种词类或另一种词类（如"名词""动词"等）。所以现代语言学的倾向，是将形态学（研究词的形态，如变格、变位、性、数）、词汇学，甚至语义学，压缩为句法学，即对构建的研究，并以句法形式来表述一切语言意指陈述。这便是由乔姆斯基在他的"生成语法"里提出并发展起来的理论。我们后面还要详细介绍这个理论。

句法的基本范畴传统上分为以下几类：

1. 主语和谓语："一个概念——主题（主语）被赋予某种特征，某种状态或某种活动（谓语）"；

2. 名词或形容词的限定语：它们与主语共同构成乔姆斯基术语中的名词短语；

3. 动词补语：用以补充动词，表示动作的对象和发生时的状况。用乔姆斯基的术语来说，动词补语和谓语构成动词短语。

这样的分法引出了一个问题：上述的范畴是在标示语言自身特有的成分和关系呢，还是相反，它们仅仅只是将逻辑的概念简单地转用于语言？语法的确曾长期囿于（亚里士多德式的）逻辑观念之中。从古典时代至中世纪的唯名论，特别是在 18 世纪，这些逻辑观念一直想把语法等同于逻辑学。现在看来，逻辑范畴远非是"自然的"，它们显然只符合某些特定的语言，甚至只符合某些特定的陈述类别，而且不可能覆盖语言范畴和关系的多样性和特殊性。在那些将语法从逻辑的附庸地位中解脱出来的诸多著述中，最具影响力之一的是 J·达姆莱特(J. Damourette)与 E·毕尚(E. Pichon, 1911—1952)合著的《论法语语法》(*Essai de grammaire de la langue française*)：这部著作没有理会逻辑系统化的问题，它恢复了以言语表达的思维范畴的精妙与细腻。不过逻辑研究的努力并没有因此停顿下来，而且还产生了两种新的理论。

一种是心理—逻辑语法，M·-G·纪尧姆(M·-G· Guillaume, 1883—1960)是这一理论的倡导者之一。纪尧姆称"语言系统"为"内在"(immanence)，是一个话语在其中组织形成的迷蒙的先言语的区域。他把它和思想实现的操作过程区分，也最终把它和"言语"或那个已经是语言符号构建的"超验性"区分开来。更确切地说纪尧姆研究的是先言语现象。他称他的理论为"心理机械"或"心理系统"理论。对他来说，"言语"或"超验性"是以它的捕获物——语法形式，来塑造并组织思维活动（即"内在"）的。

另一种是新近出现的逻辑理论，如数理逻辑(logique mathématique)、组合逻辑(logique combinatoire)、模态逻辑(logique modale)等。这些理论为语言学家提供了更为精确的手段，对语言系统中发生的各种关系进行形式化表述，但并不因此而偏离语言学自身的领域，亦不追求对先语言存在的思维的理论化。某些转换模式,如苏联学者绍米扬(Saumjan)和索博列娃(Soboleva)所提出的转换模式,是建立在逻辑原理基础之上的:这里确切地是指柯里(Curry)和费斯(Feys)在他们的《组合逻辑》(*Logique Combinatoire*)一书中阐述的逻辑原理。

各个不同理论和方法在语言系统里划分出的这些语言范畴和关系反映并引发了(这是一种辩证的因果关系)可被科学以分析言语材料来澄清的具体和真实的情况。作为例子,我们下面来看看本维尼斯特是怎样在他的《普通语言学问题》(*Problèmes de linguistique générale*, 1966)一书中,通过对人称和时态的研究重建起主体性和时间性的自身系统的。

作者把主体性看作是"说话人将自己设为'主体'的能力……"本维尼斯特写道:"我们认为,这个'主体性',不论是在现象学里还是心理学里,其实都只是语言的一个基本属性在人身上的显现。说'我'者即'我'。"我们在这里看到的正是主体性的根基所在,即主体性由"人称"的言语身份决定。而只有附带代词的动词才具有人称范畴。人称是动词系统的固有属性,以致动词的变位要依人称次序进行。这一现象很早在印度和希腊就引起注意。印度的语法学家区分出三个人称-*Purusa*。在希腊,学者们则以人称 πρόσωπο 表示动词形态。即使像朝鲜文或中文这样动词形态无人称变化的语言,也拥有人称代词以与动词搭配,从而(隐含地或明确地)为动词加上人称。

人称关系里有两组对立在发挥着作用。在第一组中,对立一侧是我/你,另一侧是他。我和你是言语的参与者,他是我和你之外的、被谈论的而并非特定的某人或某物。本维尼斯特写道:"对于这样的一个结果必须作出清晰地阐述:'第三人称'不是一个'人称';它甚至就是专门用来表示无人称的言语形式……只需想一想……第三人称在多数语言动词里的特殊状况……"（比如法语"il pleut"["下雨了"]里的无人称代词"il"）

第二组的对立是我和你的对立。"我只是在和一个将是你的人说话的时候才使用我。所以对话才是人称构成的条件，因为这意味着当轮到对方以我自称说话的时候我反过来成了你。我们这里看到的是一个在各方面都具有深远意义的原理。语言之所以成为可能，是因为每一个说话人在讲话中自称我的时候，便将自己定位于主体的位置。因此我定位了另一个人，而这个根本不是'我'的人，却成了我的回音：我称他你，他称我你。"

如果说"实在"主体性与语言主体性相互间紧密依存，都受语言人称范畴多方决定的话，那么动词范畴及其表示的时态关系也有同样的作用。本维尼斯特区分两个层面的叙述行为（énonciation）：一个是历史叙述行为（énonciation historique），一个是言语叙述行为（énonciation de discours）。历史叙述行为可以使用不定过去时（aoriste）①，未完成过去时（imparfait），愈过去时（plus-que-parfait）和过去最近将来时（prospectif），但不能使用现在时（présent），复合过去时（parfait）和简单将来时（future）。在言语叙述行为里则可以使用除不定过去时以外的任何时态和形态。以上的区分也适用于人称范畴。"历史学家从来不说我，你，也不说这里，现在，因为他永远不会借用言语那个首先以我：你人称关系定位的形式配置。在格式严谨的历史叙述里，只会出现第三人称形式。"本维尼斯特举了下面这个历史叙述行为作为例子或依据：

---

① 不定过去时：希腊言语系统里表示动作完成的过去时态。

"Après un tour de galerie, le jeune home *regarda* tour à tour le ciel et sa montre, *fit* un geste d'impatience, *entra* dans un bureau de tabac, *y alluma* un cigare, *se posa* devant la glace, et *jeta* un regard sur son costume, un peu plus riche que ne le permettent(这里动词使用了现在时态,因为这是作者离开叙述层面有感而发的评论)en France les lois du goût. Il *rajusta* son col et son gilet de velours noir sur lequel *se croisait* plusieurs fois une de ces grosses chaines d'or fabriquées à Gênes; plus, après avoir jeté par un seul movement sur son épaule gauche son manteau doublé de velours en le drapant avec élégance, il *reprit* sa promenade sans se laisser distraire par les œillades bourgeoises qu'il *receivait*. Quand les boutiques *commencèrent* à s'illuminer et que la nuit *parut* assez noire, il *se dirigea* vers la place du Palais-Royal en homme qui *craignait* d'être reconnu, car il *côtoya* la place jusqu'à la fontaine, pour gagner à l'abri des fiacres l'entrée de la rue Froidmanteau ..." (Balzac, *Études philosophiques: Gambara.*)

相反,"言语不限制使用动词的人称形式,不论是我/你或他。人称或隐或现无处不在"。

我们从上面的讨论可以看出,语言如何通过其动词、时态和人称范畴及它们的精密组合,虽不能说完全决定,至少部分地决定了说话主体所体验过的时间对立。所以语言学家在言语材料中客观地发现了在社会实践中真实发生着的一个完整的命题(如上面例子中的主体性和时间性)。语言系统似乎用自己的范畴打造了人们曾经得以称之为的"主体性""主体""对话者""对话",或"时间""历史""现时"的概念。那么到底是语言制造了这些现实呢还是相反它们只是在语言中被反映出来？这无疑是一个形而上学而且无法解决的问题。对此我们只能用双列同构(isomorphie des deux series)原则(实在界/语言;实在主体/言语主体;体验时间性/言语时间性)作为回应。后者,即语言,连带它的范畴,应该是前者的属性,同时又是组织这个语言之外的实在界的模子。也正是在这个意义上我们才可以谈论语言的"物质性"。我们不赞成把语言假设为一个自我封闭的理想的形式系统(如"形式主义"所认为的那样),也不赞成把语言看作是一个语言之外存在着的有序世界的简单复制品(如机械"现实主义"所认为的那样)。

语言范畴随着时间发生变化。古法语语法和拉丁语语法不同,现代法语语法也和古法语语法不同。蒙田(Montaigne)曾写道:"(语言)每天从我们手中流去,自我来到这个世上已经变了一半。"显然,今天的语言被一个稳定的书写文字规范化了,标准化了,固定化了,所以语言范畴的变化尽管不断产生,却不像以前来得那么快了。虽然不能断言语言范畴的任何演变都必然会引发说话主体重新分配其组织实在界的域野,但我们必须强调,这些演变对于说话人的有意识的,尤其是无意识的运作并非是不重要的。此处引用 M·W·冯·瓦特堡(M. W. von Wartburg)在他的《问题与方法》(*Problèmes et Méthode*)一书里提及,后又被 P·吉罗重新引用的一个例子:由于在专用名词前不加冠词而在普通名词前必须使用冠词,动词"croire"(法语"相信")在古法语里可以构成两个词组:croire en 和 croire ou [en le],(croire en Dieu"信仰上帝",croire ou [en le] depart"相信已离去",croire ou [en le] diable"信鬼怪")。可是随着语言的演变,ou [en le] 和 au [à le]变得混淆不分,以致 croire en/croire en le 的对立也随之弱化。然而人们还是保留了这个语法上的对立,但是在语义层面赋予它新的意义,致使新的对立与原本的对立变得毫不相干:croire en 从此表示对神灵的深深信仰,而 croire à 则表示相信某个事物的存在。冯·瓦特堡于是写道:"Un catholique croit en la Sainte Vierge, une protestan croit à la Sainte Vierge(一个天主教徒信仰圣母玛利亚,一个新教徒相信圣母玛利亚是存在的)。"①

在另一个层面,在同一个语法系统的框架内及语言系统的同一阶段,会存在一些不影响信息理解但又违反某些规则的变异,它们会被认为是不合乎语法的。但它们在一些特定的风格里却具有特殊的价值,即修辞价值。它们是风格学研究的对象。

我们这里涉及语言学的另一个问题,即我们前面讨论语言符号的性质时曾提到过的意义和意指的问题。这是语义学研究的对象。作为语言分析的一个特殊学科,语义学的独立是比较新近的事情。一直到 19 世纪,语法学家们还在使用 sémasiologie(源自希腊语的 sêma,"符号")一词,而提议使用 sémantique 这一术语并发表了第一部语义学专著《语义学探索》(*Essai de sémantique*,1896)的是法国语言学家米歇尔·布雷阿尔(Michel Bréal)。语义学现在被认为是研究作为意义承载者的词的功能的一门学科。

意义和意指被认为是两个不同的概念:意义是静态概念,指心理过程产生的心理形象,而这个心理过程就是意指。目前普遍的看法是,语言学只研究意义,而把意指留给一个更

---

① 现在这个区别已经不那么严格了,有时甚至与冯·瓦特堡的二元对立完全相反。比如:"Je crois en toi/Je crois à tes histores(我相信你/我相信你讲的事)。"

广泛的从此可称作符号学的学科去研究。语义学只是这个符号学的一个特例。然而，意义显然不可能存在于意指之外，反之亦然，所以这两个概念所定义的研究范围常常是交叉重叠的。

语义学提出了很多问题。我们下面将着重讨论其中的几个。

在交流中，词一般只有一个意义，但一词多义的情况也很常见。比如 état 一词，表示"状况、情形""一个有组织的，受一个政府和普通法系治理的民族（或数个民族）"等；carte 可以指"身份证""菜单""地图"等。除了以上这些多义词外，还有一些词是同义词。如"工作""劳作""劳动""公务""事务""职业""使命""任务""活儿""劳役""活计""差儿""生意"等词都指的是同一概念；再就是同音异义词，指原来发音不同而后来混同的词：如 je(我)、jeu(游戏)……

所有的词在语境中都有一个确定而清晰的意思，这就是语境意义。语境意义常常和词的基本意义不同："livrer des marchandises"（法语："发货"）和"livrer bataille"（法语："作战"）显示"livrer"一词的两个具有不同基本意义的语境意义。除了语境意义和基本意义，词还有文体价值：即为语境意义和基本意义添加文体色彩的补充意义。在"Les ouvriers ont occupé la boîte"（法语："工人们占领了厂子"）中，"boîte"的语境意义是"fabrique"（法语："工厂"），但是补充性的文体价值使其带上了通俗、随便或贬低的含义。由此可以看出，文体价值不仅可以是主观性的，也可以是社会—文化性的。

语义学就是这样地和修辞学（rhétorique）不期而遇了。远在古代，语义的研究就已经与词的"修辞格"（figures）的研究混淆不分，如今它仍然常常和文体学（stylistique）交叉重叠。

对比兴手法(tropes)的传统研究在今天看来是探索语义组合甚至语义转变的基础。大家知道,拉丁人继希腊人之后,将比兴手法分为 14 个种类:隐喻(lmétaphore)、换喻(métonymie)、提喻(synecdoque)、代换(autonomase)、误喻(catachrèse)、声喻(onomatopée)、取代(métalepse)、形容(épithète)、讽喻(allégorie)、谜语(énigme)、反语(ironie)、迂说法(périphrase)、夸张(hyperbole)和倒置法(hyperbate)。今天的语义学家归纳出隐含在比兴手法里的逻辑关系,从中得出语义转变的基本机制。

例如,S·乌尔曼(S. Ullmann)在《语义学原理》(*the Principles of Semantics*,1951)区分出因言语守旧而形成的语义转变和因言语创新而形成的语义转变。后一类可细分为以下几个子类:

1. 名称转换:a) 因意义相近;
    b) 因意义毗连;
2. 意义转换:a) 因名称相似;
    b) 因名称毗连。

下面的例子属于名称因意义的空间邻接而产生转换(Ib):"bureau"(法语:"办公桌")源自"bure"(法语:"棕色粗呢")。这里覆盖家具的布料的名称经过转换变成了家具的名称。

如果说语义按照这样的机制进行转变,那么这些转变的原因则可以是多方面的:它们或者是历史性的(科学、经济、政治的变化延及到词的意义),或者是语言性的(语音、词形、句法、扩散效应、俗语词源等),或者是社会性的(词的特定性或普遍性造成词义涵盖的缩减和扩展),或者心理性的(表达的感染力、忌讳、婉转间接等)。

随着结构语言学的诞生和发展,语义学也被纳入了结构主义。索绪尔当时已经将每个词都放在了一个联想集(语义

或形态)的核心地位来进行考察。他以下面的图形表示这个联想集:

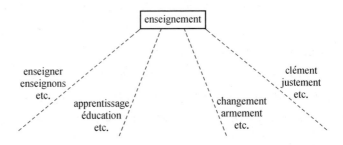

结构语义学当前使用形态语义场(吉罗)(champs morpho-sémamtiques)概念来指称"由一个词集构成的形式和意义的关系复合体"(P. Guiraud, *la Sémamtique*, "Que sais-je?", 1969)。

A·J·格雷马斯(A. J. Greimas)在其《结构语义学》(*Sémantique structurale*, 1966)一书中,建议在每一个词里分离出意义的最小单位义子(sème)。义子结合组成义素(sémème)(或作为意义复合体的词),并按照二元对立的意义轴心分布。另一方面,义素由义核(noyau sémique)(基础语义)和语境义子(sèmes contextuels)构成。

结构语义学远没有解决的复杂的指意问题,也被哲学语义学、逻辑学、社会心理学等学科涉足研究。但是由于这些理论仍然在不断变化,所以要对它们作出任何概括的企图都是不可能的。

在本书的下一部分里,我们将尝试通过一一介绍各个社会思考自己语言所凭依的体系来更加深入地探讨语言问题。我们并不奢望编纂一部语言理论发展史,因为在一个普遍的史学理论建立之前,这是一件无法完成的任务。所以我们将逐一描述各个时期语言的表述形式和语言理论。

第二部分

语言与历史

序　　言

　　无论是在神话传说或缜密的哲学思辨里，语言的起源问题——它如何出现，它初期的状况——总是一遍又一遍地被提起，从未有过间断。尽管语言学作为一门科学拒绝接受甚至拒绝考虑这个问题（巴黎语言学会曾宣布这个问题不属其兴趣范围），它依然却之不止，而它的持久不衰显示了意识形态对这一论题不懈的关注。

　　信仰和宗教把语言的起源归于某种神圣的力量，或认为语言是人类从动物和某些神奇古怪的生物那里摹仿来的。

　　人们于是想着去找寻原始语言，即最早出现的人群所讲的、派生其他一切语言的语言。希罗多德（Ⅱ，2）记述了这样一个故事：埃及法老普萨美提克（Psammétique）让人把两个孩子一生下来就隔离开，不让他们接触任何语言。孩子说出的第一个词是弗里吉亚语（phygien）的 βεχοs（"面包"，于是普萨美提克法老断定，弗里吉亚语比埃及语更为古老）。

　　人们还曾想着通过观察聋子和盲人如何学习使用语言来找到语言的"本源"。基于同样目的的观察也在儿童身上进行过。人们也曾基于多语现象（polyglottisme）先于单语现象（monoglottisme）（即先于一个给定群体的语言的统一性）的假设，企图通过观察双语者或多语者的语言习惯来发现语言的原始规则。然而无论这些观察的结果多么引人注目，它们也只是揭示了主体在一个特定的社会里习得一种已经形成的语言的过程。它们可以使我们了解主体在说或学习一种语言时的社会心理特征，但它们绝不可能为理解语言形成的历史过程带来一丝亮光，更遑论揭示语言的"来源"了。

当现代学者们着手研究语言的"史前史"时，他们把自己研究的主要对象确定在那些已知的、最为遥远的语言发展阶段。这是一些要么有文献记载，要么是由比较研究重建的、可以使我们对那些没有见证物的更早的阶段进行假设的时期。重建语言史前状况所依据的基础资料，是对埃及象形文字、楔形文字碑文、小亚细亚人或伊特鲁立亚人的铭文、日耳曼人的遗迹、欧甘文古迹等的解码结果。根据这些文字见证，不但对不同民族人民的语言状况，而且广泛地说，对他们的社会生活都可以作出推断演绎。另一方面，比较语言学通过研究不同语言中词的演变——词的传播和变化——可以推断出一些使我们能够重建语言远古状态的语言规律来。对考古资料的解读同样也带来新的发现：铭文碑记、神灵的名称、地名人名等在历史中反复不断地出现，是引导我们进入语言早期阶段的可靠线索。

人们曾经提出过许多理论——假设来解释语言的"起源"和史前史问题：这些大胆的假设很快被其他带有不同意识形态色彩的假设推翻和摧毁。例如苏联人 N·马尔（N. Marr）建立了一种语言阶段理论（théorie stadiale），把语言划分为四个与社会发展阶段一一对应的类别：

1) 中国语言及若干非洲语言；2) 芬兰—匈牙利语系（finno-hongrois）和土耳其—蒙古语系（turco-mongolien）；3) 迦费特和含米特语系（japhétique et hamitique），这些语言具有封建社会的特征；4) 印欧语言和闪米特语言（langues indo-européennes et sémiques），它们具有资本主义社会特征。共产主义社会则需要一个普遍的语言来代表。这个理论遭到斯大林的严厉批驳。斯大林认为语言不是上层建筑，所以它并不是亦步亦趋地跟随社会结构的历史变革而变化。

G·里维斯（G. Révész）在《语言的起源与史前史》

(*Origine et Préhistoire du langage*，1946)一书中提出语言史前史的六段分理论，追踪从动物交流至高度发达的人类语言的演变途径。依作者的看法，从史前阶段到有史阶段，语言的表达方式缩减到只剩下命令式、直陈式和疑问式，而且语言的肢体表达也愈来愈少。至于原始人的交流系统，指示语①、叫喊和肢体表达在那里占有极大的比重；作者还认为，在这些语言里，命令式、呼唤语（vocatif）和位置语（locatif）是仅有的表达方式。

因为拿不出任何科学证据来支持这样的普遍理论，当今的语言学不再雄心勃勃地企图去构建这些理论，而是把自己的目标限定在 A·塔沃尔（A. Tavor）所说的"建立一个所有语言具有共同特征的远古史段"。W·施密特（W. Schmidt）完成了这个工作的语音部分。而冯·吉内肯则提出一种他认为是原始的而且与文字同样久远的语言。这种"语言"是一个没有元音，由舌边辅音或"唇舌塞音"（靠舌两侧活动发出的音）构成的系统。冯·吉内肯的例证取之于高加索语和霍屯督人（Hottentots）语言的语音系统。

在考古学和古生物学研究成果的有力支持下，语言学试图确定语言是如何出现的，或退一步讲，至少确定人类从何时开始说话。这些假设仍然不是信心十足的。博克林（Böklen）认为语言诞生在莫斯特时期（période moustérienne）。勒儒瓦-古朗赞同这个观点。基于图文象征是人类真正独有的质性飞跃，因而图画象征一经出现便有人类语言这样的认识前提，他断言："可以这样说，如果在所有类人猿所具有的技巧和语言中，运动机能决定表达，那么在最后时期的类人猿的形象

---

① 指示语：这个术语指的是叙述时所有指示人、地方与时间的词。这些词的理解离不开叙述本身的语境（如这里，现在，今天等）。因此它在索绪尔的言语理论里扮演重要角色，相当于皮尔斯传统理论的指示概念（indication）。

语言中，反思决定了图画象征。最古老的图画可追溯到莫斯特时期的后期，在大约史前三万五千年时的沙泰勒佩龙时期时就变得非常普遍了。它们的出现和涂色颜料（赭石和锰）及兽皮羽毛物件的出现是同时的。"

人们能否认为，语言曾有过一个变化的时期，经历过漫长而艰难的演变，才进化成为从历史可追溯的遥远时代到今天的这样一个复杂的意指和交流系统？抑或像萨丕尔所说，从一"开始"，语言就已经"全然完成"，有了人就有了如同今天的语言所具有的那些种种功能装备起来的系统的语言？在后面这个假设里，不存在语言的"史前史"，而只存在语言，以及那些毋庸置疑的、派生出了各种不同自然语言的不同的系统组织方式（不同的语音、词形和句法等）。

语言突发出现的假设目前得到克劳德·列维-斯特劳斯（Claude Levi-Strauss）的支持。他认为任何文化都是"一个由多个象征系统组成的集合体，而语言、联姻规则、经济关系、艺术、科学、宗教则是其中最为首要的"。列维-斯特劳斯放弃了寻觅一种能解释象征体系的社会学理论的努力，反过来去寻找社会的象征起源。因为社会这个庞大的各种能指系统的集合体的运转，完全和语言的使用一样，是在无意识中进行的。它也和语言一样是建立在交换（交流）之上的。从这样一种平行可比性中可以推导出下述论断：即社会现象（在这一点上）可以类同于语言，人们可以从语言的运转出发，达到社会体系的规律。然而，列维-斯特劳斯写道："无论语言在动物阶段何时和何种情况下出现，它的诞生只能是一下子就完成的。事物没有能够逐步地取得意义。在某种属于生物学和生理学而不是社会科学研究范畴的变化之后，从一个一切都毫无意义的阶段，一下子过渡到了一个什么都拥有意义的阶段。"但列维-斯特劳斯又把意指的骤然出现和认知"这个的意思是"这一缓慢的过程截然区分开来。"这是因为能指和所指这两个范畴是同时且又关联地一起构建起来的,像两个互为补充的板块一样;可是获取辨认能指和所指之间在哪些方面相互对应的知识,即心智过程,却是非常缓慢地进行的。宇宙万物早有所指,只是人们对其所指开始认识的时候,却是很久以后的事了。"

语言相对论的提出是基于与上述近似的观点,以语言系统及每个能指系统的特殊结构的议题取代语言史前史问题。这个理论假设,由于每个语言都具有自己不同于其他语言的独特结构,它对实在界的表达方式也是不一样的;所以有多少不同的语言结构,就会有多少不同的对现实世界的能指组织方式。这个想法源于威廉·冯·洪堡(Wilhelm Von Humbolt),随后被里奥·魏斯格贝尔(Léo Weisgerber)引用,再后来被萨丕尔(Sapir)重新定义,最后主要由本杰明·李·沃夫(Benjamin Lee Whorf)在其对霍皮斯部落的印第安人的语言与"欧洲普通正常语言"的对比研究中发扬光大。例如,霍皮斯人语言里有九个动词语态、九个体态等,对沃夫来说,这就是九种表意的方式,也代表霍皮斯人特有的对空间和时间的思考方式。这个理论忘记了这些同样的"特征"在其他不同的语言里可以用不同的语言手段获得(一个"动词语态"可以用一个副词或介词表示和替代等),也忘记了一个社会里的众多的能指体系的集合体是一个复杂和互补的结构,而仅以某种理论划分的语言是远不能完全覆盖这个结构中纷繁多样的能指实践的。这并不是说,那些目前正在语言系统之外的其他能指系统里被发现的"特征",科学将不可能在语言系统里找到它们,而是想说明,仅从一些无论是从历史和意识形态的角度上看都有局限性的对自己语言的思考去推演一个社会的"心理"特征,未免过于唐突。

人类学和人类语言学谨慎地运用语言相对理论，研究所谓的原始社会里的语言和语言理论，其目的不是要达至语言的"始"点，而是为那些伴随语言实践的种种表达方式勾画出一个广阔的概貌。

1 人类学与语言学：所谓的原始社会对语言的认知

在寻找一个可为其提供通往"原始"社会文化王国的途径并可以科学方法研究的对象时，人类学发现了语言。人类学通过分析语言的各种形态、规则及部落居民对自己语言的意识状况（反映在他们的传说和宗教里面），巩固并拓宽了对"野蛮人"社会的认知。

语言人类学的开山之作，当属爱德华·泰勒（Edouard Taylor）的《论原始文化》（*Primitive Culture*，1871）和《人类学》（*Anthropology*，1881）。当然在他之前还有一个英国学者R·G·莱瑟姆（R. G. Latham）曾做过类似的研究。马林诺夫斯基（Malinowski）于1922年提出语言结构可以揭示社会结构的观点，并在《原始语言的语义问题》（*Meaning in Primitive Languages*）一书中对这一观点作了论证。这一研究趋势在霍卡德（Hocard）、哈顿（Haddon）、J·-R·弗斯（J.-R. Firth）等其他一些学者那里得到继续发展。在欧洲，人类学从索绪尔和梅耶的研究成果中获得启示，它的语言取向在涂尔干（Durkheim）和莫斯（Mauss）的研究中有所体现。美国学者中，在这方面最关键和最投入的论述主要来自弗朗茨·博厄斯（Franz Boas）。博厄斯在研究了美洲印第安人和爱斯基摩人的语言和文字，以及它们与文化和社会结构的关系之后,断言:"纯粹的语言研究是切实调查世界各地人群心理状况工作中的一部分(必须把语言研究看作是人种学中最重要分支学科之一)。"他认为,语言现象之所以被人种学和人类学当成一个对象对待,"很大程度上是因为说话人完全不知道语言的规则,语言现象从来不会进入原始人的意识①,不像其他所有的现象那样,或清晰或模糊地,都会成为意识思维的对象"。博厄斯并不因此赞同语言相对论。他写道:"一个部落的文化似乎不可能与其语言有直接关系,除非这里指的是语言的形式可能被文化状态塑造,但绝不是指某种文化状态是由语言的形式特征决定的。"

人类学对"原始"语言的研究,是把它放在社会和文化的环境里,以这些环境为目的并相对于这些环境来进行的,所以对那些纯粹形式的、推演和抽象式的研究语言现象的方法多持否定态度。人类学所提倡的,如马林诺夫斯基所做的那样,是把活生生的言语放回言语事实所产生的同一时代的社会环境中,只有这样,这个"事实"才能成为语言科学主要的研究对象。

社会语言学的语言观与上述观念相近,也是对它的补充。以J·-R·弗斯为代表的社会语言学指出,传统语音学、词形学、句法学等学科所建立的范畴疏漏了人类使用的一些主要类型的语句所具有的种种社会功能。"我们所要扮演的各种社会角色,如作为一个种族、一个国家、一个阶层、一个家庭、一个社团的成员,或作为儿子、兄弟、情人、父亲、工人、

---

① 我们后面将会看到,"原始人"对于语言这个他借以并在其中组织实在界,组织他自己的躯体和他的社会角色的系统远非是"无意识"的。这里,"无意识"这个术语只有在表示下述意义情况下才是可以接受的:某些文明不具有把区别性和系统性活动(即能指的、语言的)与其所指的事物区分开来的能力,所以也不具有建立一个独立的语言法则科学的能力。

都需要某种程度的专门语言来表达。"社会语言学研究的正是这些在语言系统的结构本身中所表现出的语言的社会功能，以从中获取更多资料来揭示这些社会功能自身的无意识机制。

如果说语言学家，人类学家和社会学家试图从"原始"人的语言材料里得出某些结论，用以解释那些默默地调控着其社会的规则，这些"原始"人其实自己早已建立起了与其语言关联的表意方式和理论体系，习俗礼仪与巫术。这些不但给我们提供了如今称之为"语言学"的学科起步阶段的例证，也向我们揭示了语言在截然不同于我们的文明里曾被赋予的地位和作用。

"现代"人习惯了当今理论和语言学的说教。对他们来说，语言是现实之外的东西，它像是一层薄膜，除了约定的、虚构的、"抽象的"属性外，别无其他质地。他们会非常惊奇地发现，在"原始"部落里，即所谓的"无历史"或"史前"的部落里，语言是一种实体的东西，是一种物质力量。"原始"人虽然也说话，进行象征表达，互相交流，也就是说，他可以把自己（作为主体）与外部世界（实在界）分离开来，并且使用一个差异系统（语言）去表达这个外部世界，但他不是把这样的行为作为一种意识化或抽象化行为来认识的，而是作为一种对周围世界的参与。如果说言语实践对原始人的确意味着与事物拉开距离，语言本身却不是作为一个意识的另一处（un ailleurs mental）、一个抽象手段而被思考的。它是作为躯体和自然界的宇宙元素进行参与，并融入躯体和自然界的驱动力之中。它与躯体和自然界实体的联系不是抽象的或约定俗成的，而是实在的和物质的。原始人不明确区分物质和精神、实在界和语言这样的二元对立概念，所以也就谈不上区分"指涉物"和"语言符号"，更谈不上区分"能指"和"所指"了：对他来说，所有这一切都以同样的身份隶属一个差异的世界。

一些复杂的法术系统，如亚述法术，是建立在对被认为具有真实力量的话语的精心处理之上的。我们知道，在阿卡德语(langue akkadienne)里，"是"和"命名"是同义词。阿卡德语的"无论这是什么"是用短语"一切有名字的"来表示的。词等同于物是一个被普遍接受的现象，这一对同义词仅是它的一个表象而已。词与物的等同性是吟唱法术依靠的原则，也隐现于那些禁止说某人的名字或某个词，或必须低声诵念咒语的驱邪法里。

原始人对语言这种看法在许多神话、礼仪和信仰里都有表现。比如，弗雷泽(Frazer)就观察到(*The Golden Bough*，1911—1915)，在一些土著民族里，人的名字被当作一个存在的现实，而不是一个人为的约定，它"可以作为中介物——像头发、指甲或身体其他任何部位一样——用来对人施加魔法"。作者也发现，对北美印第安人来说，他的名字不是一个标签，而是他身体单独的一部分，如眼睛、牙齿等一样。所以任何对他名字的损害都会伤害到他的身体。为了保护名字，人们把它列入禁止或禁忌系统。名字不能说出来，因为说出名字是一个把名字现实化的行为，会暴露，即现实化这个人的真实情况，使他在敌人眼里变得脆弱。爱斯基摩人年老以后会更换名字；凯尔特人把名字看作是灵魂和"气息"的同义词；弗雷泽还提到，在澳大利亚新南威尔士的允斯(Yuins)土著人及其他一些土著民族里，父亲在孩子入教时才把自己的名字告诉他，而别人则很少知道他的名字。在澳大利亚，人们会忘记名字而相互称呼"兄弟、表哥表弟、侄子……"埃及人也是这样，他们有两个名字，一个是小名，一个是大名。小名是好的，用在正式的场合。大名不好，要藏匿起来。类似的有关人名的习俗信仰，在非洲西部的科卢斯族人(Krus)、贩奴海岸的土著民族、塞内冈比亚的沃洛夫人(Wolofs)、菲律宾诸岛屿的土著(如棉兰老岛巴戈博人Bagobos)、布鲁岛(东印度)的土著,智利南部太平洋上的奇洛埃岛原住民等那里,都可以碰到。埃及的拉神(Rê)遭到蛇咬,哀叹道:"我是那个有很多名字和很多外形的人……我的父亲和母亲把我的名字告诉我;它从我一出生就藏在我的身体里,让那些想要施放法术于我的人得不到一点魔力。"可是他后来还是把他的名字告诉给伊西斯神(Isis),使她变得强大无比。禁忌也同样用在表示亲属关系的指称上面。

卡菲尔人(Cafres)禁止妇女叫丈夫和内兄弟的名字,甚至连与他们名字相似的字词也不能说。这种禁忌导致了妇女话语的改变,使她们实际上在说一种独特的语言。关于这一点弗雷泽还提到,在古代,伊奥尼妇女从不用名字呼唤丈夫,在古罗马谷星神(Cérès)的祀典上,父亲和女儿的名字是任何人都不能叫的。维多利亚①西部的一些土著部落里,禁忌使得男人和女人必须用自己的母语讲话,同时还要能够听懂对方语言,在那里,人们只能嫁娶操不同语言的人。

逝者的名字也是被列入避讳的。高加索阿尔巴尼亚人就有这种习俗。弗雷泽在澳大利亚原住民那里也观察到了同样的习俗。巴拉圭亚皮蓬族语言里每年都要增加新的词汇,因为所有和逝者名字相似的词字都会被公开宣布列为禁用,并以新词新字替代。因此不难理解,这样的做法使记述和历史无法建立:语言失去了对往事的积淀,随着时间的流逝不断地改变和翻新。

国王、圣人、神灵的名字,甚至许多常见物的名称,也都是禁忌或避讳的对象。特别是被认为有凶险的动物或植物的名称,说出来等于把凶祸招引给自己。例如,在斯拉夫语系的语

---

① 这里指澳大利亚的维多利亚地区。参见詹姆斯·乔治·弗雷译(James George Frazer)所著 The Golden Bough 1980年英文版第347—348页。——译者注

言里,"熊"一词被一个比较"无害"的、词根是"蜂蜜"的词代替,产生了像俄语中的 med'ved'(*med* -蜂蜜)这样的词:险恶的熊被换作一个令人惬意的东西——这种动物的食物,而后者的名称通过借代手法,代替了那个凶险的词。

这些禁忌是没有意识动机的。它们似乎是自发产生,是一些本来就"做不得"的事情,但它们也可以通过一些特别的仪式被解禁或更改。不少法术习俗都是基于相信语词拥有一个具体的和有行为的现实,只需把它们说出来就能让它们行动。很多"能带来"病愈、雨水、丰收等的祈祷或密语都是以此为基础的。

西格蒙德·弗洛伊德(Sigmund Freud)通过仔细研究弗雷泽搜集的资料之后,把对某些词的避讳或对某些言语场景的禁止(妻子—丈夫、母亲—儿子、父亲—女儿)解释为与禁止乱伦有关。他发现强迫观念性神经病与禁忌之间有着下面四个惊人的相似之处:1) 禁止没有动机;2) 它们都有因内在需求而产生的固恋;3) 它们很容易转移并感染禁物;4) 存在着衍生于禁忌仪式的行为和规则(参阅 *Totem et Tabou*)。

正如弗洛伊德自己觉察到的那样,"显而易见,把(强迫观念性神经病与禁忌的)机械条件之间的相似性论断为一种自然的关联是仓促的和低效的"。这里需要强调一下弗洛伊德的这个觉察,因为事实上,即使这两个结构非常相似,也没有任何事实使人们必须认为禁忌是由"强迫性观念"引起的。精神分析的概念是建立在现代社会的事实上并在其范围内运作,对现代社会的心理结构有比较精确的分类。把这些概念搬用到那些甚至连"我"(作为主体、作为个体)这一概念都没有明确区分的其他社会,无疑会扭曲这些被研究的社会的独有的特征。相反我们可以假设像禁忌这样的行为,也许广泛地说,把语言本身的实践作为行为现实(非抽象的、非思辨的、非升华的),恰恰正是阻止作为主体结构、包括强迫观念性在内的神经病形成的原因。

其他一些证据证明,"原始"人不但拒绝分离指涉物和符号,甚至对把能指和所指分开的做法也迟疑不决。对他来说,"语音形象"和"意思"有同样的真实重量,而且后者和前者是融为一体的。他把语言网络感知为一块质地均匀的材料,所以语音之间的相似性在他看来就是所指,因此也是指涉物之间具有相似性的迹象。博厄斯报告说,这样的例子在美洲波尼人(Pawnees)那里是存在的。波尼人的不少宗教信仰正是由于语言的相似而引发的。奇努克人(chinook)的神话为我们提供了一个惊人的例证:神发现一个人在徒劳地以跳舞的方式捕鱼,便告诉他捕鱼要用渔网。这个故事是围绕着两个发音相同(即在能指层面相同)但意义相异(即在所指层面不同)的语词而展开的:跳舞和用网捕鱼两词在奇努克语里的发音是一样的。这个例子证明,"原始"人把语言的不同层次区分得多么细致入微,以致可以拿它们当作游戏的资料。他仿佛是在以巧妙的幽默告诉神,他可以随心所欲地操纵所指,同时却没有忘记所指紧紧地系结在承载它的能指上面,而他——一个对自己语言的物质性洞察入微的说话者——永远能够听懂它的意思。

有些土著群体拥有相当发达的话语运作理论。这些理论所展现的是真正的天地演变,以致当现代人种学家把"原始"人所思索的宇宙和人体力量翻译为"话语"时,与我们对该词理解的差距实在太大,使我们不得不问:这真的是现代人所说的语言吗?西方学者翻译为"话语"或"语言"的东西,有时竟然是些肢体本身的动作,是欲望、性功能,当然还有话语,而这一切都是一股脑儿地被包括在一起的。

日内维耶夫·卡拉默-格里奥勒(Geneviève Calame-Griaule)在对居住在尼日尔河河湾西南部的多贡人(Dogons)

的研究（*Ethnologie et langage: la parole chez les Dogons*，Gallimard, 1965）中发现，多贡人指称语言的词"sɔ̀"，可以同时表示"区分人和动物的能力、索绪尔意义的语言系统、某一人群特有的语言，或索性就是词、言语及其形态：主体、提问、讨论、决定、评判等"。而且，由于任何社会行为都包含话语交流，任何个体行为都是一种自我表达方式，"话语"有时就是"行动、做事"的同义词。多贡人的日常用语证实了这一点：sɔ̀: vomo yoà，"他的话进去了"意思是"他的努力成功了（说服对方的努力）"；nɛ̀ yògo sɔ̀y，"现在是明天的话了"意思是"我们明天继续干"……被多贡人叫做"话语"的是行为的结果、工作、工作后留下的制成品：锻造的锄头、织好的布料都是话语。现实世界浸渍在话语里，话语就是现实世界，多贡人就这样把他们的语言理论建造成一个把个体言语的不同形态与社会生活事件一一相对应的巨型系统。多贡语拥有 48 种"话语"，以宇宙关键数字 24 分成两组。卡拉默-格里奥勒还观察到，"每个话语都对应一种技术或一个组织、一棵植物（及其某一确定部位）、一只动物（及其某一器官）、一个人类身体器官"。例如，"肚脐话语"，bɔgu sɔ̀：表示欺骗、假象的意思，犹如治疗初生儿伤口时，伤口常常感染却看似愈合的现象。所以，一切不对现的许诺或偷窃行为都叫做 bɔgu sɔ̀：如抢劫手艺技术、动物里的硕鼠、不能吃的圆形花生等。同时，这些"话语"依"神话里的事件"编组排列，"神话事件一方面赋予它们精神或社会价值，另一方面决定它们在象征序列中的排名次序"。

话语和现实世界的这种相互渗透并不是一种孤立的现象。据多米尼克·扎汉（Dominique Zahan）的研究，班巴拉人（Bombaras）把语言看作是身体的一部分。当他们辨认出一个从未表达过、即属于神的原初话语"ko"的新出现的话语时，就会同时把这个新话语的基础材料——通常是音位(班巴拉人称其为"kuma")分离出来。"kuma"源自"ku"一词。"ku"表示"尾巴";另外,班巴拉人有一个格言这样说:"人没有尾巴,也没有鬃毛,只能抓住他口里的话。"如果仔细分析比较,就会很容易听出来,班巴拉人的话语观多么深刻地性化了,甚至可以说和性功能无法区分。班巴拉人对话语器官的表现方式证实了上述观察。下面的器官都可以代表话语器官:头和心脏;膀胱、性器官、肠子、肾脏;肺、肝脏;气管、喉咙、嘴(舌头、牙齿、嘴唇、唾液)。每一个器官都能构成话语:比如,肝脏判断并决定让话语通过还是阻止其通过;肾脏明确意义或使意义变得模棱两可;"如果没有膀胱的水气进入话语,说话便会失去乐趣";最后,"性器官以缓慢的交媾动作赋予话语以生活的情趣和滋味"。人的整个躯体,眼睛、耳朵、手、脚、姿势都参与了话语的完成。所以,对班巴拉人来说,说话就是把身体的一部分拿出来:说话,就是分娩。需要强调的是,班巴拉人在产生话语时,确实是把这样的功能给了身体的器官。

　　语言成分也和产生它的躯体一样是物质的。一方面,话语的原初发音和宇宙的四大要素水、土、火、空气有关;另一方面,由于话语是物质的东西,就需要让它经由的各个器官做好它到来的准备:在嘴部刺刻文身及锉磨牙齿的习俗便由此而来。牙齿象征光亮和白天,磨过的牙齿就成了光亮的经由之路。这种为谨慎的话语做准备的文嘴和锉齿习俗多用于妇女,与妇女的割礼同时存在,抑或它就是这种习俗的一部分。以上的例子进一步证明,对于班巴拉人,驾驭话语就是驾驭躯体,语言不是抽象行为而是社会整体习俗体系的一部分。语言如此与肉体密不可分,甚至像鞭笞这种象征身体忍耐疼痛的习俗,也用来表现对话语器官的驾驭。这样的语言理论对说话主体及其性征、他与广泛的知识体系及其归属实在界的各种关系来说,都产生着众多的影响,我们在此不可能——作出阐述。

居住在新几内亚东部和与澳大利亚海岸平行的各个群岛上的美拉尼西亚人同样也把语言运作视为人体的表征。M·林哈特(M. Leenhardt)(*Do Kamo*, 1947)从当地语言翻译了这样一个美拉尼西亚人关于语言起源的传说:"贡玛唯神(Gomawe)散步时碰见两个不会回答他问题甚至不会说话的人。他判断他们的体内是空的,便去捉来两只老鼠,掏出老鼠的内脏。他回到那两个人身边,打开他们的肚子,把老鼠的内脏,肠啊,心啊,肝啊,都放了进去。伤口刚一合上,那两个人就开始说话,吃东西,也有了力气。"美拉尼西亚人深信是身体在说话。下面的语句清楚的证实这一点:"你肚子是什么?"表示"你是什么看法?";"忧虑不安的五脏六腑"表示"感到难过";"五脏六腑走斜了"表示"犹豫不决"。神智或头脑不是语言—想法的播发中心。相反,恭维一个人口才好,要说他是"空壳脑袋",这无疑是指他讲演的精彩出自腹中,出自五脏六腑。

对多贡人来说,卡拉默-格里奥勒写道:"组成话语的成分弥漫于全身,特别是以水的形态存在。人说话时,话语变作蒸汽冒出,因为话语之水被心烧热了。"空气、土、火对多贡人来说,也同样是语言的成分。土赋予词意义(重量),所以相当于身体骨骼。火则决定说话者的心理状态。话语和性别的关系也很明显:多贡人的话语是男女有别的;声调分男人声调(低且下降)和女人声调(高且上升)。非但如此,连话语的各种形态甚至各种语言和方言,都被认为是属于这一类或那一类的。男人的话语包含更多的风和火,而女人的则含有更多的水和土。多贡人复杂的话语理论还包括一个 *kikinu* 概念,把言语运用和后来被称作心理特点的现象紧密联结:这个概念表示

"话语所呈现的、明确地与心理特点直接关联的语调"。

以上那些视语言为身体的构成部分的观念,并不意味对语言的形态构造不予特别的重视。班巴拉人认为语言的生成经历了肢体、叫喊、语音几个阶段,并相信无声人类可追溯到人类的黄金时期。他们认为原始语言都是由一个辅音加一个元音的单音节构成。每个音位都是确定的单位,具有特定的性别和社会功能。它们与数字、各种元素和身体部位结合,形成一个规范的宇宙组合体系。因此,扎汗注意到"E"是班巴拉人第一个"指称我和另一个"的声音,它"是'我'也是'你',是一种对数字 1 和名字的类比的意愿。它和小拇指对应"。"I"是语言的"筋",表示坚持、追逐、寻找之意。即使在美拉尼西亚人那里,语言也是一个复杂多样的界域:它被看作是一个容器,一个运转着的封闭器物,按今天的说法,是一个工作的系统。据林哈特的观察,在这个族群里,"思想"用表示空腔内脏(带状内脏,如胃、膀胱、子宫、心脏或制成篮子的纤维)的词 nexai 或 nege 指称。今天还在使用的词 tenexai 含有"一起去""纤维"或"轮廓"之义,而 tavinena 的意思是"在那里""去""内脏"。

有些部落不满足于仅对话语进行分门别类,而是建立了极为精致详细的话语图形对应理论。倘若梅耶写得不假,"创造并完善文字的人是伟大的语言学家,是他们创建了语言学",在那些古老且已消失的文明里,我们可以发现反思精妙的图文系统,尽管它们还不能称作语言"科学"。其中的一些文字,如玛雅文字,至今仍未被破解。其他一些文字,像被 A·梅特劳(A. Métraux)认为是唱经班领唱备忘笔记的复活节岛文字,引发了众多的、有时截然不同的解读。根据巴特尔(Barthel)的观察,这个书写系统使用 120 个符号,共产生了 1 500—2 000 个组合。这些符号呈现人物、人头、手臂、动作、动物、器物、植物及几何图形,是一些可以有数个不同意义的会意符号。例如,同一会意符号表示星辰、太阳、火。有的符号是意象:女人用一朵花表示;有的是比喻:"吃饭的人"表示诵诗。最后,还有一些符号具有语音功能,而这种现象的出现,得助于波利尼西亚诸语言里大量存在的同音词。然而这种已达到语言"科学"较为高级阶段的文字,似乎还没有表达句子的功能。尽管有不少学者对这种语言作了研究,但是还不能说它已经被完全读懂了。

玛雅文字是古代文明最精彩、最神秘的伟绩之一,但至今仍然不被人们解读。当今的研究朝着两个方向展开:一是假设玛雅符号是标音符号;二是想象它们是象形或会意符号。现在看来,它们更像是这两种类型的混合形式。然而对它的破解还远远没有完成。

上图为玛雅文字含有数字的象形文书与图像文字组合使用的例子。图的上半部分是象形文字和数字(点代表 1;横笔代表 5),下半部分为图像文字(摘自 *Manuscrit de Dresde*, p. XVI)。插图引自艾丝特琳所著《论文字的起源和演变》(*Origine et développement de l'écriture*)一书。

玛雅人继承了早在公元前 1000 年时就生活在墨西哥这片土地上的奥尔梅克人(Olmèques)的民俗和文化传统。玛雅人遗留的建筑及他们的文字和文字记载,大约可追溯到公元初期,一直延续到西班牙殖民者禁止使用这种语言并摧毁大部分文字记载为止。由于文字的使用为祭司专有并与宗教信仰有关,所以当宗教信仰终止以后,文字也随之失传了。玛雅文本一般记录含有日期和数字的编年史料。人们猜测,这些史料是玛雅人时间周期性观念的反映:历史事件会重复发生,所以记录其发生顺序,便可预见未来。时间的节奏,"时间的交响曲",这便是 J·E·汤姆森对玛雅文字的评论(J. E. Thomson, *Maya Hieroglyphic Writings*, Washingtong, 1950)。

苏联学者尤里·B·克洛鲁夫(Yurri B. Knorosv, *l'Écriture des Indiens mayas*, Moscov-Leningrad, 1963)提出一个非常引人瞩目的有关玛雅文字的理论。克洛鲁夫放弃了玛雅文字为象形文字的假设,回到首位玛雅文字释译者迪亚哥·德·兰达(Diego de Landa)提出的拼音文字假设。他认为玛雅文字由"图形复合体"构成。每个图形复合体包含数个(1—5 个)字符。字符呈方形或圆形,彼此连接,由表现诸如人头、动物、飞禽、植物或其他物件的图像构成。这种文字和古帝国时期的埃及文字相似,而后者中的图像文字对它们伴随的象形体文本似乎有标识作用。

克洛鲁夫起初建议把符号解译为音节符号与表音词符和表意词符的组合。1963 年以后,他又假设这些符号更应该是字素文字(morphémique)。值得注意的是,如果这一假设成立,那就意味在历史上仅有两个独立存在的词位文字(morphémographique):玛雅文字和中国文字。有些专家,如艾丝特琳,认为这个假设是靠不住的,因为一方面,中国古文字发展到今天的字素文字经历过漫长的岁月,另一方面,这两种文字不尽相同:中国文字为单音节文字,有利于字素文字形成,而玛雅文字多达百分之六十的词包含三到四个词素。

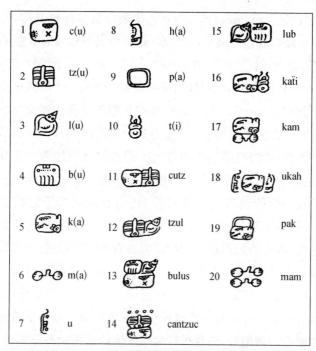

上图是克洛鲁夫根据他1950年的假设,解译的一部分玛雅文字音节符号(1—10)及其在表音文字中使用的例子(11—20)。

在这些条件下,要证实一种文字是字素文字,就必须对该语言进行艰难的、多方位的分析。对于玛雅文明这样一个如此杰出的文明而言,这并非不可能。更是因为,玛雅文明与中国的宇宙观有某些相似之处,例如,指意"主体"弥散式地与一个支离而有序的宇宙融为一体,而蕴藏在字素体系音节里面的意义成分,完美展现了这个天人合一的大千世界。

多贡文字呈现极为有趣的特征。它的形态可分为四个演化阶段,每个阶段都比前一个更复杂更完美。第一个阶段叫"划痕"(trace)或bumɔ(源自bumɔ,"爬行"),来自对物件在地上划过留下的痕迹的联想。所以它指那些形态模糊的图画,或者有时只是一个由不连接的线条勾画出的轮廓。第二个阶段叫"标记"(marque)或 yàla：它比划痕更详细更具体，有时是以点画构成，"以提示，卡拉默-格里奥勒写道，阿玛[创造话语者]首先创造了万物的'种子'"。第三阶段是"简图"(schéma)，或 toʒu，即物体的概括表象。最后一个阶段是完成的"图画"(dessin)，t'oỹ。这个四段程序不是真正的文字——多贡人还无法表达句子——但是这一程序的模式并非只适用于图画自身，或只适用于语言这个指意和交流体系。它其实和"话语"一样，涉及现实生活的方方面面：如"话语像生孩子一样有四个阶段"，此外还有像"话语有阿玛所造之物的力量"，"给孩子起名字的话语"，等等。由此看来，文字标志着词的形成（或意指的形成），同时也标志着事物的形成；词和写出的事物水乳交融，一起加入一个正在被区分和分类的同一现实中。有了话语的加入，宇宙变成一个巨大的组合体系，一个承载神话、伦理、社会价值的普遍配置机制。而说话者却无须在那个心理他处，把意指行为——他的话语——分离出来。语言这样地参与现实世界、大自然、人体和社会——而它基本上已经与其区分开来——并加入它们复杂的系统化的过程

上图为多贡文字的例子：左边是给孩子取名（图画的第一阶段）。右上两图分别为"纺织话语"的第一阶段和最后阶段。下面是以蛇为象征的"始祖'Lébé Sérou'的公正的话语"。引自 Geneviève Calame-Griaule, *Ethnologie et langage: la parole chez les Dogons*, Gallimard.

中,这些也许就是所谓的"原始"社会语言观的本质特征。

2 埃及人与埃及文字

埃及文本很少涉及语言本身的问题。但文本里所表现的对文字的关注及对文字在埃及社会发挥的巨大作用的重视,则是埃及人对语言系统有所思考的有力佐证。

古埃及人相信,文字和世界上所有的语言都是由图特神(Thot),即红鹭创造的。在埃及文字里,书吏被表现为蹲坐在图特的另一个化身——神兽狒狒——面前写字的人。在一些文献里可以看到,神在古神话女神塞莎特(Séchat)辅助下,自己正在秉笔书写。女神塞莎特的名字意指"写字的人"。在古埃及,文字被视为圣物而得到崇拜,是社会中地位很高的书吏阶层的神圣的职责。一些大领主的雕塑甚至把他们表现成正在书写的书吏那样的姿势。和书吏相比,任何其他职业都显得微不足道。兰辛莎草纸画(papyrus lansing)是这样赞美书吏们无与伦比的才能的:"(他)整个白天用手指抄写,夜晚秉灯阅读。以莎草纸卷轴和调色板为友,因为那是超乎想象的令人愉悦。书写对会写的人,那是比任何职业都更有挑战,比面包和啤酒,比衣服和香料更令人惬意的。是的,这比在埃及继承遗产、在西部拥有陵墓更为珍贵。"

书吏们用书写、雕刻和彩绘的方式,留下了数量丰富的象形文字,为今天考古学、人种学和语言学复原古埃及的语言发展史提供了资料。今天人们把象形文字的出现定位于第二铜器文明时代①的后期(涅伽达文化Ⅱ、格尔塞文化),

---

① 铜器文明:人们对铜已有认识,但仍很少使用。当时对铜和锡的合金也不了解(见 J. G. Février, *Histoire de l'Écriture*, p. 120)。

其后的发展主要在第一王朝时期。中王国时期（前2160—前1580）到第八王朝时期（前1580—前1314）大约有730个象形字，其中常用字仅有220个，而日常生活使用的只有80个。

破解这些长期不为西方科学理解的象形文字的学者，是让-弗朗索瓦·商博良（Jean-François Champollion，1790—1832）。在他之前，不少学者曾试图揭示这种文字的规则，但都没有成功：耶稣会士阿塔纳斯·基歇尔（Athanasius Kircher）于1650年至1654年间在罗马编辑出版了四卷研究专著，提出他对象形文字的译读。作者的天分和他常常表现出的敏锐的直觉，却没有使他解读对一个符号。商博良的研究从众所周知的罗塞塔（Rosette）石碑入手，那上面刻有三种文字的铭文：14行古埃及象形文字、32行古埃及俗体文字和54行希腊文字。商博良不但想到了把他不懂的文字（埃及象形文字）与他能看懂的文字（希腊文字）比较，而且还发现了两种文本之间确切可靠的对应轴心：专用名词 Ptolemäus 和 Cleôpatra。这两个词在象形文本里很容易辨认，因为它们都处在椭圆形装饰框里。商博良用这种方法建立起埃及符号与音位之间的首批对应关系。商博良花费很多时间解读写在丹德拉、底比斯、埃斯内、艾德芙、阿姆巴斯和菲莱遗迹上文字之后，终于确定埃及文字不是单一的表音文字，而是一个复合体系。他在其所著《古埃及象形文字体系》（Précis du système hiéroglyphique des anciens égyptiens，1824）一书里，区分出三种类型的文字：象形文字（écriture hiéroglyphique）；神职文字（écriture hiératique），即"象形文字的名副其实的速写体（tachygraphie），他写道，这是在木

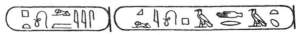

Ptolemäus　　　　　　Cleôpatra

乃伊身上发现的、写在非象形文字莎草纸上的文字"；最后是俗体文字（écriture démotique）或信函书写体（écriture épistolographique），是"罗塞特石碑上中间的铭文"，与真正的象形文字明显不同。

商博良认为，由表音符号构成的字母表是"破解象形文字的关键"；"这个字母表是由那些近五百年间、雕刻在埃及各地遗迹上的一系列表音专用名词组合而成……因此，表音文字被埃及民族各阶层长期使用，成为三种象形文字必不可少的辅助手段"。

由此可见，古埃及人可以区分语音，并正在迈向一个表音的文字体系。然而他们的"符号"远不是一个字母表，因为这些符号可以有三种不同的作用：

1. 符号同时表示词和概念：它被称为"符号—词"或词符文字。

2. 符号只承载语音；因此它是表音符号；不仅用来书写它的模型的名称，也用来书写名称里的辅音。例如：pěrí 在古埃及语中指称"房子"。作为表音文字，这个指称房子的符号被用来拼写其辅音是 p，r 和 í 的所有的语词。

3. 最后，图形表示某种概念，不和一个具体的词相关联，它本身也不发音；这种图形叫做限定符号。作为限定符号的"房子"是不发音的，但它加置于表示建筑物的语词的词尾。限定符号具有区别作用：它表明这个词是属于哪个具体类别的，因而避免语词因含有同样的辅音而产生混淆。

这些符号是些简明的图形：它们呈现事物的轮廓或某个细节特征。此外，这些图形作为壁画或墓饰画的一部分，展现出画师的视野角度——其中有些是正视的，有些是俯视的，还有些是侧视的。

埃及文字是一个比较稳定的文字系统，然而它并非没有经历过变化。这些变化主要发生在希腊—罗马时期,使得文字变得更加简化和多元。人们普遍注意到古语词的语音化现象:古语词获得了表音功能,其音值大多是它以前标注的数个辅音中的第一个辅音的发音。

以上的讨论都与刻制在纪念碑上的象形文字有关。象形文字以一种被商博良甄别为草书的形式存在,最早的草书形式是神职文字。这种文字是书吏把石碑铭文转录到纸上时将其删繁就简而成。主要的变化是表意符号(符号—词)被写得更长更细,引入了不属于符号的注释记号,符号笔画出现连接现象。于是书写便可以快速地、几乎不间断地一气呵成。另外这种文字总是从右向左书写的。

大约在公元前 7 世纪左右,出现了另一种草书形式——俗体文字。这种文字主要用于公共事务,因而被称作"人民"的文字(démotique)①并很快地成为一种常用文字。一些文学和宗教文本都是用俗体文字写成(如 *Le livre des Morts*)。

像埃及文字这样一种发达并可以满足社会各种需要的文字,后来怎么会消亡?这个问题引发了众多的评论和假说。一个较为可能的原因,是基督教对埃及宗教的取代造成了书吏—祭司阶层的衰落,因而导致其使用的言语及象形文字随之衰退凋零。另外,一些文字本身的演变及其规则所造成的原因,也为它的消亡起了同样推波助澜的作用。俗体文字一直使用到公元前 5 世纪。作为公共事务文字,仅是宗教的原因,不应是它被废弃的理由。人们今天推断,它向标音文字的演变使它变得异常难以掌握亦难以使用,因此不难理解当时的埃及人为什么会着迷于更为简单的希腊标音字母。

对于任何希望了解古代埃及的人,埃及文字今天依然是

---

① Démotique,源自希腊语 demotika(人民的)。——译者注

一个不可或缺和必须解读的丰碑。它见证了这样一种语言系统观,在那里,概念和声响,能指和所指,融化在以简约的方式再现实在世界的石碑铭文里,与其化为一体。词符文字的这种运作方式,使语言单位与概念单位没有了区别,似乎在体现同一物体。另一方面,它的表音符号证明,正如 R·韦伊(A. Weil)所写,"音节概念全然不存在了"。元音是不被标出的:埃及人只标示词的"骨架",即柯恩所说的"辅音骨架",仿佛词的语音现实也如同它的图形一样,被删繁就简,只剩下它的骨骼,只剩下它最为显著的差异特征——辅音。在元音的发声体系中,埃及人仍然在书写,也就是说,他们仍然不断地在筛选,不断地系统化。最后,不发音的限定符号的使用,标志着语言符号进入分门别类的逻辑系统化过程,呈现出句法思维的雏形。

发音的作用在埃及文字里似乎被弱化,无法与笔画和逻辑关系比肩而立。由此可以推断,埃及文字与其说是一个元音标音系统(如表音文字),不如说是一种对意指形式的反思。所以在某种意义上说,在埃及,文字是独立于话语,独立于话语交流,从而独立于社会交往的。当经济环境发生改变的时候,它必定要走上消亡的道路:这便是希腊文明入侵地中海盆地、交换(商业社会)成为主导准则时,所发生的事情。

3 美索不达米亚文明:苏美尔人与阿卡德人

美索不达米亚文明发明了被称为楔形(cunéiforme)的文字,为我们今天能够部分重建这个文明对语言运作的思考提供了基础。生活在古近东地区的苏美尔人(Sumériens)与阿卡德人（Akkadiens）使用一种字形如楔子的文字。这些字刻在用黏土制作的泥版上，它的形状无疑和泥版的制作材料有关。楔形符号共有 550 种，其中的 250—300 个是常用符号。一些是表意符号，另一些是具有音值的符号，代表一个元音（如 a，e，i，u），或者一个双字母音节（如 ab，ur；ba，ru），或三字母音节（sul，dir）。

这样一来便产生了一些多音字（一个符号有数个发音，如："水"和"胳膊"用同一个符号表示）和同音异义字（有 17 个符号都念 si）。为了改善因此而产生的混淆现象，人们在文本里加入一些起限定作用而不发音的符号（这些限定符号把词区分为不同的类别以消除模棱两可的理解）和表音补充符号（标示词首或词尾）。楔形文字体系经历过很多重要的变化，逐步从表意文字演化成拼音文字。起初，楔形符号都是纯粹的表意符号；后来出现了数个概念（词）用同一个符号——词符字表示的现象：同音异义字便产生了；最后人们又创造了后缀和中缀这样的语法符号。于是，词符字加上不发音的复数或双数符号就可表示数个或两个的概念。

苏美尔语在公元前 5000 年到前 3000 年之间还是一个活的语言。后来被阿卡德人当作暗语使用，逐步形成苏美尔语—阿卡德语的双语局面，迫使人们开始对苏美尔语进行真正的科学研究。音节表和词汇表就是为了这一目的创造出来的，它们为系统研究语言打下坚实的基础。从保存至今的一些文献看，这些词汇表和今天的词典非常相似。于是早在前 2600 年时就有了被称为"编排学问大全"的词汇汇编。这是些记录工资、出货等项目的图表册子，同时也包括多义符号（如代表"口"的符号也代表"牙齿""话""说话""叫喊"）和复合符号（如鸟后面画一个鸟蛋表示"生"）的编号及分类。字符按笔画多少编排，例如：横一、横二、横三等；竖一、竖二、竖三等；斜一、斜二、斜三等。令人惊叹的是，这些词汇表把字按一定的标准分门别类，或以义素（意义的最小区别特征）列目，把包含同一义素的所有词汇，如 kus（皮制的）、za（石质的）、bur（陶罐）归为一类，或把从同一个字衍生出的所有词汇，如鼠、鱼等归为一类。另外词汇表只列名词，不列形容词和动词。当时已有按这一编目原则编成的双语词典，在拉帕奴（Rap'anu）图书馆甚至还发现了四种文字的词典。

所以美索不达米亚的文字和语言科学（文字学和词典学）是同步发展演进的：书吏要使用文字就必须把文字作为学问来认真地研究。他们不但需要掌握娴熟的碑文书写技能，还要把文字按语义作系统分类，这同时也是对自然界与人世间的万千气象进行系统分类：把语言编目等同把实在界编目。另一方面，文字也被用于魔法和宗教，但并非为祭司们所专有。文字还在诸如经济和社会等完全的世俗领域发挥作用。然而人们对文字和使用文字的人的敬畏和崇拜从未因此减弱："写一手好字的人会像太阳一样的光彩夺目。"书吏在苏美尔社会享有崇高的声望，有的书吏甚至在政府里担任高职。例如：出身文档管理的乌鲁克（Uruk）国王亚南（Anam），一定要在他的名字后面加上"作家—国王"这样一个混合的称号。阿卡德人同样对文字充满崇敬，并将其视为最深奥的一种学问。"我学会了，阿舒尔巴尼拔（Assurbanibal）说，贤明国王阿达帕（Adapa）带给人们的宝贵而深奥的知识——那一整套的书写学问；我研读了测天观地（的典籍），有学者陪伴为我解惑；我能够探讨池水占卜术（lécomancie）问题；我会计算令人困惑的除法和乘法。我可以读懂精妙的苏美尔文字和隐晦的阿卡德文字。我能逐字破解大洪水前留下的那些令人费解、无声无息、令人眼花缭乱的石头铭文。"

这种倍受赞美的文字是公元前 3500 年创造的，一直使用到基督教时期的来临，其间逐步变成早期近东地区所有人民通用的一种图形文字，被用来转写赫梯语（hittite）、胡里安语（hurite）、乌拉尔图语（uratréen）、波斯语（perse）、埃兰语（élamite）等语言。

楔形文字起源于图像文字。最初的楔形字自上而下的竖刻在石碑上，表现各种实物。阅读时则一列一列从右到左进行。后来开始在泥版上刻写的时候，书写——柯恩在其所著《伟大的文字发明》（*La Grande Invention de l'écriture*，1958）一书中注意到——变成横写和竖写混合使用，而阅读则变成从左而右了。"从此，被表现的物体不再以其自然姿态出现（横卧的腿、罐子和植物）。这是因为，符号—物体不复存在，取而代之的是符号—字，或者甚至是些标音符号（移位的符号—字，或是符号—字的部分）。"

楔形文字在阿卡德时期逐渐向表音文字演变，证明当时对语言的拼音意识开始形成：即意识到话语链可以分离出音位来。它与埃及文字不同，不但标示其元音 a、e、i、u，也标示音节：mu、ma、mi；ku、ka、ki；ur、ar、ir，这说明元音和辅音的区分已经存在。虽然阿卡德时期被一些学者认为是楔形文字语音化的关键阶段，其实早期的苏美尔文字在某种程度上已经是标音图形文字了，这是因为，依柯恩的说法，它在书写时运用了"移位式字谜"的方式。例如：gi(n)"稳定"写成发 gi 音的"芦苇"。当阿卡德人碰到一个他们语言里没有的字符时，便会用它去代表发音，而不是代表实物——字、概念、物体等。例如：苏美尔人把"水"写作 ⸺，念 a 音。阿卡德人便拿这个符号表示 a 音，而不用它表示"水"，因为他们已经有了表示"水"的符号，念 mǔ。所以符号的作用在这里和它的物质属性分离开了：符号脱离了它所代表的事物，也脱离了表示它的图像。能指和所指分离了，这个分离同时导致能指/图像的分离：苏美尔语的符号 ＝＝"水"（念 a 音）在阿卡德语里被念 a 音的楔形符号▶️替代，而后者的意思和水已经没有任何关系。上述的假设可以解释，通过一个心理转换过程并切断图像文字和表意文字所特有的指涉物—能指—所指之间内在关系而导致的向表音甚至音节文字的过渡。

然而复杂的楔形文字从未变成音节文字而且也没有因为它繁复的外观，被阿卡德各行省民众已经使用的音节书写系统，如迦南字母（alphabet des Cananéens，公元前 14 世纪）所替代。

这种对语言运作的洞察，无论是反映在美索不达米亚词典的编纂上还是反映在楔形文字的演变过程中，都同时指向把能指链从它根植的实在的宇宙界中抽象出来，并把它组织为一个内在关联的自主实体（比如文字中不同音位的标示和词典的词汇分类），而这种抽象化过程在文字实践和文字研究中还只是一种不自觉的行为。阿卡德人的语言理论则明确呈现出神话和宗教倾向：文字，如同学问、艺术、城邦和寺庙建设，都源自半人半鱼的水神奥安尼斯（Oannès）的传授，那是因为奥安尼斯在返回水中之前，留下了一本记载世界和文明起源的书籍。萨尔丹那帕勒斯（Sardanapale）的一个文本则把文字的起源归于众神之首玛尔杜克（Mardouk）神和女神塔琪美妥（Tachmetou）之子纳布（Nabon）神。

4　中国：文字是学问

汉语的运作与汉字书写的关系如此密切，而它的口语却又与文字如此不同，所以纵然现代语言学坚持把话语和书写分开研究，但对于两者的了解离开任何的一方都将是十分困难的。汉语的确是世界语言史上一个很独特的现象：它的发音和文字大体上是两个相互独立的体系，而语言系统只是在两者的交汇点上才表现出来。所以在中国，语言的研究其实只是对其文字的认知学问，而基于发声话语的反思几乎是不存在的；理论和分类研究都是以图形徽标为对象的。

汉语语音是一个极为复杂的系统。现代汉语的每个音节都有四个声调（古汉语有八个声调），表示不同的意思。这是一个单音节语言，含有大量同音异义字。例如：shi 发二声时，可以表示十、时、食、蚀、拾、石，等等。另外，汉语属于孤立语，不属于黏着语。汉语语音所表现出的这种多值特征，在形态和句法层面也有体现：汉字可以用来当作名词、动词、形容词，而其形态保持不变。字在言语整体中的功能，只能由它所处的位置决定。一个具体的字，只有在它具体出现的位置，方能获取具体的价值。对于汉语的这种特征，戴密微（Demiéville）有如下的评论：

> 语义上的词类划分在汉语中是不存在的：汉字不是永远和必然地只表示一个事物、一个过程、一种性质。形态上的词类划分也是不存在的，尽管这里需要作一些保留。汉语的词类是按照功能划分的。如果我们可以说这个或那个汉字在这个或那个句法环境下，在这儿用作名词，在那儿用作动词或形容词，那么仅仅是在这个意义上这个字才扮演了主语、表语或后置成分、谓语或限定语的角色。这看上去如此简单，但我们却费尽心思地从语义上对它进行抽象。同一个字在同一种形态下，可以一会儿表示静态或动态，在另一个位置上又表示一种性质，一种状况或其他任何东西。这些东西冒犯着我们几百年来通过经院式学习，从亚里士多德和希腊—拉丁修辞学家

那儿继承来的、可以说珍藏于我们心底的信念。对我们来说，那里面有些什么东西让人感到丢脸和愤慨。因此我们常常看到，有一些人放弃原则，把词类转弯抹角地引入汉语语法。这里面既有最近的西方作者，也有当代的中国专家，而后者之所以对自己的语言进行语法研究，那也是因为受了来自西方的冲动的影响，所以他们要在研究中摆脱欧洲范畴的束缚，也许要比我们更加困难。学者们中间很少有人能始终如一地坚持这样的立场，即汉语的词类只是一个幻觉，我们必须一劳永逸地将它抛弃掉，就像昂利·马伯乐（Henri Maspéro）一直坚持认为的那样。汉字的语法多功能性是一个绝对的事实。

戴密微对汉语的这段描述，无论在语言—意义—实在界的关系上还是在语言的（形态、语义、句法的）内在组织结构上，都具有多方面的意义。

我们习惯了在指涉物—能指—所指之间建立的各种关系，在汉语里都变了样子。在那里，这三个概念似乎层次不分地混为一体，意义—声响—事物三者融汇在一幅图样上——一个表意字——然后便如各司其职的演员，在空间维度这个舞台上，扮演种种角色。因为，正如葛兰言（Granet, *La pensée chinoise*, 1934）中所写的，汉字"完全不是一个用来表示概念的符号。它所对应的，不是我们力求抽象概括、明确定义的那些概念。它是以首先突出最具活力的成分的方式，营造出一种包罗万象、无边无界的意境"。对葛兰言来说，汉字不是符号，而更像一个徽标，"只有假以语法或句法手段才有具体意义"。

汉字在成为实物的表现体（representamen de la chose）的同时，却并没有失掉它，而是把它移位到另外一个层面，与其他实物一同组织在一个规范的系统中:"语言系统"和"实在界"就这样成了同一个东西。对于这个事实,纪尧姆用他的系统心理学的术语作了如下描述:

> 任何特殊的东西被引入汉字时,一旦被理解,即刻进入一个紧张的单一化过程,其效果是:人们念出的字与字所唤起的实物逐渐靠拢。当这个效果接近终极时,字就几乎完全等同实物……字在说话者的脑子里,经过一个主观且不由自主的同一化的感觉过程,变成实物的本身,并获取了其完整的真实性和有效性。

汉语中表现出的这种概念、音响和实物的融合现象,使语言系统和实在界统一起来,而不是将客体(世界、实在界)和客体的映射(主体、语言系统)置于相互对立的位置。这种三位一体的融合通过并凭借汉字得以物质化:这是一个表意的、有三千多年历史、唯一一个没向拼音文字演化(如埃及文字或楔形文字那样)的文字体系。汉字先是将概念和音响统一,然后它又根据一定的逻辑规则,作为偏旁部首组成新字。汉字的这个特征使概念和音响无法抽象到具体的笔画文字之外。对此梅耶作了如下定义:

> 偏旁部首是表音的(?),因为每个偏旁部首代表的不是概念本身,而是由一个确定的表音(应该改作表形)①组合体所表达的概念。这是些表意符号,因为它们所表达的东西不是音响本身,而是字,即概念和音响的结合物。偏旁部首是些——至少部分是——已弃用的象形或

---

① 此处为克里斯蒂娃的更正。——译者注

象征符号，但大部分偏旁部首和其代表的字所表示的概念，已经没有可辨认的关联了。

汉字是怎样演变到梅耶描述的、也是汉字今天所处的这种状况的？

最古老的汉字大多都是图形文字；它们简洁概要、约定俗成地代表具体的东西：植物、动物、身体的动作、工具等。后来给它们加上通过置换手法形成的哈隆（Haloun）术语中的间接符号（symboles indirectes）或高本汉（Karigren）术语中的指事词（indicatifs）：例如，“淦”字由古表意字“釜”衍生而来。第三类是用两个或数个表意字组合成逻辑复合字或关联复合字：例如，可当动词和形容词用的“好”字，是由“女”字和“子”字组合而成。两个组合成分的发音消失，让位于一个新的发音，即由两个并列的符号构成的新字的发音①。第四类表意字叫转注字：李约瑟（Needham）举“考”字为例，“考”字源自“老”字，即长者检查年轻人之意。但是两个字原本都是表示长者之意，后来分道扬镳，有了各自不同的字意和发音。

现代汉语常用字约2 000个，分属上述的四个类别。但是自公元1000年左右以后，由于汉语里大量存在的同音异义现象，一些字被借用来表示发音相同但意义相异的词。例如：第三人称代词“其”，原本指“簸箕”，它的甲骨文是。这一类型的字称之为假借字。

最后一类字是语音限定字②：这些字作为部首，与一个声旁结合，指示它的语义类属。例如：“同”字，是声旁字，与不发音、担任语义限定的词根结合，构成新字：

① 这里我们沿用李约瑟的描述（*Sciences and civilization in China*, Cambridge, 1965, vol. Ⅰ）。

② 同上。

$$金+同=铜$$
$$心+同=恫$$

等等。

还有一些限定字不发音,专门用作语义限定词根。比如"水"字,与发音的声旁字结合,构成一系列和水字含有同样意素的字:

$$水+末=沫$$
$$水+阑=澜$$
$$水+每=海$$

等等。

汉字的这种构成方式反映的是一种语意—逻辑的反思,并由汉字造字本身体现出来:符号相互结合并根据结合的方式产生意义,而不是把发音转录下来,而发音也只是在这个时候才能获得完全的自主性。莱布尼茨(Leibniz)把汉字——一种对其能指成分进行切实逻辑分析的文字——的这种机制与代数学系统的机制作了比较:"如果(在汉字中),他写道,有一部分基础字而其他字都只是由这些基础字的组合构成的",那么这种文字或这种对语言的系统化处理就"与思维的分析有几分相似"。李约瑟把汉字的这种组合机制和分子和原子的组合原理进行比较:汉字可看作是分子,由214个原子的置换和排列组成。实际上,所有的发音成分确实可以压缩为部首,或更贴切得说,压缩为义子符号,运用义子符号造出分子—义素(字)。一个"分子"最多可以含有七个"原子",每个"原子"在同一个义素里最多可以出现三次——这一点类似水晶的结构。

用现代语言学的术语表述，汉字的这个特征意味着，要把汉语书写语言里的分子——字区分为有固定意指的词类将是极为困难，甚至是不可能的。汉语中每个字都已经"句法化"了：它有特定的构造，也就是有自己的句法，所有的成分都依照其句法功能，获得这样或那样的意义：换言之，汉语书写（汉字和其他任何文字一样，首先是一门语言学问，如梅耶所提示的那样）用句法替代了词法。在更高的结构层面，例如句子，语境的作用，即句子成分之间的句法关系，就更为关键：句法环境赋予每个义素确切、具体的指意，决定它作为名词、动词或者形容词等的语法功能。所以，运用分布分析，将每个义素在句子出现的具体位置汇编成目，或许可以作为制定一部汉语语法的起点。汉语语言结构本身似乎也适合采用这种方法，因为它的运作倚重于字在句中的顺序和位置。因而汉字有实词和虚词之分，实词可以有多重语法功能，而虚词在句中分布有限，只出现在某些固定的位置，如多布森（Dobson）比喻的，像"转动的天穹上固定的恒星"。基于实词和虚词的区分及分布分析，我们可以说汉语的句子是由"词"（汉字）、"复合词"（两个汉字的固定词组）和"短语"（其他任何类型、包括某些虚词的词组）构成的。

　　汉语特有的规律就是这样由文字来规定的；但是有关汉语的明确的理论则是中国人在漫长的历史中所作的哲学思考和科学分类的结果。

　　与语言—文字元素相对应的是它们所指代的实物。中国人认为创造文字的是第一位君主黄帝的臣子仓颉。相传仓颉为鸟留在地上的痕迹所启发而造字。人们猜想在图形文字之前还有过用结绳和在木、竹上篆刻符号来记事的做法。但可以肯定的是，初期的汉字与巫术礼仪有密切的关系：文字是护符，代表人对宇宙的掌控。但是，文字虽然与巫术有关，却

上图对比汉语表意字和它们所代表的图形,引自语法学家常业(Chang Yee),后又为雅克·谢和耐(Jacques Gernet)转引,见《各民族的文字和心理》(L'Écriture et la psychologie des peoples, Centre International de Synthèse, Éd. Armand Colin)。

从未变成一种让人顶礼膜拜圣物,也没有获得神圣的地位。相反,文字是政治和行政权力的象征,并混同于政治功能,这些正是中国书写语言观所独具的一个特征。君主的首要职责是以对物品准确无误的指称来管理这些物品,而他只有通过文字才能完成这个任务。

汉语理论常把实物与图形之间的关系看作是一种指示关系。所以孔子认为代表"狗"的符号犬字是狗的最合适的表象。由此可见表意字与实物并不是一种逼真的形似关系:"符号"是用来指示实物的简明造型,而不是对实物的复制。字符与指涉物之间的这种指示性的、非形似的关系,明确地由汉字"指"表示出来。欧洲语言学家们把"指"这个字译为"signe" "signifiant""signifié",我们认为是不合适的。中国先秦时期名家的哲学家公孙龙(前320—前250)的《指物论》一文,对"指"是这样讨论的:

> 物莫非指[signifié?]。而指[signifiant?]非指[signifié?]。天下无指[signifiant?],物无可以谓物。
>
> 非指者,天下无物,可谓指乎? ······指者天下之所兼。
>
> 使天下无物指谁径谓非指[non-signe]? 天下无物,谁径谓指[signe]? 天下有指无物指,谁径谓非指,径谓无物非指?

其实,就以上思考的原义来说,与其将"指"字翻译为"signe"(符号)、"signifiant"(意表)、"signifié"(被表),不如将它翻译为"dé-signation"(指示行为)、"dé-signant"(指示)、"dé-signé"(被指示)来得更为贴切。

基于同样的思考,即把语言看作是对实在界的指示,于是有学者提出假说,认为汉语表意文字不但是对事物的指示,而且也是对指示的指示,也就是说,它们是一些肢体动作的画图。这个假说得到张正明的支持(*l'Écriture chinoise et le geste humain*, 1932)。

汉语字典的编纂,是把语言—文字这一整体作为特殊对象进行反思和系统研究的最初尝试。第一部这样的字典,是许慎编著的《说文解字》。这本字典将汉字划分为514个部首。明清时期,部首的数目缩减到360个,后又缩减到214个,这一数目至今再未变化。我们前面谈到的汉字的六大类别,是中国学者自己建立起来的,其中汉代的刘歆和许慎的贡献尤为显著。这六种文字类别,即六书,甚至为后世编排字典取名时所采用,《六书故》(1237—1275)便是一例。六书按字的结构和使用方式将字分为下面六类：象形、指事、会意、转注、假借和形声。

由象形字(鼎盛于公元前16—前15世纪)向形声字(公元前9—前8世纪尤为发达)的演变是一个值得注意的现象。汉字的这种语音化的结果,是在汉语这个单音节和拥有众多同音异义字的语言中造成了语义的混淆,所以中国语言学家运用反切的原则来分析发音和单字。例如,"看"字的发音 kan 可以解释为由 k(u)(苦)+(h)an(寒)构成。这种反切注音法产生于公元270年左右,为孙炎所发明。李约瑟顺沿长泽规矩也(Nagasawa)的假设,认为反切法的出现是梵文学者影响的结果。陆法言于601年编纂问世的重要字典《切韵》就是采用了反切的注音方法。

由于汉语数百年间不断地简化,到公元11世纪时,这样的字典已经变得无法使用了。于是司马光在1067年订制音韵图表,将古音系统重新编排,并添入新韵,修成字典《类篇》。李约瑟认为《类篇》是图表使用的典范,这种图表系统原本应用于语言、历史和哲学领域,后来成为解析几何发展的基础；换言之,这种对语言的系统化研究,催生了大部分的中国数学。同类的图表字典还有郑樵的《通志》(1157)和周德清的《中原音韵》(1324)。

欧洲思想与中国语言和(或)文字系统及有关的理论、研究接触较晚。路易·勒康特①(Louis Lecomte)所著《中国现势新志》(*Nouveaux Mémoires sur l'état présent de la Chine*,1696)一般被认为是现代欧洲汉学研究的滥觞,而17世纪去中国传教的耶稣会会士成为了解中国语言最重要的渠道。当

---

① 即法国传教士李明。——译者注

时的欧洲正着迷于以埃及象形字为代表的非音节文字,而中国文字为欧洲所知也晚于埃及文字。因此有些著作甚至"证明"中国文字起源于埃及文字,如阿塔纳斯·基歇尔的《中国图说》(*China Illustrata*, 1667);约翰·韦伯(John Webb)与约瑟夫·德金(Joseph de Guignes)合著的《中国人为埃及殖民说》(*Mémoire dans lequel on prouve que les Chinois sont une colonie égyptienne*, 1760)。几年后,德·保(de Pauw)的研究纠正了这种错觉,但真正的现代汉学研究只是到了19世纪,随着J·-P·阿贝尔·雷米扎(J.-P. Abel Rémusat)于1815年执教于法兰西学院之时起才开始的。

5 印度语言学

在印度,语言的组织和与此相关的思考经历了与前述各个文明截然不同的发展趋向。印度文明对语言的反思也许是现代语言学抽象思维的鼻祖。

这种不同首先表现在文字上面。在其他文化里,文字与语言不可分割,甚至不需要一种严格意义上的语言学理论来阐释它的意指机制。可是对印度人来说,文字只扮演了次要的角色。印度这片土地上产生的最古老的文字,是公元前3000年出现的莫亨焦达罗(Mohanjo-Daro)文字,但人们对之知之甚少。婆罗米(brahmi)文字(前300年)是一种音节文字,但它的音节被进一步分解,而音节的成分用音位标注出来,这点与埃及文字完全不同,也部分地相异于苏美尔文字。

这种开始几乎无文字存在、无疑需要人们花很大气力去记忆的状况,以及很晚才出现的文字的语音化,都非常明确的揭示了以下一个事实:相对其他文化里语言与现实几乎没有区分的情况,印度语言倾向于摆脱现实,而且它的运作机制已经得到"心理内化",成为一种以主体为意义策源地的能指机制。于是人与语言能够彼此互为映照,像镜子一样照出自己的他处。正是在这种情况下,一些高度完善的关于意义、象征、主体的理论在印度发展起来,而现代语言科学则是非常缓慢地在这些理论中找到了它的起步之处。

印度语言观的第三个特点,是它的语言理论是以研究被称为"完美"语言、用来书写吠陀文献的梵语而发展形成的。最早的有关梵语的记载可追溯到公元前1000年左右,到了公元前3世纪时,它便不再是一个口语语言,而为普拉克利特语(prakrit)取代。这样一来,要读懂用梵语这个死的语言写成的诗歌作品(神话或宗教的),就不得不对梵语进行破译研究。正是这种对消亡语言的破译催生了波你尼(Pāṇini)语法及整个印度的语言学科。然而语言学在解读的过程中发现,《梨俱吠陀》(Ragveda)在很早以前就对话语、意义和主体有所思考。就这样,语言学从自己的研究对象中获得了灵感,这门新兴的科学成了蕴藏于圣典文献里一个现成理论的诠释者。所以,印度语音学和语法学的建立,与宗教和吠陀祭祀有着密切的关系,它们所表现的是这个宗教的语言"时段"。

话语(Vāc)在吠陀神曲里确实占有非常优越的地位。吠陀神曲记述了(卷10,曲71)"圣语之主"布拉斯帕蒂(Brhaspati)主持了"为万物的命名"的典礼。圣贤们"像筛选谷粒"那样用话语理清思想。话语的获得和使用,是一件圣事(samskrta)和(或是)与性行为有关的事情:对一些人来说,"话语敞开自己的身体,犹如着装华丽的妻子面对自己的丈夫"。

然而吠陀文本早已运用"科学"手段,对语言作了系统化处理。《梨俱吠陀》卷1第164曲(诗节45)记述,言语"分为四个部分",且"其中三个部分隐密不现,一点儿都没有动起来",只有第四部分为人们所知,那便是人类的语言。在评论此段记述时,路易·勒努(Louis Renou)(*Études des védiques et paninieenes*)和葛德纳(Geldner)及施特劳斯(Strauss)一致认为,这里所指的是"语言的超验部分,即后来被称为婆罗门(brahman)的语言。和话语(Vāc)一样,人类只能掌握其中极小一部分"。由此我们看到,语言程序(能指)的二分化已初显端倪,其目的在于捕捉意指行为,这也正是西方现代理性主义借用诸如"无意识"(精神分析法)、"深层结构"(转换语法)等途径努力企及的。印度婆罗门语(无邪圣语)分为两部:其一为实物词(sábda Brahman)①,表现为阿特曼(átman)②;其二为超然词(parabrahman)③。这种二元对立关系反射到语言哲学家的理论中,产生了德瓦尼/史波达(dhvani/sphota)④的区别,我们将在下文里对此作详细讨论。这里需要再次强调的一点是,对语言的反思直接受到圣典文献中的宗教观念的影响,而且其本身,至少在开始阶段,就是圣典的内容之一。这些圣典的大部分都在论述语言和意指问题,并将其与性和生殖周期紧密连接,从而建立起人是现象界无限转换过程的思想。在这个系统化的世界里,每个元素都获得自己的象征价值,而作为象征之首的语言,则被置于显赫位置。语法学这一语言的科学,被称作为"一切科学之至尊至精""通坦的王者之道",是"实现人的最高目标"的手段。

说到最为知名的语法,不得不提及据信出现于公元前300年的波你尼文法。这是一部八卷著作(*astadhyāyi*),含有

---

① *sábda Brahman* 中文译为"音梵"或"圣言梵"。——译者注
② *átman* 有"自我""内我"之意。——译者注
③ *parabrahman* 中文译为"超梵""上梵"或"至尊梵"。——译者注
④ *dhvani* 又译为"韵",*sphota* 又译为"语言本体"。——译者注

4 000句经文或格言。这部成书较晚的语法，收集汇编了之前大量口传的语言理论。其惊人之处，是对梵语发音结构和词汇形态极为精确的系统阐述。拜特林古（Böhtlingk，1815—1840）将这部语法翻译、介绍给欧洲，后又由勒努转译为法文。

首先需要注意的，正如勒努指出的那样，梵语语法与典仪密切相关。例如：它的语法格没有专门的形态表示，而是以数码标示（prathamā）的。这种标示方式可能源自一种把若干概念（日子、仪式、音乐调式等）按序号排列的典仪。相反，所有与言语陈述有关的语格（karaka，即使言语行动得以实现的一切语法形态）都是以形态高度个性化的名词表示，而这些名词中占多数的一组，是词根 kr…，karman＝"行动、礼仪"的衍生词。还有另外一些例证，也可以支持梵语语法直接从属宗教典仪，与整个宗教氛围密不可分的印度语言学也起源于宗教典仪的假说。

这种与礼仪圣典朗诵持续不断的关系，使印度语法学对语言的发音质料，即声音、发声方式、发声与意指的关系，建立了一个复杂的理论体系。语音层次的术语表明，发声被理解为实现振动着的话语意义的物质材料。例如：aksara，"音节"，来自宗教文本 naksarati，表示"不流动之物"，或更为贴切的"言语不朽的根基"。又如音位，varna，其本意是"涂色"等。语音的元素根据辅音的发音方式和部位及辅音后面的元音或双元音，构成五个关联系列，叫做 vargas。这是一个精妙的发音理论，它与宗教含义和复杂的人体理论结合，区分出各种不同的嘴唇动作（开唇、闭唇）、舌抵牙齿动作（紧舌）、声门动作、肺部动作、鼻腔共鸣等，把这些看成是产生音位的因素，而这些音位也（因其由身体产生）已经具备了确定意义。

建立在上述概念基础之上的史波达理论，最早见于生活在基督教初期的帕谭佳里(Patañjali)的著作里。帕谭佳里曾为波你尼的经文和迦旃延(Kātyāyana)所著《释補》(Vārtika)作注疏。这是一个极为精致微妙的理论,但与我们习惯的思维方式格格不入,因而让当代学者百思不得其解。一些哲学家和语法学家认为史波达指的是词所包含的其内性的原型词。而另一些学者则认为,它是词的完整响度,是与字母组合全然无关的意义承载：史波达不完全是词按其字母自前而后顺序的发音,而是与词的发音对应又与词融为一体的声音或其他什么东西。于是,发音的时候,字母——逐次发音,当词的所有语音全部发完,当形态总体的发音连同其内含意义悉数发出的时刻,史波达才最后出现。从词源上看,史波达表示"爆裂、击穿"之意,词意也正是在此瞬间迸发、传播、孕育、萌生。

波你尼是这样区分德瓦尼和史波达的：德瓦尼是言语的发声,史波达则被波你尼设想为一个更像是长、短元音的字母矩阵。在波你尼看来,史波达本质像一个结构,包含一系列的辅音和长、短元音,或依今天的说法和J·布拉夫(J. Brough)的解释,是"一连串的音位单元"(史波达也可用一个字母代表)。

伐致呵利(Bhartrhari)是波你尼和帕谭佳里之后的语言学家。他的研究基于对波你尼学派的反思,出现在公元5世纪左右。他继续拓展史波达理论,使其内涵产生了显著变化。人们发现,在伐致呵利那里,史波达变成"语言的本体基础"。事实上,史波达无法再以发音的形式表达,它是话语发声和语音的基底,我们甚至可以说它是话语的意义多元决定因素或能指,假如这个理论不是完全陷入实在界、不是那么强调语言实践所附属并表现的真实物质性的话。伐致呵利不是一个实体论学者——他没有提出史波达是否是一个声音物质的问题——他的理论发自对运动着的实在界的反思,而史波达则成为这个可无限分割、因此变化不定的宇宙的最小单元。下面我们择录一大段作者的论述,来一起领会他这种转换论的现实主义思想:

声音或者只在听觉上或者只在话语上或者同时在两者身上产生作用:这是三种表现论的支持者们各自持有的观点。心智专注也罢,用眼膏也罢,或其他什么方法,都是只在感觉器官上产生作用;而要闻到香味,则物(必须)要有启动方可。倘若视觉靠的是接触,人们认为那是光亮同时启动了物也启动了器官;声音的程序也是这样的。(这里)人们认为声音和史波达是一起被感知的;有人认为声音是不可感知的,也有人认为声音是独立(具有实体存在)的。

声音/意指(声音/话语)的分割,两者又在同一程序、同一行为、同一运动中紧密地相互依附,而史波达则犹如这一切活动的胚芽或原子,一个同时是声音又是意义之运行的原子。对于上述的这种关系,伐致呵利有如下论述:

当一句话被声音的光芒照亮,它的形状在(部分)不可名状的意义的帮助下得以确定,意义促成对它的感知。当声响萌发的意义在最后一个音发出之后完全显现出来,话语的形状便确定了。对话者的无能使他相信有一些实际上不存在的过渡性言语成分。这其实都只是感知的手段而已。差异的表象总是在影响着对话语的理解。话语与前后顺序紧密相连,而认知从认知物上获得依托。如同对低位数字的感知是认知其他(更高位的)数字的手段一样,尽管两者不同,倾听其他话语成分(它们不同于自己所要了解的话语成分,却是理解后者的手段)也是一样的道理。这些不同(的话语成分)各自分别显示字母、词字和语句,虽然彼此截然不同,但它们可以说是把各自的作用混合在一起了。如同在黑暗中远看一个东西,开始看到的是一个被扭曲的形象而被误认为是他物一样,当一句话初现时,表现它的各种成分会使人首先想到它有一个被分为若干部分的形式。如同牛奶变成乳酪、萌芽长成大树都要经过一个固定的顺序一样,听者对语义的感知也要经过一个固定的顺序。即便语义本身真的是由划分的部分组成,它们划分的形态也是来自声音出现的顺序;而实际上,语义本身是没有划分的,划分为部分的假象其实是(感知的)手段。

从印度语法学家上述思考里,我们可以总结出下列几个重要的论点:

1. 在他看来,声音("能指")不是意义("所指")简单的外现,而是萌发了意义。现代语言学对能指在意义产生中的作用的反思,也只是刚刚起步。

2. 意指是一个过程。

3. 所以,形态学("过渡性话语成分",按伐致呵利的说法)是不存在的,"(言语)划分为词类"是一个假象。

4. 意指是一种有序的句法,是一个"固定的出现顺序"。

我们首先要强调的是一种对话语行为的划分与系统化的分析性考虑和同时表现出一种综合理论的倾向:语言学家竭力寻找一种理论支持,它既对应分解语言系统所需要的分析措施,又能满足视语言为一种类似宇宙真实程序的程序理论原则。德瓦尼是声音链中连续出现的元素;它们按照严格的顺序排列，来表现与德瓦尼性质不同的史波达。如果说德瓦尼属于"部分"的范畴，那么史波达就是通过这些部分的分布才得以被认知的，换言之，史波达就是行动。"这是一种叫做话语的能量，其本质与鸟蛋相似（开始时的一团混沌，却孵化出羽色华丽的孔雀）。它的发展如同行动（运动）一样，是逐步展开的。"

对伐致呵利来说，这个能指行为可以无限地分割下去：它的最小单位不是音位。在这点上，印度语言学比我们欧洲的音位学走得更远（即使把我们所提出的音位最小区别性特征 mérisme"音素"也考虑在内）。它宣称把声音链分割为更小单位的做法可以无限进行下去，分割到最后的单位如此微小，便可称之"无可名状"，anupàkhyeya。语言物质材料的原子化分裂实际上是无止境的：

> 如果说一个句子里只有词，而一个词里只有音位的话，那么音位自身就一定还能被分割成构成音位的成分，如（可以分割成）原子那样。既然各个部分（相互之间）没有连接，那就不会有音位，也不会有词了。如果音位和词都无法表示出来（不存在：avyapadesya），那我们靠什么来表达呢？

正是为了避免因对语言整体（句子、词、声音）无止境的分割而导致的现实，尤其是语言现实的"形而上的消失"（今天我们会这样说），伐致呵利提出了史波达这个不属于这种连续的分割但又被它实现的概念。史波达于他来说，是言语诸原子共处的条件，并保证了它们在词和句中的统一性。史波达在语言中统一了——声音和指意的——无限差异。我们注意到这一术语所包含并释放的辩证思想：史波达也因此变成了从此被设想为运动的语言以转变的方式重返实在界的支点。这意味着语言通过史波达,不但变为一个过程,也变为一个行动、一种运动,而能指则潜入到所指的下面,在动态中形成意义;除此之外,这种运动也折射出实在世界的运动:意指拒绝了自我隔离,远远地跟随着实在世界,一起或续或止,一起不断地变化。

在句子理论中也可以找到与这个史波达理论对应的概念。在伐致呵利之前,印度语法就曾提出对词进行分类的做法,并把名词和动词区别开来。语法学家和哲学家就这种区别的有效性进行过多次探讨,产生了两种不同的观点:支持区分的形态学派观点和原则上赞成不区分这些类别的理论学派,或更确切地说,句法学派的观点。句法学派认为词类的区别只有根据它们在陈述中的功能才能显现出来。帕谭佳里则仍然从形态学角度,把词区分为四个类别:"对于词而言,它们的应用模式——pravrtti——有四种:应用于某一类别的词——jādiśabda;应用于某一质性的词——guṇaśabda;应用于某一动作的词——kriyāśabda应用于随机的词——yadrcchāśabda。"

伐致呵利抛弃了形态学派的观点,勾画出一个句子理论的轮廓。句子是一个过程,是意义唯一的整体实现。句法之外的语词是没有意义的。换言之,句法不是词法的简单移植,"词项"在整个陈述句子的"关系"建立之前和之外都是不存在的;意义只有通过句法才能实现。伐致呵利的理论是综合性的,它超越史波达的范畴,涵盖言语更高级的单位。因此,这个理论反对区分名词和动词,在伐致呵利看来,所有的语句同时是名词也是动词,即便它们不在句中出现。

既然事物不是以存在的形式就是以非存在的形式被

表达，要使用的当然是句子了。词所代表的任何东西只有和一个行动结合才能被认知；而且，无论是真是假，（除非与行动结合）这个东西在话语的交流里是找不到的。一个只含有实物（sat）的表达，如果没有一个行动的表达与其关联，即它"存在过、存在或不存在"，是不会有意义的。如果一个意思需要用动词表达，而且它的实现也要依赖某些手段，那么在那些东西（实现手段）还没有表达出来之前，对（动词）补语的需要就不会停止。行动，因其是意义的主要因素，是我们首先要分辨的东西。补语是用来实现意义的；而结果则是行动的起因。

尽管我们很难在上述的思路里区分出，哪些论述与语言有关，哪些论述又属于一般性的哲学范畴，但我们知道，那里面所说的行动就是意指的另外一个名称：它意味着意义是一个过程，语言的行为生成意义。由此可见，这里正在形成的意指观，不是基于孤立的语词（名词、动词等），即部分（对伐致呵利来说，"分割是虚构"），而是基于这些部分变作完整语句的转换，基于这个语句的生成过程。语句的构成有如一棵真正的"转换树"（我们对这个概念的现代化重建只是刚刚起步），而不是像一个分割为部分的整体。如果我们继续对古印度理论进行现代化诠释，我们可以说，沙巴拉的理论（这个理论曾受到伐致呵利的批评）是一个"结构主义"理论："行动毫无意义，语言只是表达互为关联的事物。"而伐致呵利的理论则是一个分析—综合性的"转换"理论（见本书第19章）。后者依据的依然是我们开始时指出的那个二元区分：1）意义前操作，在这一过程中，元素以非连续性组合并启动某种机制以达到：2）有序话语。有序话语是连续、线性的，是被传播、唯一具有意义的。"意义在出现因素都出现以后由对话者建立。

没有显现的话语是被逐步地和无声息地认知的；而思维只能在非连续性的话语里居留，可以说在那儿铺展……"伐致呵利如此总结。

最后，印度语言学的意指理论，比较接近于我们今天称之为的陈述理论。它把说话主体、听话者、语境的功能和主体所处的时空位置等因素确立为意义产生不可或缺的元素："话语意义的辨识，要根据话语环境、氛围环境、企及目标、是否得体而定，也要考虑地点和时间的因素，而不是仅仅只由话语的形式决定"，伐致呵利指出。由此可以看出，印度语法学远非只是对语言这个封闭、"自在"的对象作简单的系统化处理，而是大大地超越了语言的域界，将其纳入主体与它的外部世界之间的可以使意指明了化的关系中进行思考。"鉴于一个意义（一个词所代表的事物）拥有所有的力量（即语句中一切可能的功能），对它的确定，取决于说话者想如何表达它（vivaksita）和需要它发挥什么样的功能。有时人们表达的是意义相差悬殊的关系；有时互相接触的东西又被感知为不相接触的东西。既有联合意义的分隔，也有分隔意义的联合。既有多样化的统一，也有统一的多样化。由于意义可以是一切或一切都不是，所以话语才被确定为（说话者意愿的）唯一的基础，因为它的功能已经完全固定了。"

我们在上文里只是简单扼要地介绍了这个复杂的印度意指科学中几个方面的问题。我们看到，语言问题是它思考中的中心环节，占有关键的位置。这里顺便说明，印度的逻辑学在一些极为重要的研究中，也对语言的构建规则进行过探索，得出了与亚里士多德逻辑学完全不同的结论。当代学者 J·F·斯多尔（J. F. Stall）对此曾有过介绍和阐释。

6 腓尼基字母

一些秉持进化论和欧洲中心论立场的语言学家认为,今天除远东地区一些国家外几乎所有国家都在使用的拼音文字,是"心智发展的结果",或是一种必不可少的进化的结果,而那些非拼音文字则还没有达到这个进化阶段。这种把我们从希腊人那里继承来的语言意识作为出发点的观念,被一种相当晚到的语言研究模式捆住手脚。它以自我为规范标准,排斥一切其他形式的对能指运作的认知。我们觉得更为严肃的态度不是去谈论文字和(或)语言观的进化问题,而是树立一个异同原则,去看待反映在文字类型及明确的理论自身中的那些不同类型的语言观。

当然,一个显而易见的事实是,在一个由表意文字所体现的语言观里,物体、概念和声音融合为一个,而且也被看作是一个以"字"为标志的整体。然而,在这个整体内部,音位被列入另册,任由字符重建那个折射整个宇宙运行的逻辑—语义的系统化机制。似乎通过这个文字—语言系统,外部世界与语言的隔距被拉近并和谐地统一了,成为一个圣典,一个人/文字与真实/宇宙合二为一的圣化典礼。甚至可以说,表意文字和象形文字在听不见也听不懂语言①的情况下运用语言:它听不见也听不懂与语言所表示的对象相分离那个理想的和语音的自主性。这样的一种"语言"还是通常意义上的语言吗?抑或这只是对宇宙的一种系统梳理,而我们所称之为的

---

① 此句中 entendre(听见)被巧妙地与其引申义"理解"用在同一个施动对象 langage(语言)上。作者在书中多次运用了这种双关手法。——译者注

"语言",当其被剥离了基本的混合体后,只是那个"圣典"上的一个演员而已?

然而在此之外还存在着一种完全不同的语言实践。在那里,话语链和它所表示的对象被剥离开来,卸下了沉重、密闭的语义和对宇宙的分类,这样的语言真正是一个听得见的语言,它被理解为一个"自我"存在的物体,其构成元素——音素,可以拿来进行分析。而音素本身却不对应任何实在的物体或现象。于是音素被分离出来,被一个合体的、不变的符号,即字母来表示。字母从此不再表示任何意义或实体,甚至也没有印度史波达所表示的那种显示能指过程的功能,它将只是声音链的一个分子,仅此而已。

那么,如何解释因字母和表意字符的不同,而造成的对能指运作的设想的不同呢?埃及文字,如我们上文所见,经历过向一种解析—标示语言声音物质、几乎独立于指涉物和所指的文字的演变,但是却没有产生拼音文字。而汉语文字距离拼音文字更加遥远。只是在叙利亚—巴勒斯坦地区,更确切地说,在腓尼基人那里,产生了一个纯粹的语言标音系统。这个标音系统由数量不多、无疑是表示音节的符号组成,为后来的标识音位的字母体系提供了模式。柯恩对此的假设是,文字语音化导致的拼音文字,"可能有一个与之对应的社会发展阶段,其间容许社会个体一定程度的自主性",并造成中央集权城邦的弱化及个人"相对祭司和君主"的解放,导致了个体意识的形成。李约瑟明确地提出了这种社会与历史性的因由说,把个体解放与能指解放,因而也把主体原子与字母原子联系起来。虽然不能断定这是一个因果关系,但是人们确实可以发现,表意文字往往伴随一种被称为"亚洲式"的生产方式(宏大的集体生产单位、由一个中央组织直接管理、没有散落的城邦,即希腊语义的"民主"的单位);在科学思想方面,表意文字的社会发展了一种辩证的、关联性的、非实质性的逻辑思维(如中国科学思想的逻辑)。相反,与希腊拼音文字相关联的,反映在社会学上方面,是零散封闭式的生产单位,在意识形态方面,是个体意识的发展,在科学方面,则是非矛盾性的逻辑思维(如亚里士多德逻辑)。

腓尼基文字一般被认为是现代拼音文字的祖先。这种文字可分为古腓尼基文字和与之相差很大的另一种新腓尼基文字。古腓尼基文字最早可以追溯到公元前13—前12世纪,出现在比布鲁斯城发掘的铭文上。比布鲁斯城当时是各种民族汇聚的地方,也是连接叙利亚和埃及的桥梁。虽然不能确定这个文字出现的时代,但可以肯定的是,它不是一个表意文字,而且也没有限定性符号。它把话语声音链分解为最小元素并加以标注。学者们对此争论最大的问题,是这些最小元素所代表的是音节还是音,即那些基本可以推断出其前面元音的辅音。梅耶和裴特生(Pedersen),甚至韦伊,都认为腓尼基文字是音节文字:它仅仅只"标注音节,因为音节总是可以发音的,也容易分离出来",即使它"标注的只是音节的辅音。这是因为辅音是表达意义至关重要的元素,而元音可以由说话人补充上去"(梅耶)。

费夫里耶比上述观点更进一步,他确信腓尼基文字不仅分离出音节,而且把辅音也分离出来,是一个"名副其实的辅音字母体系"。然而费夫里耶同时也明确指出,腓尼基字母表并非一个我们惯常称之为的字母表,即一种将每个词都析解成辅音和元音这样的语音成分的文字,而且每个语音成分,不论辅音或元音,都配以单一的符号来表示。腓尼基字母表其实只提取出"词的辅音骨架",从来没有发展成为一个完整的字母表,而希腊人则似乎是直截了当、自然而然地使用了的一个完整的字母表。费夫里耶虽然认为腓尼基文字是表音文字,但又同时指出,这是一个"不完全的表音文字":"这是一个摒弃了表意符号的文字,但骨子里却依然保留着几分表意的性质,因为它只标注词根,而不考虑词根可以附带什么样的元音。"这一观察得到闪语(langues sémitiques)的支持,因为这些独特的语言至今还保留着辅音字母体系。在这些语言里,一个词的词根是用词里的辅音表示的,它是词的恒定不变的成分,在任何句法环境下都表达该词的基本意义。希伯来语里的 QTL 承载着"杀死"这个义子,它可以发成 QeTóL"杀死"、QôTéL"杀"、QâTúL"被杀死"、QâTaLun"我们杀了"。这个例子使我们清楚地看到,一种只标注辅音词根成分的文字如何有效运转而不至于造成混淆。另一方面,这种只标注词根的文字,费夫里耶写道:"比各种楔形文字都倾向于变为的音节文字更加接近原始表意文字。"

"腓尼基"字母在周边民族中传播,数个闪语分支文字均由"腓尼基"字母发展而来:如古希伯来语字母(alphabet paléo-hébraïque)、撒玛利亚文字(écriture samaritaine)等。地中海盆地地区——希腊、塞浦路斯、马耳他、撒丁岛、非洲北部——因腓尼基人的殖民,也受到其文字的影响,如迦太基布匿文字(écriture punique de Carthage)的形成便是受其影响的结果。

专家们注意的另一个问题是,这些字母的形状、名称和在字母表中的排列次序是怎么来的。人们猜想字母的排列可能和教学的原因有关,"字母的排列次序是根据它们形状异同决定的"(费夫里耶)。至于这些辅音"字母"的形状,由于它们源自词的第一个发音,则使人联想起那个词所代表的物体的形状。例如 alef ㄨ 在希伯来语里表示"牛",在亚希兰(Ariham)铭文里发现的最古老的形状,像一个长着犄角的牛头。所以字母可能是从某个表意文字里借用来的,而它的名称，根据加德纳（Gardiner）的假说，可能是用一种叫截头表字（acrophonique）的方法造出来的："闪米特人把借来的表意字符以他们语言里相对应的事物命名，并以这个名称的第一个发音，来表示它作为符号进入字母表后的音值。"

7 希伯来人：圣经与卡巴拉

古希伯来不曾产生过可与印度或中国相媲美的语言理论，更谈不上语言科学了。但是语言的身影在圣经里常常出现，它与以色列历史的关键时刻每每相互交织，有时似乎就是展现各种历史和宗教事件的背景屏幕。

圣经里的创世，就有言语行为与之相随，甚至言语行为就是创世本身："上帝要把这不成形的物质从深埋它的黑暗里分出，便说：应该有光。他说完了，就有了光……上帝称光为昼，称暗为夜……"（Genèse，Ⅰ，3-5）命名对于人类，是一个神圣、随意、却又是必需的（"真实的"）和强制性的行为："上帝用尘土造成了地上各样的野兽，用水造成了空中各种飞鸟，他把它们带到亚当跟前，看他叫它们什么，亚当给每个动物的名字，那就是它们的真名，一直叫到今天。亚当就给所有的牲畜、空中的飞鸟和地上的走兽都起了名字……"（Genèse，Ⅱ，19-20）

希伯来思想对语言的兴趣也表现在对名字产生动机的探索上：希伯来用所谓的词源出处来解释名字的动机。比如："她要称为女人，因为她是由男人身上出来的"（Genèse，Ⅱ，23），"……她给孩子起名叫摩西，她说，这是因为她从水中把他救了上来"（Exode，Ⅱ，10）。

语言系统被设想为一个普天下众生的共同背景，是一元、聚合与创造性的,相对立于不同民族各自的语言。各民族不同的语言被看作是受到惩罚的结果。存在一个普遍语言(une langue universelle)与众多表现普遍语言却又同时遮掩它、搅混其纯洁性的具体语言,这是语言学领域某些流派至今仍然不断在世俗化、界定和确定的主题,而这个主题在巴别塔传说的故事情节中被出色地演绎出来。大洪水劫后,诺亚的子孙在分手之前,彼此商量着要建造一座城和一座塔,雄心勃勃地要"直通到天上,永世传扬他们的名字"。上帝不能允许这种企图超越时间和空间、让人类与神圣力量平起平坐的言论。

> 上帝被这种虚荣和傲慢震怒,于是他从天上下到人间,察看这诺亚的子孙正在地上建造的城池和高塔。他说:他们现在是一样的民族,说一样的语言,这已经开始的工程,他们不把它做完,一定不会放弃他们的企图。来吧,让我们都下到这里,搅乱他们的语言,让他们不再语言相通。于是上帝立刻把自己的想法实现;他搅乱了他们的语言,迫使他们分手。主就用这个办法把他们从这里分散到世界各个地方,让他们停止了建造城池和高塔。也正是因为这个原因,这个城池后来被叫做巴别城,就是混乱的意思,因为正是在那里,地上的语言被混乱了,主终于把他们分散到了世界各地。(*Genèse*, XI, 5-11)。

圣经里还有一个关于文字的传说,是和摩西的名字有关的。为使摩西能帮助他的人民,他必须具有语言的力量:圣经似乎认为掌握语言即掌握精神与政治权力。然而摩西自认"是个不善辞令的人",特别是当着上帝的面:"你一开始对你的仆人我说话,摩西对上帝说,我就越发变得拙口笨舌。"(*Exode*, IV, 10)上帝为了让他的仆人恢复那等于执掌权力的说话能力,做了两件事。

他先给了摩西一个棍子,那棍子"会显现上帝的神力"(*Exode*,Ⅳ,20)。后来,摩西为了确保以色列人与上帝的立约,"写下了主的所有律法"(*Exode*,ⅩⅩⅣ,4)。但最后还是上帝自己动手,把他的律法刻在石上:"主在西奈山上说完这些话,把两块石板交给摩西,那石板是立约的见证,是上帝用他的手指刻上去的。"(*Exode*,ⅩⅩⅪ,18)圣经清楚记载,这些石版"是主的作品,那刻在石板上的字也是出自上帝之手,上帝亲自刻了他的十条诫命,并且刻了两遍,来强调它们的重要,让人们更清楚地感到遵守这些诫命的必要"(*Exode*,ⅩⅩⅫ,16)。

这些故事都隐含了一个清晰的对语言和文字的思考。对犹太思想来说,语言似乎代表了某种超一现实、主观一外、强大及动态的本质,它的地位与上帝同等重要。这个语言对说话主体(摩西)具有权威性和威慑性,使其变得口齿拙笨。话语的实现无法达及语言的神圣本质。要冲开这道障碍,得到语言知识并掌握语言的运用,由此而掌握真正的(人间的、社会的)权力,有两个办法可以使用。第一个办法是启动一连串的象征手法,即递进地使用言语成分(词),小心谨慎地表达某个指涉物。这个指涉物的实现因此是被审查和不被呼名的,所以最终只能使用上帝的名字。或许这就是棍子"奇迹"在这里的含义,那棍子"变成"一条蛇,当蛇的尾巴一被触动,蛇又变回棍子。(请注意这一系列象征所隐喻的对性、阳具的联想)第二个办法是使说话主体离开话语而窥见(它的)内部(神圣)规律,把话语转变为文字。这个文字只是圣语的转写或者就是上帝用手指写下的文字,但它始终只是在它之前就已经存在的那个话语的拷贝、复制品,而它本身也是一式两分地被刻在两块石版的正反两面,好像是要指明它复印、重复、拷贝的性质。它的作用,就是为了使上帝的话能够变成稳固、持久和强制性的,成为自己必须恪守的律条。

对文字的占有等于体现语言。这里用体现一词的本意,即把语言化为肉身,就是说把圣语融入人体,吸收到肌肤血肉里。圣经的文字可吞咽,可餐食:它要变成法律,就要刻入肌肤,化入人的(社会的)肌体:"你呀,人之子,听我对你说,不要也来反抗。张开嘴,吃下我喂你的东西。我张望,看见一只手伸过来,手里拿着一卷书。这卷书在我眼前展开,正面和反面都写着字,都是些悲叹、抱怨和呻吟。人之子,张开嘴,吃下这个,吃下这书,你将要对以色列民族说话。我张开嘴,他把书让我吃下去。人之子,吃吧,把这书吃饱。我把书吃下,在我嘴里,它甜美如蜜。"

文字与实在界的关系,如同文字与语言的语音和形态现实性的关系,在这里没有得到反思。这种关系似乎先被剪断,然后又作为文字对实在界的统治关系被重新引入。因为文字的本质首先是立法、父权、权威性的,它被设想成实在界必须遵循的模式(上帝的旨意),按照这个模式进行自我调节,自我形成。也只有在上帝的语言这个法律—模式的控制下,以话语顶替缺席的真实,才有可能铺展开那一系列幻影般的意指(非真实的)情节,如棍子的"奇迹";把文字设立为上帝不在场的法律、法则、上帝的替身,也是基于同样的道理。因此文字为上帝的缺席提供解释,因为它就是上帝的替身。我们这里看到的是一个一神论的神学语言观。

几个世纪以后,一个犹太神秘主义流派更加深刻地将自身的体验和语言及书写相联系:这便是卡巴拉(Kabbale)。它于1200年到19世纪初期,主要在法国南部和西班牙传播,其理论在《光辉之书》(Zohar)和对以警句的方式阐释圣经经文的《光明之书》(Bahir)中有大量阐述。产生于基督教思想、阿拉伯和印度宗教的交集点上的卡巴拉，把希伯来字母作为冥想和凝神的特别对象来营造心醉神驰状态，使主体身心得以解脱而达到与上帝直接交流的目的。这些字母本身没有确定的含义，它们各自对应一个数值，是非肢体的、抽象的、彼此相互关联地在一个形式逻辑系统中发挥作用，犹如乐谱上的音符。这种字母和数字的密术叫做希伯来字母代码（gematria）。每个字母可以与人体的某一部位关联，以至于损害这个字母就是伤害与其对应的身体部位。卡巴拉预言术在呼吸法上和体位法上与印度的瑜伽实践相似，两者都把身体的控制与每个字母神圣庄严的发音相联系。卡巴拉学者阿布拉菲亚（Abulafia）在他撰著的《正义之门》（*Porte de la Justice*）一书中写道："进入他思想和想象的正是这些字母，在他毫无察觉的情况下，运动着的字母影响他，把他的思想凝聚在一些不同的主题上。"

欧洲16世纪至18世纪的各种语言学理论，深受神学及其衍生理论的影响，无不为希伯来语的魅力所倾倒。在它们看来，希伯来语是所有语言的共同源头，是世界通用的数码。在法布尔·德·奥利韦（Fabre d'Olivet）的论著中可以找到对希伯来语最有力的辩护。作者认为，唯有真正读懂希伯来语才能领会圣经的真实含义。他翻译了圣经，书的名字叫《创造之书或摩西宇宙起源论》（*Sepher ou la Cosmogonie de Maoïse*，见 *la Langue hébraïque restituée et le Véritable Sens des mots hébreux*, 1815）。他认为，即使希伯来语不是人类的母语，如许多他之前受圣经故事启示的学者相信的那样，至少它的语法规则"极有可能追溯到（话语的）这个源头，揭开它神秘的面纱"。法布尔·德·奥利韦不同意威廉·琼斯（William Jones）提出的鞑靼语（tartare）、印度语和阿拉伯语为语言的三种基本类型的论点，并建议用汉语—印度语—希

伯来语取而代之。他基于当时盛行的比较研究方法,这样评论希伯来语的优点:

> 我说过,汉语从一诞生,就一直处于与外界隔绝的状态,它从最简单的意义感知开始,一步一步地地发展到智慧思维的巅峰;希伯来语恰好相反:它起始于一个精致无比的语言,里面所有的语词都是普遍的、心智的和抽象的,这样的一个语言,交到一个强壮却是无知的民族手里,一步步地堕落,一点点地萎缩,到现在只剩下最原始的物质成分了;一切精神的都变成了物质的;一切心智的都变成了感性的;一切普遍的都变成了个别的。

如上的反思,在科学阐述的同时掺入意识形态的思辨,是一种非常典型的现象,尤其在讨论主要宗教所使用的语言问题时更为普遍。

8 希腊逻辑

希腊哲学不但为现代推理思维奠定了基础,也为迄今为止的语言思考提供了基本性原则。虽然近几年来的语言学科及整个意指理论与产生了古典语言反思的传统概念渐行渐远,但这些毕竟只是新近的现象,其结论也差强人意。过去百年间,希腊人建立的原则指导着欧洲语言理论和语言系统化研究。即使各个时期、各种流派都按照自己的方式诠释理解希腊人遗留下来的模式,但是语言的基本概念范畴和分类方法都没有改变。

希腊人是继腓尼基人后——希腊人视其为自己在这方面

的老师——首先使用拼音文字的民族。他们把腓尼基辅音字母表拿来按希腊语的特点（如希腊语的词根不像闪米特语言那样是由辅音构成）加以改造，于是不得不加入元音标注符号。每个字母都配有一个名称（阿尔法、贝它、伽马等），取这些名称的第一个音位作为其符号：如 β 取自 βετα。

把能指解析为最小构成单位并非是一个孤立的现象，这只是希腊人认知努力中的一部分。

苏格拉底（Socrate）之前的唯物主义的哲学家们在他们关于物质世界的理论中，把"原始无限物质"无穷小地分割，以此方法隔离出与希腊字母相关联的元素，有时两者甚至被明确的混同为一样的东西。恩培多克勒（Empédocle，公元前 5 世纪）称之要素、阿那克萨哥拉（Anaxagore，前 500—前 428）称之同质素（homéomère）、留基伯（Leucippe，公元前 5 世纪）和德谟克利特（Démocrite，公元前 5 世纪）称之原子、而被后世称为元素 στοιχεῖόν 的东西，都是——即通过完全相同的认知过程——能指行为的字母的物质对应物。前苏格拉底哲学家们对物质无穷小分割，达到一种粒子团，一颗萌发这些粒子的种子：阿那克萨哥拉称其为种子 σπέρματα，德谟克利特则把宇宙巨大团块看作是混合体 πανσπερμία。这些物理学理论在一些前苏格拉底学者的语言实践之中有所体现（希腊哲学家里只有巴门尼德 Parménide 和恩培多克勒是诗人；后世的哲学家卢克莱修 Lucrèce 也是诗人），也影响了前苏格拉底学者们正在建立中的语言理论。例如，亚里士多德（Aristote）认为恩培多克勒发明了修辞学。这些希腊唯物主义的哲学家们（其理论后来由卢克莱修专著陈述）毫不含糊地认为，字母就是声音的原子，是和物质实体一样的物质元素。巴门尼德率先使用字母表符号作为他演示原子理论的例子。伊壁鸠鲁（Épicure，公元前 341—前 270）也认为物体可以分解成微小的、看不见的、构成产生与消亡条件的元素,这些元素与字母是同类性质的。认为物体元素(原子)与话语链元素(字母)对应或等同的观点在当时的希腊非常流行,波塞多纽(Posidonius)的论点便是一例。波塞多纽认为,最早的原子论学者可能是那些发明了字母表的腓尼基人。

然而,唯物主义哲学家——语言和实在一致性论点的最后捍卫者(赫拉克利特[Héraclite,前576—前480],支持一个东西的发音反映它的质性的观点,而德谟克利特则认为这种对应关系是社会约定的结果)——的努力没有成功,由于希腊文字特有的类型,而且毫无疑问,也因为希腊社会经济和意识形态方面的需要,可能产生而且最终也不可避免地产生了的对语言的设想,是把语言看作一种折射外在世界的理想意识,它与外在的联系也仅是一种概念性的联系。

事实上,表音文字对语言的声音物质所表现的,的确是一种分析性的思考。被后世所称之为的"能指",不但与指涉物和所指分离,而且被分解到它的构件层面(音位)。音位又分为元音和辅音两个类别。所以希腊思想在倾听语言,把语言当作一个形式系统,有别于它所表示的外在(实在世界)。语言自成一体,成为一个独立的认知对象,而不是被混同于它的物质外在。前面章节里所观察到的希腊之前的各个文明里的语言理论所表现出的语言和实在界分离的过程,在这里得以圆满完成。

语言不再是文字在梳理宇宙的同时所梳理的一种宇宙力量。其他文明把实在界、语言和使用语言的人混为一体,而希腊人则把语言从这块紧密无隙、整齐划一的禁锢脉石中提取出来。他把语言作为自主物去倾听,去理解,这样做的同时,他也把自己当作了一个自主的主体。语言首先是声音的。我们已经看到,自荷马传统以降,思维被描绘成说话,它发自心脏，但尤其发自肺脏，发自 φήν、Φενός 这些被人们认为是胸腔的地方。从这种将思维看作发声话语的观念出发，就可以到达 λόγος 这一相当于 ratio（理性）和 oratio（言语）的结合体的概念。语言不但是声音，它同时为主体所有，它是一种发声机能，从说话者名字获取自己的属性。《伊利亚特》有诗曰（*Illiade*，Ⅰ，250）"奈斯托尔（Nestor），谈吐优雅、嗓音响亮的普洛斯（Pylos）辩说家，言语在他口中比蜂蜜还要甜……"语言在这里是一个受主体控制的声音系统，因此可以说是一个次要的系统，虽然可以影响实在界，却远不能与物质力量并驾齐驱。希腊人自思为存在于语言之外的主体，像一个成年人，拥有真实，而这真实绝不是那个只有孩童才会相信的通过语词所表达的真实。例如，下面埃内阿斯（Enée）对珀列德斯（Péliéde）的一段话这样说："别想用言语把我吓倒，好像我还是一个孩子……我们不会像孩子那样，仅仅吵骂一通就草草结束战斗，撤离战场……"（*Illiade*，ⅩⅩ，200-215）

希腊人完成了实在界与语言的分离，其主要成果表现在以下几个方面：建立了拼音文字和柏拉图及后柏拉图语音理论；构建起精美辞章艺术的语法和形式系统的语言理论；进行并提出了有关语言与实在界之间关系的讨论和主张（印度人之前对此的见解是以最完整的形式传到希腊的）。

柏拉图著名的对话集《克拉底鲁篇》（*Cratyle*）见证了对语言和实在界之间关系的哲学讨论，并基于两者分离的前提，探索建立其间的关系模式。这个对话集与柏拉图其他著作非常不同，它表现了苏格拉底语言观里常常自相矛盾的两个方面（一个是在克拉底鲁面前辩护的观点，另一个是在赫莫杰尼斯［Hermogène］面前辩护的观点，后者显然是赫拉克利特的门生），为我们提供了一个动摇不定、自我否定、无法对语言系统作任何有科学价值的表述的语言观：因为每每触及语言系统,讨论立刻就变成一种非理性"灵感"的猎物。柏拉图似乎在答复诡辩派的观点,后者认为语言因其本身不断变动,不能表述任何固定和稳定的东西:巴门尼德(公元前6世纪)认为语言如难以捉摸的流体,出现在恒定现实解体之时,因此不可能表达实在界。在《克拉底鲁篇》第一部分里,柏拉图轻松地回应了这些观点,同时也承认自己很难解释像荷马(392—393)这样的诗人的语言。但是当赫拉克利特的门生向他建议下面的理论时,他的答复就显得力不从心:由于现实世界本身变动不居、矛盾重重,所以语言系统的变动也仅是对实在界变动的反映(440,a-d)。

尽管这种对话的方式很少有立论阐述,但我们还是可以找出一些中心论题,并特别要强调其中的两个:第一个是柏拉图在语言性质是θέσει(约定的)还是φύσει(自然的)这一论题上所持有的立场:事物的命名是一个社会契约行为还是与此相反,由事物的本质决定?第二个论题是基于第一个论题的立场,对语言成分和词类所作的柏拉图式的系统化处理。

柏拉图选定语言是自然性(φύσει)的立场,但同时对这个在之前讨论中赋予其四重意义的概念重新明确定义。他折中了对立的两种论点,假设语言是人类的创造物(因此是约定性的),但它又出自其所表示的事物的本质(因此这个创造物是自然性的)。由于这一事实,语言便成为社会必须遵守的法律和履行的责任。在柏拉图看来,名字νόμος意味法律、习俗、习惯。

说话,即以对事物进行命名和表达的方式,把自身与事物区分开来。命名变成一个区别性行为,它产生话语,因为它把话语(连同说话主体)摆置于事物的对面:"而命名不也是说话行为的一部分吗?因为命名时,不也是在说话吗?……如果说话确实是关系事物的行为,那么命名就也是一种行为,不是吗？……"

名称不同于事物,"是用于教育的工具,是用来区分现实事物的,就像用梭子织布一样"。"一个好的织布工人会正确地使用梭子,'正确'一词的意思,就是指恰如其分的织法;一个好的教师会正确地使用名称,'正确'一词的意思,就是指恰如其分的教法。"

所以语言具有教育功能,它是知识获取的工具。其实名称本身就已经是对事物认知的结果。"知道名称时,就是知道了事物",克拉底鲁说(435d),"就不可能说错话"(429d)。然而苏格拉底并不认为这种以名表物的"现成知识"($\mu\alpha\theta\epsilon\tilde{\iota}\nu$)和个体对真理的哲学探究是一回事。

尽管如此,名称仍然不失为窥视事物本质的窗口,因为它与它所指的事物有相似之处。名称/事物的关系是相似关系,甚至是摹仿关系:"所以当人们用嗓音去命名一个被摹仿的事物时,名称似乎就是一种用嗓音去摹仿那个被摹仿和被命名的事物。"名称是用嗓音模拟,不同于用声音和颜色模拟:"作者通过它们的字母和音节,抓住了(事物)本身,他用这种方式来摹仿事物的本质。"(424a)所以名称"似乎具有某种天然恰当性,而并非所有的人都能为任何事物正确地命名"(391a)。柏拉图为了证明词的这种天然恰当性,对多种类型的词进行"词源"研究:有专用名词,有柏拉图自造的复合词或分解词,还有柏拉图认为不可分解的"原始"词。这个词源学虽然常常不大可靠,却也证明了柏拉图的假定:词表达的是被称物所承载的意义。

由此可以看出,在柏拉图的设想里,不但语言从它所命名的实在界中被剥离出来,并被看作是一个独立的、有待创造的客体,而且所指本身也被从能指里分离出来,甚至被认为早于能指的存在。所指存在于能指之前;同时所指也和指涉物分离开来,摆脱与指涉物的一切联想,升华到居统治地位且倍受青睐的理念领域。创造新词其实就是给那个"已经在那儿"的理念找到一个语音外壳。这样一来,语言就首先是一个需要从逻辑和语法上加以组织的所指。

人们观察到,一些现代理论,如卡西尔的理论(Cassirer) (*Philosophie des Symbolischen Formen*, *I*, *Die Sprache*, Berlin, 1923),顺沿柏拉图的假定,在语言的结构问题上,继续推崇意义而忽略能指。对于这些理论,词是一个概念化的象征符号……此情此景,人们不禁更加赞叹索绪尔的贡献。索绪尔强调符号形式,从而为研究能指、亦同时为真正从句法层面(形式关系)分析语言,铺平了道路。

所以对柏拉图来说,名称应该由了解事物的形状或理想框架的立法者(législateur)来制定。"名称的制定并不是那个最先到的人的事情,而是造名者的职责;这个造名者似乎就是立法的人,即人类中最稀有的艺匠。"(389a)立法者强加的名称,不是直接应用于事物,而是通过一个媒介:即名称的形式和意义来完成的。"名称既然与所有的事物天然契合,那么我们的立法者如果想要实行他在名称制定上的权威,当他在创造和制定每一个名称的时候,难道会不知道为它选出合适的发音和音节,难道会不知道要紧紧盯住名称本身的含义?"(389d)而且,"当他为每个事物所必要的名称形式选定好音节时,无论那音节是何等性质,无论他在我们这里或其他任何地方,难道不都是很好的立法人吗?"(390a)……不过立法者所制定的法则,受到两个方面的制约。一方面,立法者工作的优劣,要由那些擅长提问和回答的雄辩家评判。另一方面,无论名称多么天然,"当我们说话的时候,某种约定俗成的东西和惯常的做法,必然会影响我们对头脑里想法的表达"(435a)。

这样造出来的一个语言,柏拉图是如何将其系统化的呢?

他从语言的整体中区分出语音层面,将其进而分解为元素——στοιχεῖα。亚里士多德后来是这样定义 στοιχεῖον 的:

> 元素指的是事物内在的最基本的成分,而且一定不能被分解为其他类的东西,例如词的元素,就是构成了词和它最终可以分解成的部分,它们自身却不能分解为其他类的不同的元素。如果要分的话,也只能分为同类的部分,就像水的部分还是水一样,而音节的部分就不是音节了……每一事物的元素是这事物的构成和内在原则(Métaphysique, Δ 3)①。

στοιχεῖον 一词也指恩培多克勒的四元素,也可指几何学及所有数学命题中的项、假设、公理和公设。

现代读者在阅读柏拉图关于语音元素的论述时会发现,他的语音理论远非纯粹的形式理论,而是源自他的意义理论,因而首先是一个语义理论:"既然是用音节和字母来摹仿本质,那么最合适的方法是不是首先分辨元素(στοιχεῖα)? 那些研究韵律的人就是这么做的:他们首先分辨出元素的值,然后是音节的值,只是而且仅仅只是在这个时候,他们才开始研究韵律的。"

如果说柏拉图承认意义的存在先于语言(本质),他并没有断论能指是否在意义的形成中发挥作用。在书中的一些地方,他承认"只要名称所表现的事物的本质处于主导地位,同

---

① 亚里士多德:《形而上学》,苗力田译,中国人民大学出版社,2003年,(5:88)。以下该书中译文均引自苗译本。——译者注

一个意思用这些音节或那些音节表达，是无关紧要的，添加一个字母或去掉一个字母也是不重要的"（393d，394a，b）；在另一些地方，他又提醒人们"添加或去掉字母会严重地改变名称的意义，以至于一些微小的变化，有时就会表示完全相反的意思"（417d）。

元素这一术语，是字母的同义词，涵盖《克拉底鲁篇》一书中提到的音位概念：它指的正是声音链的最小单位。柏拉图区分出三个类别的语音元素：元音、辅音和"那些不是元音但也不是辅音的音"（424c）。元素组成音节，音节之上便是话语的韵律（424b）。

如果说在柏拉图那里，字母和音位这两个概念还没有被区分开来，那么他之后的学者就开始谈论 figura，即字母的书写形式和 potestas，即字母音值的概念了（Diogène Laërce, Ⅶ, 56；Priscien, Ⅰ, 2, 3-1, 3, 8）。

在柏拉图那里，音节构成名词与动词，两者共同构成"一个恢宏优美的整体，如油画上栩栩如生的生灵；这里，我们是用名词和修辞艺术，简而言之，即恰如其分的艺术，构建言语"（425a）。

从这里我们看到，作为辞章艺术的语法学 γραμματιχή，宣示了自己的诞生。语法学无疑起源于教育，作为文学研究由苏格拉底实践，即研究语词的元素及其元素值，同时也已经开始用于对词类的研究。最早的语法区分显然是对名词和动词的区分：ὄνομα 和 ῥῆμα（Diogène Laërce, Ⅲ, 25）。柏拉图是确立这一区分的第一人。至于形容词，一般为名词的同属，当它们用作谓语时，柏拉图将其视作 ῥήματα。

至此，柏拉图言语理论创立。这是一门哲学理论，兼具语言学思考（关于语言的系统化分类问题）和逻辑思考（关于意义和意指的规律问题），而不是像这些术语的现代定义那样，要么是纯粹的语言学,要么是纯粹的逻辑学,非此即彼(G. Steinthal, *Geschichte der Sprachwissenschaft bei den Griechen und Römern*, Berlin, 1863)。

柏拉图把实在界从符号里分离出去,创建了理念的领域。他那被亚里士多德后来定义为逻辑性的理论,就是驰骋于这个领域之中:"如果说他把一和数目从感知世界分离而有别于毕达哥拉斯学派学者(Pythagoriens)的话,如果说他引入了理念的话,那是由于他的逻辑学的研究所致。"(*Métaphysique*, A 6 987, B 32)亚里士多德当时想的是那个首先由苏格拉底实践的概念哲学:他不是从事实(ἔργα)的角度审视事物,而是从概念和定义(λόγοι)的角度。柏拉图也是用这个 λόγοι 方法,从事他对语言、言语、λόγος 的分析研究。

对这个言语—逻各斯(logos)理论的详细论述,散落于希腊的另一个哲学家亚里士多德的众多著作里,但大部分可以在他的《诗学》(*Poétique*)里找到。对亚里士多德来说,逻各斯是一个陈述、公式、解释、阐释性的言语或概念。而逻辑则成了概念、意指和真理法则的代名词。任何对语言的物质部分和其形成的特殊性的关注都被删略掉:"语言不是从事实的角度被审视,亚里士多德说,而是从概念和定义的角度被审视的。"逻各斯/物的关系被定义为:"只有事物的本质是存在的,对其陈述就是对其定义"(*Métaphysique*, A 4 1030 a 7);另有:"既然定义是陈述及所有陈述的含有部分;另一方面,既然陈述与事物的关系和陈述的部分与事物的部分的关系等同,要回答的问题便是,对部分的陈述是否应该进入对整体的陈述……"(*Métaphysique*, Z 10 1034 B 20)及最后:"一个假的陈述(λόγος),唯以其假表示非是"(*Métaphysique*, Δ 29 1024 B 26)。逻各斯(这里可能是取其"意指行为"之义)也是事物的原由、推力,等同于物质:"在某种意义上,我们把原由理解为形式性的实质

(οὐσία)或本质（事实上，一件事物的存在理由，最终可归结为该事物的概念——λόγος——而首要的存在理由是它的原由和原则）；在另一种意义上，原由是物质或基质；在第三种意义上，这是一切运动启动的原则；最后是第四种意义，与第三种所说的原由相反，是终极原由或至善（因为至善是一切发生和运动的终结）。"①（*Métaphysique*, A 3 983 25）

即使人们同意施泰因塔尔的观点，认为在亚历山大时期之前的希腊，还没有真正的语法学，即专门研究语言结构具体特征的学科，人们也看到，亚里士多德已经设立了几个重要的词类区分，并为其作了定义。他分划出名词（及名词的三种词性）、动词和连接词（σύνδεσμοι）。动词具有可以表达时态的主要性能。他第一个把词义和句义区别：词代替或表示（σημαίνει）某个事物，句子肯定或否定一个主语的谓语，或言称主语存在与否。

下面举几个例子，介绍亚里士多德在《诗学》②（1456 b）一书里对词类的反思：

> 而关于思想的问题，应该留在修辞学里讨论；因为这更适合修辞学的研究。一切必须通过语言产生的表述都属于思想的范畴。其成分包括证明、反驳、情感的激发，如怜悯、恐惧、愤怒及其他一切同类情感，还有夸张和降低……（第140页）
>
> 因为，若是说话者的思想不通过话语亦能表达，那他说话还有什么用呢？
>
> 从整体上看，话语包括下列部分：字母、音节、连接

---

① 亚里士多德：《形而上学》(1: 7)。——译者注
② 亚里士多德：《诗学》，郝久新译，九州出版社，2006年，第73—77页。——译者注

词、指示词、名词、动词、语格和语段(λóγos)。

字母为不可分的音,但不是任何音,而是复合的音;因为动物也会发不可分的音,但这些音我不会叫它们字母(στοιχεῖον)。

字母包括元音、半元音和默音。元音为可听见的音,其形成无须通过舌头和双唇的接触;半元音也是可听见的音,但其形成须通过舌头和双唇的接触,如 Σ 和 Ρ(这是些流音);默音的形成须通过舌头和双唇的接触,其本身不具有声响,但有声响的字母结合,即成为可听见的字母,如 Γ 和 Δ。

这些字母的区别取决于其发音时的口型及口腔部位……

音节是不表义的音,由一个默音和一个具有声响的音组合而成……

连接词是不表意词,不妨碍亦不促成一个独立存在、借助若干有声字母的表意短语的构成……

指示词为表示语句的起始、终止或转折的非表义词……

名词为合成的表义音,没有时间性,其组成部分本身都不表义;

动词为合成的表义音,有时间性,和名词一样,其组成部分本身都不表义……

语格作用于名词和动词,表示"属于""对于"及其他类似的关系,亦可表示单数或复数,如"人们""人",还可以表示说话人的语气,比如是提问还是命令:"他走了吗"和"走"的区别就是动词的曲折变化造成的。

语段(λóγos)为合成的表义音,它的某些部分能独立表义(因为并非每个语段都含有动词和名词,比如对人的定义,可见语段的形成亦可不用动词;但语段中总有一个部分是表义的),比如"克里昂(Cléon)在行走"中的"克里昂"就是独立表义的部分。语段可以有两种表示方式,一种仅表示一个事物,另一种为若干个部分连接而成,比如《伊利亚特》是一个由它的部分连接而成的语段,而人的定义则是只表示一个事物的语段……(p.143-144)

亚里士多德接着对名词类型作了研究:如简单名词、复合名词,同样也对将一件事物的指称移用于另一件事物的修辞手法作了研究:如比喻、转喻等。

西希昂的芝诺(Zénon de Cittium,前308—前264)的学生、斯多葛学派的学者们编制了一部完整的言语理论,这是一部详细的语法著作,同时也没有完全脱离哲学和逻辑学的范畴。斯多葛学派学者在反思象征产生的过程时,首次明确地把能指与所指(τὸ σήμαινον/τὸ σημαινόμενον)、意指与形式、内在与外在区分开来。他们亦对语音学及语音与文字的关系问题发生兴趣。在分析言语的组成部分时,他们把这些部分称为 στοιχεῖα①,而不是 μέρη(部分),是在物理世界和语言里都能找到的东西(参见 *Ancient and Medieval Grammatical Theory in Europe*, 1951)。斯多葛学派学者的语言理论中,绝大部分为逻辑演绎,我们在此不予涉及;但我们下面还是要强调指出他们在语言本身的系统化方面取得的几个成果。斯多葛学派把言语分为四个部分:

1. 名词表示性质(我们知道,斯多葛学派的区分为下列四个类别:性质、状态、关系、本质),分为普通名词和专用名词;

---

① στοιχεῖα 为希腊语"成分"之意。——译者注

2. 动词是语句的谓语（依柏拉图对谓语的定义）；没有主语的动词是不完整的；动词表示四种时态：现在进行时、现在完成时、过去进行时、过去完成时；

3. 连接词（σύνδεσμοι）；

4. άροpα——包括人称代词，亦包括关系代词和指示词。

斯多葛学派亦区分下列模态（或辅助语法类别）：数、性、动词变位、语式、时态、语格。斯多葛学派首次从理论上确定了语格的定义（如前文所述，亚里士多德也说到语格，但是他也把动词的派生形态、曲折变化等现象包括在语格里）。

一个真正的语法专门学科，直接把语言当作一个独立存在的系统结构进行研究，并撇开其与哲学和逻辑学的连接关系，这样的一门语法学，是在亚历山大城这个图书与古文献研究中心发展起来的。处于坠落边缘的颓废的古希腊，在其精致绝伦的思想由盛转衰之际，产生了语法学家：这是些一丝不苟的学者，尽管像瓦克纳格尔（Wackernagel）所说，"没有高瞻远瞩的思想"，这是些尽职尽责的老师，为年轻学生们讲授已经非常难懂的荷马的语言，这是些孜孜不倦的分类学家，把语言作为抽象的形式进行分门别类的整理。其中最为著名的是托勒密一世儿子的老师柯斯的斐勒塔（Philétas of Cos）；另一位是荷马注释者阿里斯塔克（Aristarque）；再一位是定居罗马、为民众传授语法知识的马洛斯的卡尔特（Cartès de Mallos）。而语法老师中最有名气的当属色雷斯的狄俄尼索斯（Dionys de Thrace 前170—前90）。Fr·图洛特（Fr. Thurot）在1784年出版的詹姆斯·哈里斯（James Harris）的《赫耳墨斯抑或普遍语法的哲学探究》（*Hermès ou recherche philosophique sur la grammaire universelle*，1765）一书第二版的法文译本的前言里，说他是："阿里斯塔克的学生；他在罗德讲授语法学时，泰奥弗拉斯（Théophraste），别名蒂拉尼昂(Tyrannion),曾在他门下学习;后到罗马,在庞培第一执政期间传授他的艺技。"

对色雷斯的狄俄尼索斯来说,语法更是一门艺术:他把它定义为"有关诗人和散文家的语言的经验知识"。他的语音学是一个字母和音节的理论。他的形态学已经区分出八类语词:名词、动词、分词、冠词、代词、介词、副词、连接词。而第一部句法专著,则是由阿波罗尼奥斯·特拉克斯(Apollonius Dyscole,前2世纪)在研究希腊语时编制的:这部句法与其说是语言学,不如说是哲学。

现在让我们来作一个小结。语言与实在界的分离及希腊"语言学"的形成,是经过了下列几个发展阶段完成的:最初,语言学与普遍原子论没有分别,完全混同于一个广泛的自然主义的宇宙起源论之中,然后它作为逻辑学、概念及定义理论、所指的系统化被划分出来——但切割得并不彻底;最后它脱离哲学并独立形成语法,即研究单一对象的规范性理论。现代的理论家们继承了希腊语言学的理念和方法,并使其更加精确了。

9 罗马:希腊语法的传播

亚历山大派的语法学家在罗马停留期间,把希腊人的语言知识传授给罗马人:有哲学方面的理论,亦有语法的知识。苏埃托尼乌斯(Suéton,75—160)在其著作《论语法和修辞》(*De Grammaticis et Rhetoribus*)中,把最早用拉丁语写作的哲学家和语法学家称为"半个希腊人"。

历史学家特别强调马洛斯的卡尔特(前168)所作的贡献。作为国王阿塔洛斯(Attalos)派驻罗马的大使,他同时也担任语法学教授，并创建了罗马语法学学派，其中最为著名的语法学家是瓦罗（Varron，前1世纪）、昆提利安（Quintilien，前1世纪）、多纳图斯（Donatus，4世纪前后）和普利西安（Priscian，6世纪前后）。

　　罗马博学的知识界当时更为关心的，是建立一个完全属于语言学的修辞学科，所以没有试图对语言问题提出自己独到的见解，只是把希腊人的理论和分类方法照搬过来，套用在拉丁语的分析和描写上。这通常是一种纯粹机械性的照搬：由于希腊语被认为是所有语言的通用模式，所以无论如何也要在拉丁语里找到希腊语的每一个类别。可以看出，罗马语言学研究的主导思想，是把从希腊语归纳的逻辑范畴看作是普遍性的，可以一成不变地适用于其他语言。这种认识，实际上导致了对罗马帝国众多外族语言的寡兴薄趣。虽说当时凯撒大帝需要高卢语翻译，奥维德（Ovide）使用哥特语写作了诗章，埃利乌斯·斯蒂洛（Aelius Stilo）早前已经开始了对意大利语族语言的研究，可这些都只是零散的、不入拉丁社会习俗的特例，没有进入语言学说自身的范畴。

　　瓦罗，这位最早的拉丁语法学家，以其献给西塞罗（Cicéron）的著作《论拉丁语》（*De lingua latina*），创建了一个最为全面的语言理论。

　　在语言和现实关系的普遍性问题上，瓦罗参与了也是从希腊人那里承接来的、语言到底是"自然发生"还是"约定俗成"的争论。在罗马，这场论战被冠以"类推派（analogistes）和变则派（anamalistes）的争论"而广为人知。类推派认为，非语言领域现象反映到了语法领域，而变则派却坚持完全相反的观点：他们认为，实在界的范畴和语法学的范畴截然不同。瓦罗试图调和这两种对立的观点：在他看来，语言表达现实世界的规律性，但这种规律性又包含有不规律性。于是，一种规范性的语言理论开始形成。其实,这种理论也是从希腊人那里继承来的。这将是一部为被认为是正确的(即符合希腊语法逻辑范畴)语言使用树规立矩的语法,而不是把语法作为对每一种新的语言或新的体裁的描写性研究,以发现其自身的规律。请不要忘记,凯撒大帝在这场类推派和变则派的争论中也持有立场,因为他对语言饶有兴趣,这也从侧面证实了语言学研究在当时的罗马,享有何等显赫的地位。凯撒写了一部两卷本的著作《论类推》(Analogie),他在书中支持语法的规律性原则,反对不符合规则的语言用法,并对语言范畴的划分提出了一些修改建议。

瓦罗的主要兴趣在语法学上。首先,他把语法学作为对语言的研究加以分析和系统化,然后把语言范畴本身的研究也包括近来。瓦罗的著作流传至今的,据圣哲罗姆(saint Jérome)的记述,仅有他25卷本《论拉丁语》(作于前47—前45)中的5—10卷,及450件各类著作的残篇。瓦罗对语法的定义是:"语法的源头是字母表;字母表由字母构成;字母组合形成音节;音节组合形成发声的、可表义的音节群;发声的、可表义的音节群组成词类,而词类结合在一起就是言语。只有在言语里,得体的谈吐方能得到发挥。而人们习练得体的谈吐,则是为了避免错误。"瓦罗认为语法是一切科学的基础。他还凭空给语法臆造了一个词源,来证明语法的这种特殊地位:语法源自"verum boare",即呼唤真理。斯多葛派认为语言不是约定俗成的,而是自然发生的,即它不是类推性的,而是变则性的。瓦罗全盘借用了斯多葛派的理论,按照前辈语法学家的研究成果,对拉丁语进行了全面系统的分析。

瓦罗语法学的第一部分,是研究语词与事物之间的关系。他称这种研究为词源学(étymologie),并投身于这种在今天看来没有科学价值的词源研究。他的目的是找到"原始词",即任何一种语言里必有的元素,亦必须体现毕达哥拉斯(Pythagore)的哲学四范畴:物体、空间、时间和动作。罗马语法学家继续遵照希腊人的语言观,把语言放在一个意念的参照系统里(概念化的、哲学的系统)进行分析,并让语言从属于这个意义系统。换言之,这是一种不考虑能指、运用某种哲学理论指导的分类方法对所指进行的系统化分析。或许可以这样说,希腊和罗马的语法学家听见/理解了(他们的表音文字就是证明)能指以后,故意将其摒弃,以便可以把能指也理解为所指:即将能指变为先于其存在的一个意念的体现。

下面举两个例子,看看瓦罗是如何对词进行"语义"分析的:第一个是"语义场"分析,第二个是"词源"分析:

> 不论一个词的亲属关系延伸到哪儿,不论它的根长到它的领地以外的什么地方,我们都会追踪下去。因为地边的树常常会把根长到邻居的庄稼地里。所以,当我说到场所,我不会只停留在 ager(农田)这个词上,我也要提到 agrarius homo(村民)和 *agricola*(农夫)。
>
> Terra(土地)之所以这么叫,阿留斯(Aelius)写道,是因为人在上面踩踏(teritur)的结果。这也是为什么在《占卜书》(*Livres Augures*)里,*tera* 的书写只有一个 R。同理,城市边上农夫们公用的场地被称作 teritirium(领地),那是因为人们经常踩踏(teritur)它的缘故……*sol*(太阳)之所以这么叫,是因为萨宾人曾经这么叫过,或许因为它是唯一(solus)闪耀的东西,于是从这个神(dues)的身上,发出了日光(dies)。

瓦罗语法学的第二部分,是专门研究词的构成和曲折变化的:即形态学。他把不变形词和变形词区分开来,并将词划分为下列四类：名词、动词、分词、连接词和副词。他也研究了名词的曲折变化，并建立辅助范畴来研究言语的其他部分。比如动词的语态和时态(现在时、过去时和将来时)。瓦罗还把希腊语的格套用在拉丁语上，并把这些格的希腊文术语翻译成拉丁语：其中的一个格是 αιτιατιχή，指的是动作的接受者，或宾格；但瓦罗以为这个格的希腊词是表示"指控"之意的 αίτιάομαι，便将其译成 casus accusativus。下面是瓦罗对词的分类：

nominatus　1. *vocabula*(普通名词)
　　　　　　2. *nomina*(专用名词)
articuli　　3. *provocabula*(疑问和不定代词和形容词)
　　　　　　4. *pronominal*(其他代词)
　　　　　　5. *dicandi* ou *pars quae habet tempora*(动词)
　　　　　　6. *adiminiculandi* ou *pars quae habet neutrum*(不变形词)
　　　　　　7. *inugendi* ou *pars qua est utrumque*(分词)

最后，第三部分应该是句法，研究词在语句中的关系。这一部分没有流传下来。

另一位拉丁语法学家，是生活在 1 世纪、《雄辩术原理》(*Institutio Oratoria*)一书(我们后面还要介绍)的作者昆提利安，他以其对格的研究而流名后世。考虑到夺格和与格的意义区别，他提出以拉丁语的 7 个格，替代希腊语的 6 个格。他认为格的意义差别，可能与相关语言在"结构"上的差别相互对应。不过，昆提利安在这里似乎犯了一个错误：他把格所表示的多重意义减缩为单一的意义，忘记了一个格可以有若干意义，可以在不需要增加新格的情况下，表示不同的情态。这个错误后来由普利西安纠正了。

除了上述完全属于语言领域的成果之外，罗马还经历了古典时代唯物主义的最大汇集，聚合了希腊留传下来的所有唯物主义理论。卢克莱修（前91—前57）所著《物性论》（*De natura rerum*），是一部沿袭恩培多克勒和伊壁鸠鲁的传统写成的长诗，其中阐述留基伯、德谟克利特和伊壁鸠鲁的学说，成为连接罗马和希腊原子学说及更广泛的唯物主义学说的纽带。在这部对我们至关重要的诗作里，拉丁诗人明确地发展了一种原子论的表意机制理论。首先，他认为语言不是约定俗成的；卢克莱修和伊壁鸠鲁一样，都把自然和需要看作是语言形成的因素：话语不是说话主体的功绩，而是自然的一个法则，而这个法则亦为动物以其方式所掌握：

> 至于语言的各种发音，那是自然促使人发出的，而且是需求使事物产生名称……
>
> 那种认为所有事物的名字是一个人起的，而其他的人都是从他那儿学到语言的最初元素的想法是非常荒谬的。如果那人可以给每件事物起名，并发出语言的各种声音，那么为什么应该假设别人不会在同一时间做了同样的事情？此外，如果其他人没有和他一样使用了话语，那么他怎么会有语言是实用的这种想法？他从谁那里获得特权知道了他想要做什么并对此那么清楚？同样，一个人不可能战胜那么多人的抵抗，强迫他们同意学习每件事物的名称；另外，要找到一种方法去说服聋子，并教给他们必须要做的事情，也不是件容易的事儿：因为他们从未具备过这样的条件，也绝对忍受不了，哪怕只是一会儿，让一个陌生嗓音的声音刺痛他们的耳膜。
>
> 最后，拥有发声和舌头的人类，根据不同的感觉而使

用不同的名字来指称事物，这难道有那么奇怪吗？不会说话的牲畜，甚至那些野生动物，当它们感到恐惧、痛苦或愉悦的时候，也会发出不同的叫声；这些我们都熟悉例子会使这个道理变得很容易理解。(Ⅳ, 1028-1058)

卢克莱修坚决反对的，是把语言看成一个可能用迷信解释、现成的或约定俗成的现象。恰恰相反，他认为语言是一种自然的属性，服从于某个人类群体的需求。他还认为，语言的构成反映了物质的原子构成，两者唯一的不同，是构成物质的原子数量要大得多，另外顺序对语词的构成是至关重要的。

因为这些构成天空、海洋和土地、河流、太阳的原子，同样也构成了庄稼、树木和生物；但是它们混合的方式，它们组合的顺序，它们的运动都是不同的。所以，在我们的任何一个诗句里面，你都会看到许多字母为许多词所共有，但是你必须承认，诗句与诗句、词与词彼此之间，不论是在意义上还是在发声上，都是不同的。这就是字母以仅改变它们顺序的办法获得的力量。至于事物的原则，它们使用了比字母多了许多的办法，来创造出无数不同的事物。(Ⅰ, 823-829)

由此可见，卢克莱修对语言构成的反思，属于一种唯物认知论。按照这个学说，语言反映现实，所以它必然是由一些与自然科学分离出的最小自然成分，即原子相对等的成分所构成。卢克莱修用原子组成的拟像（simulacre）解释思维：于是，思维通过拟像反映外在世界，而这些拟像的原子构成方式，则与外在世界相同。语言被设想为一种声响物质：卢克莱修视语言为真实声音——原子的集合，一个唯物论者只需要描述它如何通过口腔、舌头和嘴唇的作用而形成,以及它如何在交流的物理空间里传播。这里没有任何对意义的分析,即凭借意念及希腊在柏拉图时代及后柏拉图时代创建的理想范畴,所作的那种分析:卢克莱修回归到了柏拉图之前的唯物主义。

需要特别强调的是,这种将诗歌语言纳入理论陈述的做法,揭示了卢克莱修的语言观。一些深入的研究确实表明,诗歌的能指组织如何成为卢克莱修语言理论的佐证。我们在上文中看到,字母是诗歌的物质原子,是字母原子:因为诗歌功能有可能将物质事物与语言声音物质的对应关系清楚地表现出来。比如,卢克莱修写道:"同样的原子,仅仅改变它们的位置,就能产生火和木,(ignes 和 lignum),像 ligna 和 ignis 这两个字,虽然都有同样的音,但是改变一下它们发音的顺序,意思就不同了。"(Ⅰ,907)按照这个方法,卢克莱修在他的诗里间接地证明了 materuum nomen 一词的"词源"是由 mater 和 terra 的能指原子构成的:

> Linguitur ut merito **mater**uum nomen adepta
> terra sit, e **terra** quoniam sunt cuncta creata.(Ⅴ,795)

> Quare etiam atque etiam: **mater**uum nomen adepta
> **terra** tenet marito, quoniam genus ipsa creavit.(Ⅴ,821)

所以,在卢克莱修对语言的运用中,也许在所有我们称之为"诗"的文体中,隐含着一个有关语言的理论:他造词时,字母(声音)似乎同时也是一种物质的原子,只需从一个物体中取出就可以造出一个新的集合体,一个既是物体又是词的东西。词不是被词义禁锢而不可分的实体（这亦被现代科学所证实。参见本书第一部分），而是由原子构成的集合体。这是一些声音的和书写的能指原子，它们从一个词飞到另一个词，就这样在言语的各成分之间，建立起不被察觉、不被意识的关系；而这种能指成分间关系的建立，构成语言的能指基础，语言也因此和物质世界关系有序的元素融为一体。格拉蒙（Grammont）就诗歌语言的这些现象，写道："众所周知，合格的诗人对语词及构成语词的声音所蕴含的丰富价值，具有敏感和透彻的感觉；为了把这个价值传达给读者，诗人常会围绕核心词，运用与核心词发音特征相同的语音，最终使核心词变成整个诗句的动力源泉……"（*Traité de phonétique*，1933；参见索绪尔《易位书写》*Les Anagrammes* 一书中有关论述）

这场语言观中突如其来的唯物论思潮，试图将语言拉回一个全盘化的唯物主义的宇宙观框架之内。当这场思潮平息以后，罗马的衰落，如同希腊的衰落一样，催生了大量以教学为目的、以语言本身为对象的形式主义思辨研究。于是在卢克莱修时代数百年以后，语言研究又进入另一个辉煌时期。一位稍晚的罗马语法学家多纳图斯（4世纪）写了一部闻名中世纪的著作《初级语法》（*De partibus orationis Ars Minor*）。堕落的罗马，当时正处于基督教带来的动荡之中，和亚历山大城一样，它投入对其黄金时代作家，如西塞罗、维吉尔（Virgile）的博学而笃志的研究之中，为以教学法和教学为目的的语法研究，提供了优越的条件。多纳图斯对字母作了如此细致的描写，以致使其成为一部名副其实的语音学专著。他还在书中列举了他的学生们常犯的错误，并编汇了一些古典作家的文体用法。

这个时期的拉丁语研究已经相当成熟，而拉丁语混同于希腊语的时代也成为过去，学者们已经能够把两者区分开来。

麦克罗比亚斯(Macrobius，4世纪)第一次对希腊语和拉丁语进行了比较研究。

然而把拉丁语法的研究推至极盛的当属普利西安(*Institutiones grammaticae*)。他是来自君士坦丁堡的拉丁语法学家，奉执政官朱利安之命，把希腊的语法教学应用到拉丁语上。他的初始目的仅是把阿波罗尼奥斯(Appolonius)和赫罗狄安(Hérodien)所制定的语法规则翻译成拉丁语，并在此基础上，增补早期拉丁语法学家的研究成果。但他的成就远远超过了这个目的。

普利西安在历史上占有重要地位。他是欧洲第一位建立句法体系的语法学家。他在《语法原理》第17卷和18卷里阐述的这个句法思想，是受希腊逻辑学启发、基于逻辑的视角而形成的。普利西安认为，句法研究的对象，是"以达到完美演说为目的的组合"。正如让-克洛德·舍瓦列(J.-Cl Chevalier)指出的那样，这是一种"从逻辑的角度对形式和形式次序的研究，因为'完美的演说'(Oratio perfecta)是一个逻辑概念"(*la Notion de complément chez les grammairiens*, 1968)。

除了这两卷句法书外，《语法原理》的其他16卷都是有关形态学的。仅此就足以证明，普利西安是把形态学作为独立的学科而区别于句法的：因为词可以完全不依靠它在语句中的关系，仅以形式的变化，就赋予这个形式某种具体的意义。

普利西安一方面认为词是不可分的单位，另一方面又把词分解为指意成分，即词的整体等于其成分之合：vires = vir，从而勾画出一门语词的"句法"(H. R. Robins, *Ancient and Mediviael Grammatical Theory in Europe*, Londres, 1951)。罗宾斯注意到，普利西安所建立的，实际上就是一个真正的语素理论。普利西安按照色雷斯的狄俄尼索斯的分类体系,把拉丁语区分为意义不同的八个词类。

然而,为了让陈述整体意义清晰,语境中的每个形式都必须具有确切的(句法)功能,特别是那些只有在语境中(如那些无表性标志的人称代词:me ipsum 和 me ipsam)才获取完整意义的形式(性、数、格、时态)。当一些形式"意指有别,构建就是必需的,这样才能把它们区分开来"。比如:当 amet 单独使用时,它是命令式;附带一个副词(utinam),它就成了祈愿式;加上连接词它又变成虚拟式。最后,在承认词的句法功能的前提下,对词的研究仍然应该回归到形式的研究上:"希腊人称之为句法的一切构建,都应该回归对形式的理解。"

所以,普利西安的目的,是使语法研究中纳入的形态学和句法学的成果达到平衡,因为对陈述的全面理解,既取决于其部分的形态范畴,也取决于它们的句法功能。"因此对于词的分布来说,无论是形式还是词的本身,都并不比它们的指意(指意在这里指在句中的作用)更加重要。"所以尽管两卷句法书编排在词类(冠词、代词、名词、动词)卷本之后,作者在讨论词类时,列举大量词类因其句法功能所赋予的某种隐含的补充性语素,从一种词类过渡—替代—到另一种词类的例子:"有必要明白,在一些词类里可以听到别的词类;例如,如果我说 Ajax(阿贾克斯),我亦同时隐示'一个'之意,这是因为它的单数形式所致;如果我说 Anchisiades(安喀塞斯),我会听出词根的单数属格及 filius 的单数主格;如果我说 divinitus,我会听出一个带介词 ex(ex diis)的名词;如果我说 fortior,我会听出 magis 及原级词根。这样的例子不胜枚举,那种认为从 filius 到 Anchisiades 之间存在成分省略的假设是错误的。"我们将会看到,这种替代分析法近似美国现代语法里的分布理论(参见本书第二部分"美国结构主义"一节及其后的章节)。

如果形态学从句法中获得补充，而句法也只是对形态学的添加而已，那么这样产生的集合只有在从属于逻辑的情况下才是成立的。因此逻辑熔接并决定语法，这个立场与希腊设定语言（及其范畴）是超验思维（及其范畴）的传统表达是一脉相承的。有两个依然模糊的逻辑概念，对普利西安的语言思考是必需的：一个是完美言语（oraison parfaite）（有完整意义并可独立存在的言语）和非完美言语（oraison imparfaite）（需要补充方具有完整意义的语词组合："如果我说：*accusat*，*videt*，*insimulat*，这些动词是未完成体，需要加上旁格后才有完整的意义"）概念，另一个是及物性（transitivité）概念（其中含不及物性构建，那是当意义涉及说话人的时候，也有及物性构建，则是当动作施于另一个人的时候，还有独立性构建，那是当动词不需要旁格的时候）。

关于普利西安理论的最后一点说明，正如舍瓦列所写，是他"似乎首先把支配性词类所固有的构建与词义所固有的范畴区分开来。由此，他定义了两种类型的关系"。普利西安的这些观点，使后世把他看作现代语言学理论，如分布理论和生成理论的先驱（参见本书第二部分"美国结构主义"和"生成语法"两节）。我们这里借用舍瓦列所引"生成"的例子，来证明上述论断："主格加上属格表示一个被拥有物和一个拥有者：我们将被拥有物与主格关联，将拥有者与属格关联，例如 Hector filius Priami……我们可以加进一个表示拥有的动词，来'诠释'这个表达方式；迫于动词属性的压力，被拥有物把自己的主格换作宾格，拥有者把自己的属格换作主格，因为动词的不及物属性要求使用主格，而及物属性则要求宾格：Quid est enin filius Priami？ 用'诠释'的方法，我们可以说：Hoc est Hectorem filium Priamus possidet。"

一方面，这个"诠释"法使我们相信，普利西安——在接受语言是一个无可争辩的逻辑体系的同时——一定发现了（永远不变的）逻辑范畴和（变化的）语言构建的不同和非吻合性：正是在逻辑范畴与语言构建的这种间隔中，普利西安的诠释才得以实施。所谓"诠释"，其实不外乎就是对表示同一所指的各种能指成分进行描写。但是这种非吻合性似乎没有质疑以逻辑模式分析语言的有效性，也没有使作者去寻找一种轮到能指改变所指的理论……另一方面，普利西安的诠释法则，如何以其所具有的明晰性和局限性，令人吃惊地联想到现代转换语法：的确，普利西安的模式和乔姆斯基的模式一样，都是基于思维可分割为稳定范畴的原则，这些思维范畴能以不同的语言方式进行表达，但两者之间既可以相互诠释，也可以相互转换。《波尔·罗瓦雅尔语法》(*La grammaire de Port-Royal*)将是继普利西安和桑提乌斯(Sanctius)之后，对这些支撑着语言范畴的逻辑关系范畴所提出的公设，作出明确定义的第一部语法。

普利西安的语法体系成为中世纪所有语法的样板。法国的饱学之士们不遗余力地遵循它的公设，以普利西安的模式思考法语，因为这些模式被认为是普遍有效的，尽管随着时间的推移，它们在以后对其他语言的分析中，表现得力不从心。

10　阿拉伯语法

在中世纪语言反思所取得的伟大成就中，阿拉伯语法占有一席重要的地位。这里所说的阿拉伯语法，是指中世纪生活在哈里发王朝（califat）统治下的各个民族对语言所作的反思。

所有研究阿拉伯文化的专家都一致承认，阿拉伯文明对语言系统是很重视的。有一句阿拉伯谚语是这样说的:"罗马人的智慧在他们的头脑里,印度人的智慧在他们的幻想里,希腊人的智慧在他们的灵魂里,阿拉伯人的智慧在他们的语言里。"历代不少阿拉伯思想家对语言系统的作用多有颂扬,而这些颂扬的初衷,似乎兼有对国家的责任感及对宗教训诫的遵从。伊斯兰教的圣典《古兰经》是一部恢宏巨著,要深得其中的教诲,必须能够译解并诵读它的书写语言。

　　阿拉伯的语言理论以前常被解释为是取自希腊人和印度人,而且大量的事实也证实了这种解释:比如,阿拉伯人也曾就语言是自然发生还是约定俗成的问题进行过争论,而且他们的逻辑范畴和希腊人的一样,也是亚里士多德式的;另外,他们把声音按发音的生理机制和部位(mahārig)分为八个类别,这与波你尼的八个 stana 一致。不过现在普遍的看法是,如果说阿拉伯的语言理论里有借用希腊人和印度人的部分,那么这些借用也主要是逻辑方面的,而语法部分则完全是土生土长的。

　　早在伊斯兰教的第二个百年,在巴士拉(Basra)和稍晚时期的库法(Kūfa),就已经出现首批阿拉伯语言研究中心。阿布·阿斯瓦德·杜尔里(Abul-Aswad al-Du'ali,卒于688年或718年)被认为是阿拉伯语法的奠基人。

　　阿拉伯语言理论的独特之处,是它对语言系统的记音体系的思考。它把语音区分为两组:sadid 和 rahw 为一组,safir、takir 和 qalquala 为另一组。这个语音理论的形成与当时一个音乐理论有非常密切的关系:伟大的哈利勒·伊本·艾哈迈德(Halil al-Farahidi,约718—791)[1]不但是一位博学的语音学家和语法学家,也是一位杰出的音乐理论家。另一

---

[1] 即 Khalil ibn Ahmad。——译者注

方面，阿拉伯人是高明的人体解剖专家，如西伯维加（Sîbawayhi），他们最先对发声器官进行精确描述，并对发声的气流作物理性描写。他们对语言系统的分析详细到已经可以——他们无疑是这方面的先驱者——区分语言系统的所指元素、声音（hart）元素和图形（alāma）元素。他们也把元音与辅音区分，认为元音概念和音节概念是同一性的。辅音被认为是语言系统的本质，而元音则是附属性的。他们在元音与辅音之间建立子类，以区分出更加细微的发音，比如轻音类别huruf-al-qalqualla，作为对阿拉伯人整体语音分类体系的补充。

这种对语音构造的兴趣，即便不是阿拉伯人对其书写系统极其重视的直接体现，至少也是其必然的结果。事实的确如此，阿拉伯文明的一个特征，就是在书写文献里并通过书写文献与宗教对话。对《古兰经》这部用神圣文字写成的神圣典籍的注疏解经，总是伴有对每个图形元素，即字母的意义的所作的神秘的解释。人们把阿拉伯文明这种对文字的倚重，解释为阿拉伯帝国因经济和政治的需要，把自己的语言、宗教和文化强加给遭其侵占的民族。在拒绝仅仅以社会学原因解释一种文字观念的特殊性的前提下，还是应该接受这两种解释（经济和政治的），并关注阿拉伯书写系统在艺术性和装饰性方面的发展。

实际上，阿拉伯文字最早的样本可以追溯到6世纪左右，这是些从周边民族借取的图形符号，还没有表现任何装饰性的讲究，而且对语言基本发音的标注也常混乱不一。随着倭马亚王朝（État omeyyade）的建立，对图形符号外观美化的考虑开始出现。这是一种叫做"倭马亚库法体"（çoufique omeyyade）、非常规则和细致的书写，用于记载自阿卜杜勒-马利克哈里发（Abdal-Malik）以后的各个君王的丰功伟绩。在阿拉伯帝国征服的地区，人们开始学习阿拉伯语言，阿拉伯文字也同《古兰经》一道，成为神圣化的对象。文字不再仅仅是固定话语的工具：它成为一种与宗教仪式相关的活动，一种艺术，各个民族独特的装饰风格都体现在这些图形符号的书写上面。于是，除了实用字体外，各种装饰性字体争芳吐艳，大量涌现出来：有普通书法、加饰物书法、几何笔画延伸书法、花饰书法、鸟兽图形书法、拟人书法等，林林总总，不一而足。然而，在经过一段蓬勃发展时期以后，随着伊斯兰教作为征服性宗教的日渐式微，这种装饰性文字（从12世纪）开始回归到更为朴素无华的风格，至中世纪末期完全消失。但是这种点缀文字的风尚一直延续到现代阿拉伯的文字书写中，在一个由文字体现并维系方言各异的民族的统一性的世界，它的重要性依然如故。

让我们继续讨论阿拉伯语言学说的问题。

词汇学是阿拉伯语言学说里的一个重要分支。伊萨·阿斯-萨可菲（Isa as-Sagafi，卒于766年）是一位杰出的《古兰经》解读学者，一生著书颇丰，有七十余部语法著作留世。

语音、词汇和语义的研究到了哈利勒手里才形成完整系统。他发明了阿拉伯诗律学及规则，已失传，但若干规则散见于一些引证诗句中。哈利勒编写了阿拉伯历史上的第一部语言词典《阿因书》（*Livre Ayna*）。词典中字词的编排不是按字母顺序，而是依照一种复制印度语法对发音排列的语音—生理性原则，如喉音、上腭音等。对学科的分类则遵循希腊理论学科与实践学科相区分的原则。列入理论学科的依此为：自然科学类（炼金术、医学），数学科学和真主学说。语法学排在伊斯兰神学之后，法理学、诗学和历史学之前。

哈利勒的学生西伯维加把阿拉伯语法学推上顶峰。他所

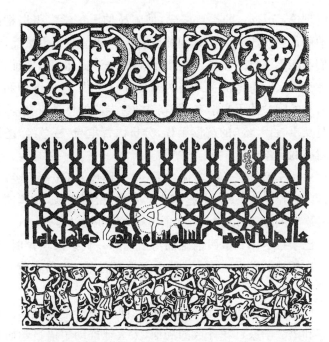

阿拉伯装饰性文字。自上而下：花饰背衬库法体文字、几何图案缘边库法体文字、镌刻在铜器上的拟人装饰性文字。转自珍妮·苏黛儿-托米尼(Janine Sourdel-Thomine)所著《论民族文字和心理》(*L'Écriture et la psychologie des peoples*, Centre international de Synthèse, Éd. Armand Colin)。

著《书》(*Al-Kitāb*)是第一部对阿拉伯语法系统阐述的伟大著作。

人们发现，上述阿拉伯语法学家的学说中没有一个句法理论。他们虽然区分名词短语和动词短语，却没有提出主语和谓语的概念。名词短语中在我们看来是主语的部分，他们用术语 mubtada（以其开始的）表示。动词短语中，谓语的部分用术语 fa'il（因子）表示。需要指出的是，阿拉伯语法的术语中至今也没有"主语"。这个现象与其他众多类似现象一样，代表了阿拉伯语法与众不同的特点，即远离亚里士多德逻辑、拒绝依赖逻辑的范畴分析语言、坚持不脱离伊斯兰宗教固有的理论。qiyās，即类比概念，使阿拉伯语法学家得以把阿拉伯语言组织成为一个其间物皆有因的和谐系统。然而，专家们不能不注意到，阿拉伯语法比希腊语法更加注重实证，与本体论和宗教思考的关系更为密切。哈利勒、西伯维加和其后所有的阿拉伯语法学家，都未曾做过专职的哲学研究，他们都是从事《古兰经》的解读工作，分析语言里与《古兰经》圣训相对应的现象。

库法学派继巴士拉学派之后，更多地投入对《古兰经》的解读。法拉伊（Al-Farra）是库法学派的大语法学家，他发明了一套崭新的术语，以援引诗句的方式来组织语法推理。

巴士拉学派到了西伯维加身后的那一代语法学家时，将有一次辉煌的发展。新一代的语文学家们将在巴格达建立新的研究中心。

巴格达学派到 11 世纪左右时，出现了一个名副其实的理论家和语法学家百花齐放的局面，大大地推动了语言学研究的发展。众多的学者中仅介绍下面几位：穆拜赖德（Al-Mubarrad）的努力使西伯维加的《书》成为所有语言研究的基础资料；词典学家塔拉卜（Ta'lab）是语法界各次重大争论的推崇者，等等。奥斯曼·伊本·吉尼（Osman Ibn Ǧinnǐ，941—1002）著有《[语言]艺术的奥秘》（*Sirr sinā at āl'-i' rab*）一书，他在书中对字母的本质、其自身功能及与词中其他字母结合时的功能作了定义。他还写了一本名为《论特征》（*Hasa'is*）的书，阐述语法学的原则。伊本·马利克（Ibn Mālik，1206 年生于西班牙，1274 年卒于大马士革）的成就完成于这一时期的末尾。他著有《阿拉伯语法》（*Alfiyya*）一书（西尔韦斯特·德·萨西 Sylvestre de Sacy 的以法文出版的书名是《*Alfiyya* 抑或阿拉伯语法之精髓》，*Alfiyya ou la Quintessence de la grammaire arabe*，1833）。这是一部关于语法的千句诗歌,作为教材使用。马利克在书中阐述他的形态学理论,他把词区分为三类:名词、动词和虚词,但他主要关注的是对词的曲折变形(israb)的研究。他的这种研究已经进入了句法的领域。

这期间,由于上述语法学家的努力,西班牙成为另外一个构建阿拉伯语法的重要舞台。但是伊本·吉尼之后的研究缺乏原创性,仅满足于转述和组编前人的研究成果。值得注意的是,所有的研究都是以所谓真本或沙漠阿拉伯语为对象,即用贝都因语写成的诗歌(la poésie bédouine)和《古兰经》中的语言,从未包括以后的诗歌和散文作品。

此后的欧洲语法学家,如雷蒙德·吕肋(Raymond Lulle, 1235—1309)和 J·C·斯卡利杰(J.-C. Scaliger),都曾对阿拉伯语法表现出兴趣。人们今天认为,词根和曲折变形的概念源自阿拉伯语法。

11 中世纪的思辨

我们觉得,中世纪的语言观可以体现在下面两个方面。

其一是语言学对"野蛮"语言兴趣的觉醒,具体表现在为这些语言制定标音系统,发表为其生存权呼吁的文章,翻译《圣经》,甚至编制语法,为这些语言提供基础的构建规则。

其二是在基督教的背景下,语法理论对希腊—罗马传统的进一步发展,导致产生了把语言看作能指系统的语言观:意指方式成了中世纪思辨的对象,为波尔·罗瓦雅尔语法学派的逻辑做好准备,并宣告了关于符号的现代辩论的开始。语言通过意义反映(犹如一面镜子:speculum)现实世界:那么这种思辨是以怎样的方式进行的?这便是中世纪语法的理论命题。

2世纪至4世纪之间的一段时期，野蛮民族开始创造自己的文字。这些新创造的文字独立发生，其间夹杂从拉丁（或希腊）文字的借取；这是些拼音文字，如凯尔特人的欧甘文字（oghamique）、日耳曼人的如尼字母（runique）。

如尼字母是刻在木头上的字符，每个符号由一条竖向笔画和若干横向笔画构成。古日尔曼如尼字母表分为三组，每组有八个字母；斯堪的纳维亚的字母是如尼字母体系的最新变种。如尼字母的使用和占卜活动及巫术仪式有密切关系。

哥特字母出现于4世纪，是一套以希腊文字和如尼文字为基础的字母系统，由把福音书翻译成哥特语的乌尔菲拉（Wulfila，311—384）主教创造。

欧甘文字可以追溯到4世纪左右，曾广泛使用于爱尔兰南部地区和威尔士。这是些刻在石头上、由一组一组笔画构成的字母，字母之间以笔画数量多少和笔画的走向相互区别。

斯拉夫人在10世纪创造出了自己的文字。这项业绩是由斯拉夫籍的拜占庭基督教教士西里尔（Cyrille，827—869）和麦托丢（Méthode，卒于885年）兄弟两人共同完成的。他们于864年受命到摩拉维亚传播福音。事实上，当时的斯拉夫人为了摆脱德国和天主教的统治，请求拜占庭皇帝用斯拉夫语言为他们传播正统福音。为了能够用斯拉夫民族的语言布道，这对兄弟必须把福音书翻译成斯拉夫语言。他们以一种在哈扎尔发现的古文字和希腊文字为蓝本，创造了被称作格拉哥里（glagolitigile）的斯拉夫字母。西里尔文字（écriture cyrillique）是后来在格拉哥里字母简化的基础上形成的。

欧洲各个民族纷纷在这一时期创造出自己的文字。这种现象反映了两个与语言相关的事实。首先，一种以语言为国家属性、民族表达和政治独立的保障的意识开始形成。在这种意识的驱使下,当时甚至有理论学者大胆地公开反对希伯来语、希腊语和拉丁语神圣性的公设,强烈要求承认本民族语言的完整权利。例如,9世纪的保加利亚作家科拉博(Khrabre)在其演讲录《论字母》(*Des lettres*)中写道:

> 希腊人没有字母来拼写他们的语言,只好用腓尼基字母书写他们的讲话……可是斯拉夫的书典,那完全是圣康斯坦丁,又称西里尔,独自一人在很短的几年间创造的:他们(希腊字母发明者)人数众多,七个人花了很多时间创造字母,六十六个人翻译(把圣书从希伯来语翻译成希腊文)。而斯拉夫字母更圣洁更荣耀,因为那是由圣人所创造,而希腊字母是些异教徒发明的。
>
> 如果你问希腊人:谁创造了你们的字母,翻译了你们的圣书,是在什么时候?他们很少会有人知道答案。但是如果你问任何学习斯拉夫字母的学生,所有学生都会知道,都会答道:是哲学家圣康斯坦丁,又称西里尔,是他和他的弟弟麦托丢创造了字母,翻译了圣书……

另一方面,单从语言学层面考虑,这些字母体系的出现,是经过将声音链细致分析为最小成分后的结果,偶尔还伴有明确的语音理论阐述,实在是现代音位学的先声。史洛里·斯图拉松(Snorri Sturluson)关于冰岛语言记音体系的著作《埃达》(*Edda*),就是一例。裴特生(*The Discovery of Language*,1924,英译本,1931)称其"以拼字改革建议的方式,写出一篇绝妙的语音学论文,是对古北欧语言发音的描写,今天依然对我们有启示意义"。

至于对语法本身的思考,当时主要集中在拉丁语上面,而其他语言语法的编制,则是在中世纪的末期开始,到了文艺复兴时期才切实完成。整个中世纪时代，博学者们都在注解多纳图斯和普利西安的文本，解读圣经武加大译本（Vulgate）。有关拉丁语语法的著作，可列举出以下几部：来自艾萨姆的神父、英国人埃尔弗里克（Aelfric）于1000年撰写的语法；巴黎大学皮埃尔·海利（Pierre Hélie, 1150）写作的六步格拉丁语法概要（海利同时认为，世界上有多少种语言，就有多少种语法）；还有亚历山大·德·维尔迪厄（Alexandre de Villedieu）著名的《儿童语法教义》（*Doctrinale puerorum*, 1200），也是用六步格诗歌写成。

最后这部语法是以逻辑规则定制语法教学的典范之作，发扬了自普利西安开始、到波尔·罗瓦雅尔学派时达到巅峰的这条语言研究隶属逻辑原则的思路。语法学家以这种逻辑角度审视语法，就必须在研究中突出语言各个成分之间的关系，最根本的是突出语词的次序和形态。次序决定逻辑功能。比如："在不及物结构中，主格必须支持动词。"在否定句中，否定必须置于动词之前。如果句中位置决定逻辑功能，那么不变形态的作用也同等重要。德·维尔迪厄确定了两个支撑整个句子意义的此类形态：名词和动词。

名词—动词关系，也称支配关系，衍生六个基于意义层面而非语法形态变化的语格。产生于这种语法—逻辑对应观念基础上的，是一个名副其实的语义学。句法的基础是支配：正如舍瓦列指出的，这是一种建立在主动词，即支配词，与被动词，即被支配词之间的关系。句法分析不考虑大于名词/动词二元组合的单位……德·维尔迪厄的语法教义影响巨大，一直延续到16世纪。

我们前面提到，中世纪思辨语法把语言研究视为一面镜子，反映不可直接达及的世界的真实存在。于是为了发现这个隐藏的"意义"（senefiance），这些研究后来演变为"意指方式"(modi significandi)语法。其主要目的之一,是界定语法脱离逻辑后的涵盖范围。两者的区别在于,逻辑一般区分真伪,而语法则发现思维在语言表达中的具体形式,换言之,是内容与形式之间的语义关系。那么这个担负确定(或表达)思维概念责任的语言系统是如何组织的?答案是:语言的轴心建立在名词和动词这两个支撑点上,一个表达静态,另一个表达动态。动词具有主要和关键的作用。海利把动词的这种作用比作军队的将军:"动词支配着句子:支配,就是在一个句法结构中随带另外一个语词,来完成这个句法结构。"于是名词和动词的结合构成短语。短语是一个结构复杂的概念,所以它是句法的研究对象。显而易见,这其实只是一种从属于形态学的句法:逻辑语法套用了亚里士多德本质与属性的概念,把语言视为形态变化的语词的结合体,而句法仅仅是用来研究这种形态变化的。

严格意义上的"意指方式"理论认为,事物的存在以其"存在方式"(modi essendi)的属性,导致对"存在方式"属性本身的心智活动或理解,即"认识方式"(modi intelligenti)。紧接后一种方式的,是把完美的理解包装在一个理性的外壳,即符号之内,这样构成的便是一个"意指形式"(modus significandi)。对此,西热·德·古尔泰(Siger de Courtrai)在他的《意指方式大全》(*Summa modorum significandi*, 1300)是这样定义的:"主动意指方式(mode de signifier active)是心智赋予物质形式的一个因子(ratio),于是,某种物质形式就可以表示某种存在方式(mode d'être)。被动意指方式(mode de signifier passif)就是通过主动意指方式的作用,或者通过所指与事物本身的关联,由物质形式来表示的那个方式的本身。"作者举了下面的例子:一个物件,比如说,木柜上的一件红色木饰,刺激了心智,人就会说:"红色面板。"心智赋予这个词某种功能,即指称心智专注的那个事物的功能。以话语（vox）方式表达的词（dictio）只是表达指称者的这一视角。与话语—声音不可分割而相联结的是意指，因为心智赋予语言符号以意义，而语言符号则表达存在的一个部分。面板的红色，在别的情况下，由于心智的作用，可以表示葡萄酒这种深红色的饮料。附着在词上的这种随意成分，被语法学家称作意指方式……（参见 G. Wallerand, *Les oeuvres de Siger de Courtrai*, Louvain, 1913）

西热·德·古尔泰建立起的这种声音—概念关系，是话语意指方式的核心。基于这个关系，他创立了言语符号的理论。

意指方式区分为下列两类：1）绝对（absolutus）意指方式和相对（respectivus）意指方式，它们是句法的基础；2）本质性（essentialis，包含普遍性的和特殊性的）和属性（accidentalis）意指方式。以上各种方式的组合产生出词类及它们的形态。

中世纪有关符号和意指的理论在今天很少有人研究，我们对它们的了解也非常有限。这方面的信息之所以匮乏，部分原因是因为文本复杂，但更主要的可能是因为这些文本与基督教神学论关系密切（圣奥古斯丁持此观点）。我们因此失去的，可能是西方在意指过程方面所产生的最为丰富的研究成果，加之后来随着资产阶级的兴起，形式主义成为主流意识形态，也对这些资料进行了查禁。

到了今天，符号学继承科学的语言学传统，也继承了历史上积累的大量有关符号和意指的理论和哲学方面的研究成果。它重新捡起并重新解释意指方式、意指生成（signifiance，见于雅各布森、本维尼斯特、拉康的理论）方式等概念。然而，如果我们将这些概念剥离它们的理论基础，我们就会面临一个问题，即如何在今天的条件下——经历了几个世纪的遗忘和狭隘实证主义之后——来研究这个意指形成的复杂领域,并总结出它的模式、类型、方法。中世纪思辨语法(grammatica speculativa)和意指方式方面的著述,我们只要把它们重新解释(甚至可以把它们完全颠倒过来,放在唯物主义的基础上进行理解),就可以视为这一领域的先导之作。

大艾伯特(Albert le Grand,1240),托马斯·德·爱尔福特(Thomas d'Erfurt,1350)等,是另外几位需要提及的"方式主义者"(Modistes)。

这些理论家所作的拓展工作,并没有根本改变多纳图斯和普利西安关于语法的命题。他们的贡献仅在于对语言进行了更为彻底的逻辑审视,而由此产生的语义学,说到底,为将语言的构成作为一个形式的整体来研究,铺平了道路。

思辨语法和意指方式方面的一些著述,如后来被莱布尼茨纳入其"通用语言"(Caractéristique Universelle)的构想的吕肋的语义组合理论,是一些高度完善的语义学论著。据说吕肋加入方济会之前,在雅克·德·亚拉贡(Jacques d'Aragon)的宫廷度过青年时代,与阿布拉菲亚(Abulafia)倡导并实行的卡巴拉修炼法有过接触。无论如何,在他的著作中可以感受到卡巴拉的影响,仅举他在书中对其方法的定义便可见一斑:用机械的方法把那些表达最抽象、最普遍概念的名词进行组合,以这种方法来评价命题的正确性并发现新的真理。另外他对东方语言的兴趣及对其普及的关心,也很能说明问题。

谈到中世纪的语言理论,不能不提及这些理论发展的哲学背景,即发生在实在论者(réalistes)与唯名论者(nominalistes)之间的那场具有时代标志性的著名辩论。

实在论者以约翰·邓斯·司各脱(John Duns Scot,1266—1308)为代表,拥护柏拉图和圣奥古斯丁的无限存在的真实性、事物只是其外现的论点。至于语词,它们与理念或概念有内在关联，概念在词产生的即刻便存在。

唯名论者以威廉·德·奥卡姆（Guillaume d'Occam，约 1300—1350），及阿贝拉尔（Abélard）和圣托马斯（Saint Thomas）为代表，支持个别事物真实存在的观点，认为一般概念（l'universel）只存在于认识主体的灵魂中。在语言层面，他们质疑概念和词的对等性。词是与个体相对应的；在"人跑行"这个句中，并非是词（suppositio materialis）亦非人类物种（suppositio simplex），而是具体的一个人在跑行：这个假定叫做 suppositio personnalis。奥卡姆主义（occamisme）在这个假定前提下，构建了言语中名词或项的功用学说，这个学说的名称唯名论（nominalisme）或唯项论（terminalisme）便是由此而来的。

中世纪末期另一个标志性事件，是语言观中出现的一个新的变化。兴起于 10 世纪初的捍卫民族语言运动，又增加了一个新的关注点：为这些语言制定适合它们特点的语法。这类语法有沃尔特·德·比伯斯沃思（Walter de Bibbesworth）于 14 世纪编纂的第一部法语语法《法语学习》（l'Aprise de la langue française）。他的行吟诗歌格律《语言法则》（Leys d'Amour，1323—1356）中的一个章节，就是一部奥克语语法。1400 年，几个博学的教士编写了当时最完整的法语语法《法语多纳图斯》（Donat français）。除此之外，正如 G·穆南（G. Mounin, Histoire de la linguistique des origines au XX siècle, 1967）指出的那样，一种新的语言历史观出现了，虽然它还远未形成像后来 19 世纪出现的那种语文学或比较法的语言史观。比如，但丁（Dante，1265—1321）在他的《俗语论》（De vulgari eloquentia）一书中，不但为民族语言辩护，而且抨击拉丁语，说它是一个人造的语言。另外，诗人注意到意大利语、西班牙语和普罗文斯语（provençal）之间的亲属关系,并且断定——他是第一人——这些语言同出一源。但丁对俗语的赞美,实际上不仅仅是对意大利言语语言的赞美和对拉丁语的抨击,而且也是在赞美语言的原始性、逻辑性或自然性的本基,总而言之,是赞美它以后数百年间被人们力图得到并保留的那个普遍性的本基。下面我们来看看但丁自己是如何定义语言的这种本基的(引自1856年的法文译本),从他的言词中,我们已经可以听到笛卡尔派和百科全书派的声音:

> 我们所说的俗语,就是婴儿在开始能辨别字音时,从看护他们的人那里听到的语言,说得更简单一点,也就是我们不通过任何规则,从乳娘那里所摹仿来的语言。后来我们又有了第二种语言,这是一种加工过的、被罗马人称之为语法的语言:即他们和希腊人及其他民族所掌握的语言。这种语言只有少数人才能学会,因为要了解一个语言的规律并用它论述问题,就必须花很多的时间并下很大的功夫去学习它才行。
>
> 在这两种语言之中,俗语更加高贵,或许因为它是人类交流的第一位助手;或许因为全世界绝大多数人都在用它,尽管在各个地方的语言里,句法和词汇都不相同;最后,也或许是因为它对于我们来说是自然的……
>
> 人类要把自己的想法与别人沟通,就不得不使用既高度理性又非常感性的符号;说符号是理性的,是因为它要从理智那儿获得一些东西,还要把一些东西传达给理智;说符号是感性的,是因为我们人类要互相交流心智,除了通过我们的感官以外没有其他的办法。而我们这里所说的俗语,就是这个符号;俗语因它的声音性质,是感性的,又因为概念是它的内在意义,所以它也是理性的……

于是，在中世纪即将结束之时，拉丁语作为母源语的根基开始动摇，人们的兴趣转移到了民族语言上面，并将不断地在其间寻找语言共同的、自然的或普遍的基础，即一种俗常的、基本的语言。与此同时，对这些新语言的教授，将为后来的文艺复兴运动开启新的视野和激发全新的语言观。

12　文艺复兴时期的人文主义者和语法学家

文艺复兴彻底地把对语言的兴趣转向了对现代语言的研究。尽管拉丁语仍然是思考所有地方语言的模型，但它已远非是唯一的模型，此外，建立在拉丁语上的理论遭到重大修改，以便能够解释不同俗语的自身特点。

人们之所以研究俗语，正如但丁所言，来因为它们有共同的起源和逻辑基础。约阿希姆·杜倍雷（Joachim du Bellay，1521—1560）在其《保卫与弘扬法兰西语言》（*Défense et illustration de la langue française*）的宣言中，把巴别塔的传说归因于人类的无定性，并认为不同语言"并非天生就有良莠之分，低下者如野草，残缺而羸弱；高贵者如大树，圣洁且健壮，亦更适合承担人类思想之重负"，他接着宣称："这（在我看来）就是为什么不应褒扬一种语言而责备另一种语言的一个重要的原因，因为它们都来自同一个源头，出自同一个起因：它们都是人类思想的产物；它们形成的动因和目的是一样的：就是为了在我们之间表达精神的观念和智慧。"任何语言都具有的这种合乎逻辑的使命，支持了杜倍雷如下的论证和建议："法兰西语言并非很多人认为的那么贫乏"，必须要"以古希腊和古罗马的作家为榜样，弘扬法兰西语言"。

语言学领域的扩大，必然地导致了对中世纪末就已经出现的历史观念的分外的重视。G·波斯特尔(G. Postel)发表了《论希伯来语言和民族的古老起源以及各种语言的亲属关系》(*De Originibus seu de Hebraicae linguae et gentis antiquitate, atque variarum linguarum affinitate*, Paris, 1538)。G·B·巴良德尔亦撰著《论所有语言的基本共同点》(*De ratione communi omnium linguarum et litterarum commentarios*, Zurich, 1548)。作者在书中研究了 12 种语言，发现这些语言都源自同一个语言：希伯来语。语言学域界的开放，使一些稀奇古怪的理论纷纷出世：乔姆布拉里(Giambullari)"证明"佛罗伦萨方言(florentin)由伊特鲁里亚语(étrusque)演变而来，后者则产生于希伯来语(*Il Gello*, 1546)。约翰内斯·比卡纽斯(Johannes Becanus, *Origines Antwerpinae*, 1569)"论证"佛拉芒语(flamand)为所有语言的源语，等等。在这些语言学的探索中，有些是把作者自己研究的俗语与公认的完美语言希腊语和拉丁语进行对比，目的是为了证明俗语的价值。亨利·艾蒂安(Henri Estienne)便是其中一例(*Traité de la conformité du français avec le grec*, 1569)。父亲为语法学家的约瑟夫·尤斯图斯·斯卡利杰(Joseph-Just Scaliger)，更是从比较研究的角度，对语言进行类型学的分类，写下了《欧洲语言的支系研究》(*Diatriba de europearum linguis*, 1599)。此外，语法学研究的对象转向诸如希伯来语或现代语言，使学者们不得不面对一些特殊的语言现象(如无语格、词序等)，对这些现象的解释将对语言思考本身作出显著的修正。

文艺复兴时期语言观的另一个特点，无疑是对修辞学和那些可以比肩甚至超越古典作品的创新的、精致的或有力度的语言实践所表现出的兴趣。换言之，人文主义传统不把语言看作仅仅是学术研究的对象,而是把它当作一个有血有肉、有声有色的生命,是文艺复兴之人实践肉体自由和精神自由的活生生的肌体。这里,我们似乎听到了拉伯雷(Rabelais,1494—1553)对"索邦才子"(sorbonnards)发出的讥笑声,看到一个痴迷大众语言、反抗语法规则的他,把文学的舞台奉献给梦幻故事、双关语谜、讽刺剧、文字游戏、市井言谈、狂欢节里的笑声……还有伊拉斯谟(Érasme,1467—1536),他的《愚人颂》(Éloge de la Folie)和他所处的整个时代,都深刻地体现了一个其时业已坚定的信念,即语言运作所具有的复杂性,是逻辑规则和中世纪经院主义所意想不到的。

然而,对文艺复兴时期语言观影响最为深刻的,是语言成为教授的对象,而且这种现象在当时已经非常普及了。我们上文中提到,在历史的某个时期或在某些文明里,语言属于一种普遍的宇宙论的范畴,与人体和自然界不相区分。而后,它被从它所代表的外部世界分离出来,成为专门的研究对象。与此同时,人们也开始教授语言,特别是在希腊人那里:即把语言的规范灌输给语言的使用者。这样一来,语言既是教授的内容,也是教授的手段。两者之间的这种辩证关系发展到最后,教授的手段反倒重新塑造了它原本的认知对象。一个经济蓬勃发展的资产阶级社会,要求教育必须将清晰性、系统性和效率性纳入教学,这些新的教育思想最终获胜:中世纪式的思辨得到抑制,希腊—罗马传统的语言科学得以从各个角度被重新表达。

伊拉斯谟不信任推理思维,他重视惯用性(usage)和形式结构,并视其为教育者的基本原则。他所表达的对教育的诉求,把语言的研究导向了某种形式经验主义:重事实、重使用,极少顾及理论。G·瓦拉(G. Valla)写道:"语法比任何学科更少需要理论而更多需要观察。"勒布里哈(Lebrixa)也强调:"不应该给所有的现象都找出一个理由。"而由此产生的教学方法,如对图表、清单的使用及删繁就简的原则等,也为即将出现的形式主义开辟了道路。

16世纪初期出现了一些颇有影响的有关这类语法的著述:伊拉斯谟的学生比韦斯(Vives,1492—1540)所著《语法12卷全本》(*De disciplinis libri* Ⅻ);德波泰尔(Despautère)的《句法》(Syntaxis);伊拉斯谟的《论词类构成的八种形式》(*De octo orationis partium constructione*),等等。法语成为语法学家青睐的研究对象,《法语规则》(*Principes en Françoys*)、《动词的性质》(*Nature des verbes*)等专著相继出版(1500年左右)。西蒙娜·德·科琳(Simone de Colines)和勒菲弗·德·埃塔普勒(Lefèvre d'Étaples)于1529年发表《语法志》(*Grammatographia*),开宗明义道:"众所周知,借助人们称之为宇宙志的一般性描述,任何人都能很快掌握了解整个世界的知识,而如若仅靠浏览群书,即便耗费大量时间,也未必能达到同样的效果。同理,这本语法书亦会使读者在很短时间内就能了解语法的全貌。"

这一时期的经验语法有一个重要的特点,那就是它们的内容主要是关于形态学的。它们研究语句的成分:名词、动词等。但正如舍瓦列指出的,这些词是放在"语境"(en situation)中研究,而语境的形式坐标则由语法详细制定。词序、支配关系(repports de rection)(受支配项、支配项、单项支配、双项支配等)的研究,最终导致建立了真正的句子结构,不过人们仍然首先套用逻辑关系来对应这些语法结构。

限于篇幅,我们显然不可能在这里一一列举文艺复兴时期所有重要的语法著作。那将是一项浩瀚的工程,对一个仍然有待构建的语言学的认识论来说,无疑也是极为重要的,但这却超出了本书的范围,因为我们的初衷仅限于为语言思考演变的主要时代勾画基本轮廓。所以我们下面仅介绍这样的一些语法学家,虽然他们的研究成果总体上没有明显差别,但都以以17世纪波尔·罗瓦雅尔语法为代表的语言研究的重大转变进行了铺垫。我们将要下文里看到,一个形态学的语言观是如何演变成为句法学的。

雅克·杜布瓦(Jacques Dubois),别名西尔维于斯(Sylvius),是公认的法国多纳图斯,《拉丁语、法语双语语法入门》(*Isagôge — Grammatica latino-gallica*)一书的作者。他试图在这本拉丁语—法语双语著作中把拉丁语中的形态范畴应用到法语上面。他不但把语句分割到词,而且也在更大的语段层面寻找两种语言之间的对应关系。由此可以推断,西尔维于斯认为所有的语言都有一个相同的深层逻辑共相(un fond d'universaux logiques communs),以支撑这些语言里的各种组合。西尔维于斯把亚里士多德在其《工具论》(*Organon*)中所阐述的词类分级方法运用于以这种方法建立起来的逻辑框架:一个词类被表达的方式的数量越多,它的重要性就越大(如名词和动词与介词和连接词相比更为重要)。在确定了拉丁语和法语相对应的语段后,西尔维于斯着重强调了那些构成整体并将语段连接起来的符号,如冠词、代词、介词的作用。于是,他在法语句段各词项与拉丁语对应句段各词项之间建立了一种功能性对等关系——同时也是逻辑性对等关系,并以此为根据,坚持认为法语有性、数的变化:"我们从希伯来人那里借取的性和数的变化,就像它在希伯来人那里一样,是非常简单的;要表示复数,只需要在单数形式后面加一个S并知道与之配合的冠词就行了。冠词的数量也很有限,我们从代词和分句里将它们全数找到了。"西尔维于斯不惜一切地要建立法语与拉丁语法的对等关系——出于他对两种语言之间逻辑对等关系的考虑——所以他在指出法语语法和拉丁语语法的区别的同时,把词尾变化的概念也用在对法语语法其他部分的描写上，并因此看重介词，尤其是冠词在法语词尾变化体系中的作用。

我们下面将要介绍一位这样的学者及他的成果，是他继续了西尔维于斯的努力，终于在语言研究中树立起一种严肃的理论和系统的学术态度，并因此弥补了经验主义缺陷。但在这之前，先让我们简要介绍泊尔斯格雷夫（Palsgrave）在英国出版的语法《法兰西语言释疑》（*Eclarcissement de la langue françoyse*，1530）。这部著作承袭利纳克尔（Linacre, *De emendata structura*）、伊拉斯谟、加萨（Gaza）等作者的传统，旨在为一种远未达到稳定状态的语言定义出组织规则。

然而 16 世纪后半叶的标志性成果当属 J·C·斯卡利杰的《拉丁语考原》（*De causis linguae latinae*，1540）。尽管这部著作只是研究单一的拉丁语言，但它具有跨时代的意义，确实是那个时代语言学严谨性的完美典范之一。正如书名所示，语法学家的目的是发现语言组织的（逻辑）动机（causes），而对这些动机进行系统分析则是他的初衷。和所有的人文主义者一样，他格外注重习惯用法，相信资料和事实；但他亦同样重视事实背后并决定事实的原由（raison）。然而事实却与他的初衷相反，他所有的研究都是以考证语言形式产生前的合理性，即 *ratio* 作为主要的理论意图。"词是灵魂意念的符号"，这个定义贴切地体现了斯卡利杰所秉持那种语言观，即后来笛卡尔主义者所说的，语言表达固有观念。

斯卡利杰虽然坚持"语法是使说话符合习惯的科学"，但他亦同样强调"虽然语法学家也重视所指（significatum），认为它是一种形式（forma），但他这样做并非是为了自己的利益，而是要把研究的结果交给那些职业是探索真理的人"。这些人当然指的是逻辑学家和哲学家，而且我们也知道，对斯卡利杰和整个的语法传统来说，语言系统的研究不是目的，亦不能自主,它只是其隶属的认知理论的一个部分。但是这样做的同时,斯卡利杰也在试图为语法学划出自己的领地,于是他首先强调语法学是科学而非艺术。一方面他的语法学仍隐含地沉浸于某种逻辑的程序之中,另一方面他又将它与逻辑科学区分,将判断科学从语法学里排除出去。他亦将语法学区别于修辞学和对作家的诠释,以便最终将其建设成为一门规范性的、对语言纠偏求正的语法学科,这将是一个双重性的语法学:它既研究成分(形态学)亦研究成分的组合(句法学)。

这样的一种语法学要怎样地来建设呢?"语词,斯卡利杰写道,具有三重变化:其一为授予形式(octroi d'une forme);其二为组合搭配(composition);其三为真实性(vérité)。真实性指陈述符合其作为符号所指代的事物;组合搭配指成分在相应分句里的结合;形式则由创造(creatio)和派生(figuratio)①完成。"因此,语法顺理成章地应该提供三种类型的解释(rationes):"一是对形式的解释,二是对意指的解释,三是对构建的解释。"

斯卡利杰的著作自始至终流露出一种受亚里士多德逻辑启示的对系统化的考虑。分析应该从部分开始进而达到整体的合成;这个方法较好是"因为它遵循自然的次序;它较好是因为它凸显了大师(tradentis)卓越的精神,亦因为成分必须先按照既定次序排列完毕,方有精神的加工"。

基于这些思考,斯卡利杰把语言成分划分为不同的类别:首先是词的成分(他们可以是简单的,如字母,亦可以是复合的,如音节),然后他显然想到了某种处于词之上的言语单位,即短句和短句的子集,因为他在这个高一级单位里区分出名

---

① 在此谨感谢 M·J·斯特法尼尼(M. J. Stefanini)为我们提供他尚未发表的对 J·C·斯卡利杰如此晦涩难懂的文本的法文译作。

词和动词,"我无法向你们展示哪些成分粘集以形成人们称之为词的东西:这些成分可以说是按照某种普遍的给定条件(une donnée universelle)被划分到某个种类的"。显然斯卡利杰不愿意依功能和在句中的位置来分析词类,而是依它们的逻辑意义("普遍的给定条件")来区分它们。

不过这里存在着一个后来由潜隐于形态深层的句法推论填补了的界定上的缺口:如果说逻辑给定容易定义,那么语言的给定就不那么容易定义了,况且语言的给定并不完全切合那个原初被认定具有决定性的逻辑范畴(那个动机)。产生于两者之间的这个差距,将由替代(substitutions)、修饰(modifications)、转换(transitions)等方面的分析填充。句法在这里呈现出比之前的语法家那里更加清晰的轮廓,尽管它仍然和在这里被称为语源学的形态学,即研究派生、词尾变化、动词变位的科学缠绕交织在一起。以上的分析表明了斯卡利杰对语言整体内部各个语项的功能进行研究的兴趣,及他对形态学预设和现成的定义的反对态度:"由于完美的科学不会满足单一的定义,并同时要求了解事物(affectus)所呈现的各种情态,所以我们将要介绍古代作者对每一个成分的形态的看法及我们自己对此的想法。"另外他也说:"没有比钟情于定义的语法学家更背运的人了。"

斯卡利杰的阐述,沿袭了文艺复兴时期语法学家的层级顺序:

1. 声音:他把音位分割为组成成分:Z=C+D,并遵循字母(元音和辅音)从希腊语向拉丁语过渡时期及拉丁语言演变过程中的变化。

2. 名词:名词首先以其逻辑动机,被从语义上定义为"恒久事实的符号","它似乎本身就构成认知的动机"。然后将名词与其他词类,如代词,进行比较,而它的全部面貌则通过运用类(espèce)、性、数、修辞格(figure)、人称和语格等修饰手段呈现出来。由于语格的问题涉及支配关系和词在整个句子中的功能作用——与其承载的语义无关,所以它已经属于句法考虑的范围了。

3. 动词则应该是"从时间角度审视的某一事实的符号"。动词分为两组,一组表示动作(action),另一组表示情感(passion),而且两组里的动词可以互相替换来表达同一个所指。斯卡利杰讨论了动词的时态、形态、人称和数。他特别注意到,如果动词类别背后的逻辑原由(意念)相同,它们就可以互相替换。例如:凯撒战斗→凯撒正在战斗→凯撒在战斗中(Caesar pugnat→Caesar est pugnans→Caesar est in pugna),就是大量例句中的一个。这些例子为波尔·罗瓦雅尔语法的出现做好准备,是现代转换语法的原型。

4. 代词:"与名词没有意指义上的区别,只有意指形式的区别(modus significandi)。"

斯卡利杰频繁运用意指形式,把他的推理建立在语义的基础上。所以他要找到的是 logique vocis ratio——或每个词的动机。同时他不把语言看作是零碎孤立的单位,而是分析更大的组合,这已是句法分析的雏形,"因为真正的意义存在于陈述之中,而非孤立的词中"。斯卡利杰的著作风格犀利,激烈反对前人的理论,并不断对同时代的学者提出质疑,他称其著作是"一本非常创新的书"。事实上,斯卡利杰的这部著作的确是综合语义和形式理论的典范,亦是以有限数量的构建(通过建立在逻辑基础上的接合与替代手段)精确表达语言系统组织的典范。

法语语法随后的里程碑式成果,计有梅格雷(Maigret)、艾蒂安、比佑(Pillot)、卡尼尔(Garnier)等的著作,而其发展的巅峰之作,则是拉米斯(Ramus)所著《辩证法》(*Dialectique*,

1556)和《语法》(Gramere)。

拉米斯对基本方法论的注意,体现在他的研究方法上,即一方面顾及普遍原因(语言构建的逻辑基础原则),另一方面亦考虑经验,或如他所说的"个别的归纳"(induction singulière)。他对后者作如下定义:"通过运用进行实验,通过阅读诗人、雄辩家、哲学家,简言之,通过阅读一切杰出人士的作品进行观察。"所以,拉米斯的推理,将是在原因与运用、哲学原理与语言观察之间进行往复不断的思索。"如果人对艺术博学而对实践无知,这将犹如他(亚里士多德)所说的普拉松的水星神雕像(le Mercure de Plasson),不知道科学究竟在外面还是在里面。"(《辩证法》)

《辩证法》和《语法》可以说是两部互为补充的姊妹篇作品:《辩证法》批驳超越语言系统的思维,而《语法》则研究思维又是如何反过来被超越的。逻辑与语法不可分割,语法在逻辑的背景上发展。"辩证法有两个部分,即创造(invention)和判断(jugement)。第一部分宣示构成一切判定(sentence)的各个部分。第二部分揭示这些部分组合的方式和类型,所以第一部分是语法,讲授词类,第二部分是句法,描写词类的组构。"舍瓦列非常正确地指出,逻辑作为广泛背景的组织脉络,被假设为语言系统的基础,所以句法从逻辑这一普遍原因中获益匪浅;但是这种"获益"走不了太远,因为它阻碍了句法成为自主的科学:句法将不断地被迫回头引证词的语义—逻辑定义,换言之,引证形态学。

形式语法受到了来自自身原则的威胁。

拉米斯对思维/语言之间关系的看法中有一点很重要:在将思维和语言等同化的同时,拉米斯是根据他对言语所形成的意象来审视思维的,即把思维看成是线性的(une linéarité)。这样做的直接后果,是他"以三种相异却又可互为替代的类型作为陈述的基本模型：充分动词短语(phrase à verbe plein)；'是'动词短语(phrase à verbe être)；否定短语(phrase négative)"，从而建立了三个可相互替代的典型句型。判断和三段论分析提供思维的构成成分及其组织结构，并因此指导了语法思考，为方法(méthode)提供了基础。而后者则需要对陈述行为(énonciation)本身进行精确的观察之后才能最终建立。逻辑与语法之间的辩证关系为一个忠实于"自然"的方法进行了奠基，让我们看看拉米斯是如何为其定义的：

假设所有的定义、分布、语法规则均已发现，其中的每一个都得到正确的判断，而且把所有这些定义和规则都写在不同的小木板上，然后把这些小木板全都翻过去搅乱，放在一个罐子里，就像玩"摸白板"①游戏那样。现在我问，辩证法的哪个部分能教我如何整理这些混乱了的规则，恢复它们次序？首先，创造的整个过程是不需要的，因为所有的东西都已经被发现：每个具体的陈述行为都已被论证和判断。这里既不需要陈述行为的第一判断也不需要三段论的第二步骤。剩下能用的只有方法及某种搭配方式。辩证学家将会在自然方法的引导下，在罐子里摸出语法的定义，因为它最有普遍性，所以它被放在首要位置。"语法是正确说话的学说。"接下来他会在那个罐里寻找语法的部分，把它们放在第二重要的位置。"语法分为两个部分：词源学和句法学。"下一步，他会分出第一部分的定义，把它放在前两个之后的第三位。用这种定义和分配的方法，一直下到最具体的例句，把它们

---

① "摸白板"是16世纪风行于意大利的一种赌博游戏，以抽到白板为输。——译者注

排在最后。对于第二部分,也要按照我们至此花了很大气力来整理辩证法规则的做法,首先是最有普遍性的部分,然后是次要的部分,最后是具体的例句。

拉米斯对语法理论的专题讨论,是他的理论专著《语法学校》(*Scholae Grammaticae*,1559)及他撰写的拉丁语、希腊语和法语语法。其中的理论原则之前已在《辩证法》中有所阐述:他所要建立的是以逻辑基础为出发点的形式语法,其有效性的验证仍需回到逻辑基础上。语法构建遵循语境规则并根据不同形式的特点,通过替代和转变的手段,相互进入对方的组合结构。语义被明确地排除出思考。语法变成一个标志系统(un système de marques)。这样的一种语法,舍瓦列写道:

> 无法揭示那些除了表达语法自身运作外还可以表达其他东西的关系。如此一个内在对应系统被广泛用于亲属语言的研究;样板语法被全盘照搬,成为其他语法的框架。这里谈不上什么普遍主义,完全是一种价值观上的帝国主义,或者,就其形式分析方法的局限性来说,是一种无法走出自身体系框架的模式。其实对法语的描写也完全是按照这一同样的程序完成的:法语采用了拉丁语的形式系统,是基于方法的需要;一种语言内部所必需的转换,搬到另一种语言中依然是必需的;当手段的武器库装备齐全后,把语言简化为形式的操作将是一件轻而易举的事情。于是人们在介词、冠词或成分省略中寻找转换的资证,其做法和对待 monoplata 一类的名词①或无人

---

① 只具有一个格的名词。

称动词完全一样……

在分析法语语法时,拉米斯首先设立形式原则和词类的形式区别规则:"名词是有性、数变化的词","有 10 个名词通常被称作为代词,它们似乎还有若干个格",等等。词的定义除了依据形态标志外,还要依据词序。例如,在"名词与动词的配合"一章中(*Grammaire française*,1572 年版本),有这样一段论述:"看来我们的批评者的最大弱点在于,如亚里士多德所认为的,是断言词变换位置后应该仍然表示同样的意义。因为我们已经证明,法语中有一些次序,是绝对不能变动的。"在研究了形态标志和词序之后,拉米斯又把介词作为句法的一个重要成分进行了研究。介词导致一个构建转变为另一个构建;它是造成转变的因素,而这种转变远非属于一个动态语言观的范畴,相反,它把语言凝固在一种语言系统的具体表现中,将两者作为共同存在的两个相互对应的平行和稳定的结构。下面,一个"动语词段"由一个"名语词段"替代,便是一例:"然而 de, du, des 这三个介词①的功效如此巨大,以至于名词从来不能由另一个名词或被动态动词支配,除非使用了它们:比如,La vile de Paris, Le Pale' de Roe, La doctrine des Ateniens, Tu es eime de Dieu, du môde, des omes。(巴黎之城,皇帝的宫殿,雅典人的学说,你被上帝所爱,被世界所爱,被人们所爱)。"

然而这种形式主义的存在,只是为了把内容重新纳入逻辑的考量;逻辑的分类、判断、成分确定等方法,填充了形式的框架。

显而易见,拉米斯的语法尽管在条理性和逻辑严密性、系

---

① du, des 是介词 de 与冠词 le 和 les 的结合形式。——译者注

统化和形式化方面大大地向前推进了一步,却因为不能对作用于形式标志之间并以严格顺序组织语句的种种关系作出定义,而止步在句法分析的门外。所以人们也许会同意舍瓦列的下列评论:"拉米斯的语法是形式语法的……第一次尝试,然而却已经是第一次失败了。"

继拉米斯之后,亨利·艾蒂安著《外国人法语学习备忘手册》(*Hypomneses de Gallica lingua peregrinis eam discentibus necessariae*,1582)和《论法语与希腊语的共性》(*Conformité du language français avec le Grec*,1565),安东尼·科希(Antoine Cauchie)所著的《法语语法》(*Grammatica Gallica*,1570),继续为法语的形式化努力,使其从拉丁语语法的模式框架中一步步解脱出来。

随之而来的是法语语法理论的衰落时期。此时的重要成果都是关于拉丁语言的——普遍主义卷土重来正是具有明显民族主义倾向的文艺复兴所固有的担忧,它们作者或者是西班牙人,如桑提乌斯,或者是德国人和荷兰人,如西欧皮尤斯(Scioppius)、福修斯(Vossius)等。对理性的崇拜越来越稳固地树立起来(实践被束之高阁)。其中的代表有桑提乌斯以著名的理性女神命名的驰名之作《密涅瓦,抑或拉丁文之源》(*Minerve, seu de causis linguae latinae*,Salamanque,1587)。很有意思的是,在桑提乌斯看来,他的书名密涅瓦针对的是早前的一位反对派语法学家冠之以墨丘利(Mercurius)的书名。桑提乌斯有意识地用主司理性之女神替换了主司商业和变化之神,也就是说,他用以逻辑组织并可以严谨描述的语言观,替换了一个流动的、用以交流的语言观。于是语言系统被思考为对自然的表达,即对理性的表达;语言的成分代表逻辑的项和关系。桑提乌斯从拉米斯那里得到启示,但是他把拉米斯热衷于观察语言事实的反思,提升到一个更加抽象的层次。对桑提乌斯来说，语言系统已经成为一个系统：在他那里，对逻辑系统化的考虑超过了对形式结构的考虑，而且也涵盖了拉米斯全部的形态学理论。"习俗的改变不会没有原因（Usus porrosine ratione non movetur）"，桑提乌斯写道，同时他将自己的反思指向意义，而非形式。

有必要在这里对 16 世纪语言反思的这一发展作出结论。语言科学从与其关联的学科中脱离了出来，然后又回过头去寻求它们——主要是逻辑学——支持，与此同时，它从一门思辨的学科，转变成为一门观察的学科。经验主义与形而上学的结合，使得后者有所节制并蜕变为逻辑学，启动了实证主义—科学方法的形成。从希腊人那里承袭来的有关语言系统是自然产生还是约定俗成的古老争论，被搁置一旁，取而代之的是一个新的争论：即认为语言系统是理性的还是实践的这两种语言观之间的争论。自然产生/约定俗成（physis/thesis）的二元对立让位于理性（raison）与自然/实践（nature/usage）的二元对立。不过对立的两面并非相互排斥，而是像柏拉图时代那样：它们是重叠的，自上而下地贯通语言，语言也因此获得了双重属性：它同时具有逻辑背景（理性的、必要的、受控的）和完全的语言性表述（多样性的、无法还原为基础的、只能通过其在同一语言里或跨语言过程中的种种表现来理解的）。培根（Bacon）后来这样说（*De Dignitate*，1623）："词的确是理性的痕迹。"语法将要关心的，是如何将这个掩饰在理性背景中的多样性的理性痕迹系统化：这也正是拉米斯和桑提乌斯当初所要达到的目的。

伴随着方法论上这一颠覆性变化的，是语法阐述程式的改变：由开始时的形态学，逐渐地迈向一个既受逻辑支持又为其所羁绊的句法学。

然而对语言的研究仍然没有成为一门"先导科学"，还没有像今天这样,成为一切以人为对象的思考的楷模。尽管如此,语法学通过对自身的系统化、明晰化、理性化和专业化的努力,成为一门自主的学科,一门了解思维法则必不可少的学科。培根后来对此有非常精妙的比喻:语法在"其他科学的眼中,犹如一个并不那么十分优秀但却是十分必要的过客"。

从此以后,跟踪逻辑性语法的表述一步一步向科学演变,成为跟踪语言观变化的同义词。也就是说,语言观从此明确地与挣脱了中世纪形而上学束缚的这种认知的演变联结在一起,并通过人类社会所有象征表达体系(哲学、各类科学等),包括语言研究,与随后绵延不断发生的种种变革联结在了一起。

13 波尔·罗瓦雅尔语法

斯卡利杰和拉米斯卓越的研究发表之后的一段时期,从16世纪末到17世纪初,语言研究方面没有出现过举足轻重的成果。出版的著作都是以教学为目的,没有任何理论创新,仅致力于简化语言规则以帮助学生的理解。不过具有积极意义的一个现象是,人们学习的语言种类增加了,单一语言的语法变为多语种语法;人们开始面对英语、法语、德语、意大利语和其他语言,愈来愈强烈地动摇了拉丁语所强加的框架。

对语言规范化的关心在政治层面和修辞层面都表现出来。马莱伯(Malherbe,1555—1628)将竭力整顿法语,把新词、古词或方言全部清除出去。黎塞留(Richelieu)在1635年创立法兰西学术院时,表现了同样的严厉态度:"学院最重要的职能,是以最细致最认真的态度,为我们的语言制定出明确的规则,使它更加纯洁、更有说服力、更能胜任对艺术和科学的表达",学院1634年的章程里如是说。

规范化、系统化、找出语言的规律,使法语达到古典语言完美的境界,这就是17世纪论争的基调。

追求优美谈吐的艺术在法国成为时尚:宫廷的达官贵人们纷纷从伏日拉(Vaugelas)的《对法兰西语言的看法》(*Remarques sur la langue française*,1647)一书里学习这种技巧。伏日拉沿用了斯卡利杰的思路并模仿瓦拉的风格,以谦恭和愉悦的形式,呈现出一个规则简单、"和谐悦耳"的法语。瓦拉曾著《拉丁语的优雅》(*De Elegantia*),是普利西安拉丁语教程的典雅翻版。奥丁(Oudin)试图在其《法语语法》(*Grammaire française*,1634)一书中对前辈莫巴(Maupas)的语法理论有所发展,但实际上只是罗列了对一些枝节问题的看法,没有作出概括性的理论综述。这些著作的目标,是将法语这一现代语言的特点,削足适履地套入古老的拉丁语言的名词—动词模式,然后补加上冠词、介词、助词等。这些作者都竭力证明,法语的介词短语相当拉丁语的属格或与格。伏日拉认为在法语短语"Une infinité de personnes ont pris…"中,"une infinité"是主格,"personnes"是属格。他还在其他的例子中发现了夺格的存在。这样一来,他就为法语配齐了与拉丁语的词尾变化体系一一对应的形式。

当时的语言要获得尊严,就绝对需要证明它拥有拉丁语的范畴:所以人们尽力使语言向拉丁语靠拢。培根写道:"值得一提的是,尽管这在今天看来是一件很怪异的事情,古代语言充满了词尾变化、格、动词变位、时态及其他类似的东西,而现代语言却一点都没有,只能拼凑一些诸如介词和从其他地方借取的词充数。就此我们确实不难推测,古人的思想比现代人更尖锐,更洞察入微,虽然这样比较有抬高我们自己之

嫌。"(*Neuf livres*，Ⅵ，p.389，1632年译本)①

由此可以隐约看出，文艺复兴时期的形式语法已走入绝境。它曾经证明拉丁语的语言构建是有因由的(causes)，也就是说，它们是符合逻辑的，所以是自然的。现代语言只需因循这些因由就行了；而两者的结构仅仅都只是在逻辑的支持下相互对应的形式框架而已。于是，对语言的思维陷入进退维谷的境地：人们只能按图索骥，为一个现成的逻辑模式建立相对应的形式结构，而无法发现支配现代语言的那些新的规律。

走出这一绝境的途径，由朗斯洛(Lancelot)和阿尔诺(Arnauld)基于笛卡尔(Descartes)设立的原理所创建的波尔·罗瓦雅尔语法②(*Grammaire de Port-Royal*，1660)学派提了出来。

众所周知，笛卡尔的一个唯心论判断，是认定存在一个脱离语言的思维，并指出语言是"我们犯错误的原因之一"。宇宙划分为"实体"(choses)和理念(idées)，语言是被排除在外的，成为一种拖累，一个无益和多余的中介。

> 另外，因为我们把自己的思想附着在一些语句上面，以便用嘴把它们表达出来，而且因为我们往往首先想起的是语句而不是它们所表示的事物，以至于我们很少能清晰地设想任何事物并立刻把我们所设想的和表示它们的语句完全区分开来。因此，大多数人注意是语句，而不

---

① 法文版全名是 *Neuf livres de la dignité et de l'accroissement des sciences*，英文版名为 *Advancement of Learning*，汉语译为《学术的进展》。——译者注

② 朗斯洛、阿尔诺合著的《普遍唯理语法》一书，在下文中也简称为《语法》。——译者注

是它所表示的事物。这就是为什么他们往往会同意一些措辞,而完全不明白它们的意思,并且也记不清是否明白过它们的意思,这是因为他们或者以为自己曾经理解过它们,或者觉得教给他们这些措辞的那些人了解它们的意思,并且也以为那些人是用了同样的方法学来的。(*Les Principes de la philosophie*, 1, p.74)

如果说以上的阐述客观地确定了笛卡尔认知论最终达及的状态,它又像是横拦在路上的障碍物,挡在任何想要认真把语言作为特定的物质构成来研究的尝试面前。不过,笛卡尔对人类知性的思考,他的推论原理(见 *Discours de la méthode*)及其他思想,指导了波尔·罗瓦雅尔语法学派的隐士们及其继承者对语言规律的探索。这实在是一个十分吊诡的现象:笛卡尔哲学这样一个无视语言的哲学,反倒成了——今天仍然是——语言研究的基础。从其源头考察,笛卡尔的语言学说的确是一个名副其实的矛盾体(笛卡尔哲学以对语言的不信任,来保障主体保持的那种语法的规范性是绝对存在的这一论断),这一事实充分地表明了未来人文学科进行科学研究所要面对的困境,因为人文学科的研究从一开始,就与形而上学有着盘根错节交集。

从表面上看,波尔·罗瓦雅尔语法和它之前的文艺复兴时期的形式语法相比,也许除了它的明晰性和简洁性外,没有其他明显的区别。事实确实如此,例如在两个语法中,拉丁语的格和法语构建的对应关系是一致的。但是,发生在基本方法上的两项创新,使波尔·罗瓦雅尔隐士们提出的语言系统观呈现出焕然一新的面貌。

首先,在顾及承袭于文艺复兴的语法现状的同时,他们重新引入被人文—形式主义者遗忘或回避的中世纪的符号理论。语言系统的确是一个系统,但如桑提乌斯所证实的那样,它是一个符号系统。语言的词和短句表达意义,而意义又进而表示事物。揭示事物实在性的逻辑或自然关系,体现在意义层面:也就是逻辑层面。语法描述的对象将是一个物,即语言系统,而后者仅是这个逻辑和/或自然层面的符号而已:所以它要依靠逻辑,但同时又是一个自主体。方法论的这一绝妙转变,赋予语言系统一个共同和必要的因由(ratio)作为它的逻辑背景,而纯粹的语言符号——即形式——将在这一背景之上,不即不离地演绎自己的故事,一种新型的语言构建的规律也将在这里被清晰地表达出来。

朗斯洛和阿尔诺的《语法》与《逻辑》(Logique,1662)①是不可分割的两部著作。《逻辑》是阿尔诺和尼柯尔(Nicole)合作编撰的。当时这是两个——语法和逻辑——互为补充又互为对应的项目:语法以逻辑为基础,逻辑则以考察语言的表达为专一目的。朗斯洛在《语法》的前言中承认,"说话艺术真正的根本原则"是后来的《逻辑》一书的合著者阿尔诺口授于他的。阿尔诺认为,尽管逻辑学拒绝关注语言形式,而仅仅探索概念化元素的组织规律,但它并非无视语词的作用:

> 然而,理解各种用来表示意义的声音,有益于逻辑所要达到的目的,即严谨思维,并且我们也要理解,思想已经习惯把这些意义和声音紧密地结合在一起,对两者任何一方的思考都离不开对方,以至于想到事物就会想到声音,想到声音就会想到事物。
>
> 关于这一点,可以广泛地说,语词是一些清晰可辨的声音,人们因其清晰可辨,便以其为符号,来表示头脑中

---

① 中文译本全名为《波尔—罗亚尔逻辑》。——译者注

的想法。

由于头脑中的想法归根到底,就是构想、判断、推理和组序,如我们已经指出的那样,那么语词就是用来表达所有这些操作的……(《逻辑》,Ⅱ,Ⅰ,pp. 103-104)

《语法》的发表比《逻辑》早先几年(虽然这两本书像是同一思潮的产物),这一事实无疑是一种征象,证明语言的研究对17世纪的认识论来说,是反思的起始点和决定因素。

经过重塑的逻辑和语法为《普遍唯理语法》提供了一个什么样的符号理论基础呢?

我们还记得,方式主义者把象征行为区别为三种方式:存在方式、认识方式和意指方式。那么,波尔·罗瓦雅尔学派是怎样重新运用这一理论的?

语法是说话的艺术。

说话,是用符号表达思想。符号则是人们为此目的而创造的。

人们那时发现,符号里使用起来最方便的是声音和元音。

《语法》一书没有为"符号范例"提供更多的说明。倒是《逻辑》一书举地图为例,对符号进行了详细的阐述:我对地图所形成的意念联系到另一个实体(即地图所代表的现实中的那个地区),于是我通过地图—符号给我的意念,对这个实体形成了一个意念。符号是一个四项矩阵,在《逻辑》一书中(Ⅰ,Ⅳ)被定义为:"所以,符号包含两个意念,一个是对表示物的意念,另一个是对被表示物的意念,而符号的本质,就是由第一个意念产生出第二个意念。"

这个符号理论(米歇尔·福柯 Michel Foucault 在其《波尔·罗瓦雅尔语法导论》[Introduction à la Grammaire de Port-Royal]一书里对此有所阐明)显然是建立在对亚里士多德式推理的批判之上(即以预先定义的物体和范畴进行推理),意味着它已经过渡到了一种逻辑的操作,以对符号覆盖的意念和判断进行研究。因为所有语言的符号都隐含一个完整的意念和判断的逻辑,人们必须揭示它并理解它,"才能够科学地完成他人靠习惯去完成的事情"。把语言系统看作一个符号系统的做法,导致了一个三重性的理论后果。福柯曾对此有过特别的阐述。第一个后果——这其实是一个世纪之前就已经开始的某种程序的结果——是将描写这个语言系统的言语置于一个与其不同的层面:即通过论述内容的形式(逻辑范畴)来论述形式(语言范畴)。这亦意味着,语言系统被界定为认识论的领域:"作为认识论领域的语言系统不是那个可以使用亦可以解释的语言;而是其原理可以用一种不同层次的语言进行叙述的语言。"其次,《普遍唯理语法》"只有在为每一个语言打开一个内在维度的条件下,才能为所有的语言划定共同的界域;人们应该在每一个语言的内在维度里去寻找普遍语法"。最后,语言系统的这种理性化是一个推理科学,而不是一个将其作为一个特殊对象的语言系统科学。"普遍语法不同于语言学,它与其说是对一个特别对象,即普遍意义上的语言系统的分析,不如说是一种观察个别语言的方式。"

不过,波尔·罗瓦雅尔语法的分析方法仍然以它的长处和与众不同,对语言科学研究方法的形成作出了的贡献。

对《普遍唯理语法》来说,词不仅仅是一个包含语义内容的形式。波尔·罗瓦雅尔学派重新起用中世纪的存在方式——认识方式——意指方式的三元模式;它强调认识方式

(意义)和意指方式(符号)的区别,把语法导向了对两者之间的关系,进而导向对它们与实体之间的关系的系统化处理。语法不再只是词和语言构建形式对应关系的清单,而是对更高层次单位(判断、推理)的研究。语言系统不再是词的拼凑和并列,而是一个有机体,一个"创造物"。

这个符号理论在《语法》一书中没有被明确提出。它潜隐在书中,但是词具有多重意指形式的理论清楚地揭示了这个符号理论是存在的。在研究了话语的发音("话语的物质部分")以后,《语法》(见"对我们思想中所发生的事情的认知,是了解语法的基础;构成言语的词的多样性即取决于此"一章)继续以下列方式论述:

> 到目前为止,我们只是考虑了话语中的物质材料部分。这些物质材料,至少对于声音,是人类和鹦鹉所共有的。
>
> 我们下来要检查的是话语中的精神部分,它是人类超越其他所有动物的伟大优势之一,也是理性的一个重要的佐证:我们用它表达我们的思想,这个神奇的创造,仅以 25—30 个声音,就可组成无数的各种词来。虽然这些词本身和我们头脑里所发生的事情没有任何相似之处,却能够向他人传达我们思想里所有的奥秘,让那些无法进入我们思想的人们了解我们的想法,了解我们心灵里所有的活动。
>
> 于是,我们可以对词作出如下定义:这是些可辨的、清晰的发音,被人们用来造出符号,以表达他们的思想。
>
> 这就是为什么人们如果不事先弄明白我们头脑里的想法,就不可能完全理解词中所包含的种种意义的原因,因为造词的目的,就是为了使别人了解我们的想法。

所有的哲学家都告诉我们，我们的思维有三种操作形式：构想（concevoir）、判断（juger）、推理（raisonner）。

构想，无非就是我们的思维以其目光扫描事物，或是以完全抽象的方式，如我理解存在、时间、思想、上帝的时候；或是以具象的方式，如我想象一个方形、一个圆形、一只狗、一匹马的时候。

判断，就是断定我们所构想的是或不是某种东西：如我构想好*地球*是什么和*圆形*是什么以后，我就断定*地球是圆*的。

推理，就是运用两个判断来获得第三个判断：如判断了任何美德都值得称道及耐心是一种美德，我就得出耐心是值得称道的结论。

由此可见，思维的第三操形式作仅是第二操作形式的延伸；因此，主体只需要考虑第一和第二操作形式，或第二操形式作中所包含的第一操作形式的成分，因为人们说话的目的，很少只是为了简单地表达他们的构想，而几乎总是为了表达他们对自己构想的事物所作的判断。

我们对事物所作的判断叫做命题（proposition），比如当我说"地球是圆的"；因此任何命题都必须包含两个项（terme），一个叫主语项（sujet），即断定的对象，如"地球"；另一个叫述语项（attribut），即断定的结果，如"圆的"；再加上两项之间的连接成分，"是"。

然而，命题的两个项显然都应该归于思维的第一操作形式；因为它们正是我们所构想的，即我们思想的对象，而连接成分则属于第二操作形式，它可以说是我们思维的动作，即我们思想的形式。

因此我们的思维最为卓越的功能，就是我们能够研究思想的对象及思想的形式或方式，而思想的形式中最主要的就是判断。但是,我们必须加添连接、分离和其他类似的操作,还必须加添心灵的各种活动,如欲望、命令、疑问等。

于是,为了表示一切思想过程,人类不但需要符号,还必须建立词与词之间最一般的区分,使一些词表示思想的对象,使另一些词表示思想的形式和方式,尽管它们常常不是单独地表达,而是需要加上宾语。我们将在后面对宾语作进一步说明。

第一类词被人们称之为名词、冠词、代词、分词、介词和副词;第二类词是动词、连接词和感叹词。这些词都是从我们表达思想的自然方式中必然衍生出来的。对此我们将会详细阐述。①

细心阅读这一章节就会发现,以意义和判断为基础来支持符号—语言的做法,对语法范畴的分布和组织产生了一个重大的后果。这便是我们下面要讨论的《普遍唯理语法》所带来的第二个创新。

亚里士多德逻辑提出的词类的分级制,是把名词和动词排在同一等级的位置。然而根据判断和推理的操作结果,《普遍唯理语法》得以将词类区分为两大部分:一部分是那些表示"思想的对象"(需要设想的)的符号,即名词、冠词、代词、分词、介词、副词;另一部分是表示"思想的形式或思想的方式"的符号,即动词、连结词、感叹词。因此词类被看作是对某种操作,某种程序的参与。所以与人们的评论相反,《语法》一书从一开始就宣布,它的计划是要完成一种构建:在一个倾向

---

① 安托尼·阿尔诺、克洛德·朗斯洛:《普遍唯理语法》,张学斌、柳利译,姚小平校,商务印书馆,2011年,第27—30页。下文该书的中译文均引自张、柳译本。——译者注

于描述词的任意组合(对文艺复兴语法而言)背后的意义系统的逻辑背景之上,波尔·罗瓦雅尔的隐士们通过符号的杠杆作用,提出了构建一个句法的建议。于是,判断的句法(逻辑句法)走上了向语言句法发展的道路。

这是因为句子已经成为语法反思的基础成分。句子的关键成分无疑是名词和动词,而动词才是具有决定性的轴心。名词包括实体名词和形容词,指称"思想的对象"。它们或者可以是"实物,如地球、太阳、水、木,即人们一般称之实质(substance)的东西",或者是"事物存在的形式,如是圆的、是红的、是博学的,等等,人们称之为偶性(accident)"。前一种是实体名词,后一种是形容词。在名词的形态中,格的概念尤其吸引了《普遍唯理语法》的注意,其原因在于,格表示句子整体中词与词之间的关系。另一方面,这些关系在法语里不是以变格,而是以其他方式表达的,如介词。

> 假如事情仍然被分开单独考虑,名词就只有我们上面提到的两种变化形式:即各类名词的数的变化和形容词的性的变化;但是由于人们常常以其相互间的各种关系来观察名词,于是为了表示这些关系,在某些语言中使用的发明之一,是给名词添加被称为格的不同的词尾。格源自拉丁词 cadere,为"坠落"之义。似乎意味一个词不同的"摔落"①形态。
>
> 的确,在所有语言中,也许只有希腊语和拉丁语拥有真正意义上的名词格。然而,由于很少有语言不含有某种形式的代词格,也由于无代词格就无法完全理解被称为构筑的言语的连接,所以要学习任何语言,几乎不可避

---

① 法语 chute(摔落)有"结局""结尾"等引申义。——译者注

免地要知道格是什么……①

然而，如果说名词，或广泛地说，所有指称设想物的词类都是构建判断，因此也是构建语句所不可缺少的成分的话，那么，构建的轴心，我们前面已经说过，便是动词。波尔·罗瓦雅尔的语法学家认为，动词是用来断定的，而不再是用来表示时间（如对亚里士多德），或表示过程（如对斯卡利杰）。换言之，任何动词都隐含"是"的义子，或任何动词首先是动词"是"。

在有关动词的章节里，《普遍唯理语法》明确地阐述了一种基于判断句法的语言系统句法观。换言之，在判断句法的基础上，它勾画出一个语句的句法。词不再是孤立的，而是一个以动词/名词关系、后又演变为主语/谓语关系为轴心的复合体的构成成分。"这个判断也叫做命题，它显而必须拥有两个项：一个是被肯定或被否定的对象，称之为主语项；另一个是肯定或否定的结果，称之为述语项或谓语项（praedicatum）。"（Logique, II, IV, p. 113）

不过这样一来，句子的核心被完全卡死，自我封闭起来，使因判断句法而充满希望的语言句法就此止步。《普遍唯理语法》仅有四页是留给句法的，外加两页题目为"修辞格和构建"的章节。由于语法学家首先是判断论的哲学家，所以为了分析超越判断矩阵的纯粹语言关系，他将不得不引入通过支配句法（syntaxe de rection）进行分析的补充成分（suppléments）。然而《普遍唯理语法》只接受配合（concordance）句法，而不接受支配（régime）句法："与此相反，支配句法几乎完全是任意性

---

① 安托尼·阿尔诺、克洛德·朗斯洛：《普遍唯理语法》，第45页。——译者注

的。因此所有语言里的支配句法都有着巨大的差别;因为一些语言以格表示支配关系,另一些语言不用格,而是用一些小品词作为替代,但是这些小品词也只能表示为数不多的格,例如法语和西班牙语里只有 de 和 à 来表示属格和与格;意大利语多了一个 da 以表示夺格。其他的格则根本没有相应的小品词代替,仅有冠词,而且并不完全一一对应。"由此可见,因为无法对纯粹语言的支配关系进行形式化分析,哲学家不得不重新回到拉丁语传统的形态学言语组织观。

然而,如果认为《普遍唯理语法》在句法研究方面的目标仅限于主语/谓语的关系,那也是不确切的。

"关系代词"一章对一些相当大的语言组合进行思考,建立了超越简单句而组织复合从句的句法模式(第二点是 1664 年再版时新增加的内容,其重要性可能还没有得到足够的评估):

> 它[关系代词]的特征可从以下两个方面考虑:
> 第一,它永远和另一个被称做先行词的名词或代词产生关系,例如在 Dieu qui est saint(圣洁的上帝)中,Dieu(上帝)是关系代词 qui 的先行词。但先行词有时是暗指的,不表示出来,这种现象在拉丁语中很常见,如拉丁语《新法》(*Nouvelle Méthode*)一书中介绍的那样。
> 关系代词的第二个特征,据我所知还没有任何人注意到,就是它进入的那个分句(也可称做从句),可以构成另一个分句的主语或述语,后者我们可以叫它主句。①

首先的变化,是语言学思考的范围扩大了,超越词而涉及

---

① 安托尼·阿尔诺、克洛德·朗斯洛:《普遍唯理语法》,第 73—74 页。——译者注

从句；其次，分析的对象发展到比简单从句更大的语段，并开始涉及语句间的关系（relations intra-phrastiques）；最后，词的补充性（complémentarité）概念被归并到从属性（subordination）概念里，这样一来，语言就不再是一个 oratio，即词的形式集合体，而是一个系统，其主要核心为一个隐含判断表述的从句。概而言之，以上几点都是拜《普遍唯理语法》的逻辑观所赐而出现的成果，而这些成果在未来的某一天，将发展成为一门研究语言关系的纯粹的语言科学。然而，波尔·罗瓦雅尔语法学派的逻辑思维程序对后世的语言学研究所产生的影响之巨大，以致到了今天，语言学家们仍然在苦苦挣扎，却无法使他们的分析摆脱逻辑成分的羁绊，而语言学则将不断地摇摆于经验形式主义（形式结构分析）和超然逻辑主义（借用逻辑范畴切分内容）之间。

如果说《普遍唯理语法》主导了整个 17 世纪，那也是在当时语言学学术活动异常活跃的背景之下发生的。当时出现了数部专门研究发音或拼写的著作，如体现佩特鲁斯·孟他努（Petrus Montanus）研究成果的《论说话艺术》（*Spreeckonst*，1635）；亚历山大·休谟（Al. Hume）的《论布列塔尼方言的拼写和正确使用》（*Of the Ortographie and Congruitie of the Breton Tongue*，1617）。在英国，有一个庞大的语音学派在进行着研究。其中的代表成果，有罗伯特·鲁宾逊（Robert Robinson）的《发音的艺术》（*The Art of Pronunciation*，1617）；W·霍尔德（W. Holder）的《话语的元素——探索字母的自然发音》（*Elements of Speech, an Essay of Inquiry into the Natural Production of Letters*，1669）；达尔加诺（Dalgarno）的《如何教聋人——聋哑人语言学习指导》（*Didascalocophus, or the Deaf and Dumb Man's Tutor*，1680）等。罗奥（Rohault）的《物理学》（*Le traité de physique*，

1671)和迪阿梅尔(Du Hamel)的《论生物体》(*De corpore animato*，1673)，被认为是向以实验和解剖学分析为基础而研究发声器官的科学语音学迈出的第一步。

17世纪语言研究的另一个特点，是对外国语言及建立语言史理论的兴趣。诸多语种的著作中，仅举下面几部：J·梅吉塞(J. Mégiser)编纂的《多语辞典》(*Thesaurus polyglottus*, 1603)，还有数部俄语辞典，如H·G·鲁道夫(H. G. Ludolf)在牛津出版的俄语辞典(1696)，梅吉塞土在莱比锡出版的土耳其语辞典(1612)，耶稣会教士关于中国的著述(参见本书第二部分"中国：文字是学问"一节的结尾部分)，基歇尔对埃及语言的研究，等等。

词典学方面的研究也如火如荼：继尼古特(Nicot)于1606年编纂《法兰西语言宝库》(*Trésor de la langue française*)和Fr·黎塞雷(Fr. Richelet)于1679—1680年在日内瓦发表《法语字典》(*Dictionnaire français*)之后，菲勒蒂埃(Furetière)出版《法语古今字汇、科学与艺术专用语大全通用词典》(*Dictionnaire universel contenant généralement tous les mots français, tant vieux que modernes, et les termes de toutes les Sciences et les Arts*, La Haye, Rotterdam, 1690)。由法兰西学术院院士伏日拉和其替补院士梅士雷(Mézeray)共同署名的《法兰西学术院词典》(*Dictionnaire de l'Académie*)也于1694年出版。托马斯·高乃依(Thomas Corneille)编制的《科学与艺术词典》(*Dictionnaire des Sciences et Arts*)则是一部举足轻重的作品。

人们试图在不同语言的基础上，或者确立一个所有语言的共同源头(Guichard, *Harmonie étymologique des langues, où se démontre que toutes les langues descendent de l'hébraïque*, 1606)，或者制定出一个普遍的语言(Lodwick, *A*

Common Writing，1647；Dalgarno，*Essay Towards a Real Caracter*，1668，等）。语言的多样性令人们恐惧不安；人们试图为众多的语言找到一个普遍的对等语言：这难道不也是《普遍唯理语法》起初的基本动机？同样的欲望无疑启发了麦纳日（Ménage）在他所著《法语的起源》（*Origines de la langue française*，1650)和他对法语的观察（1672）中，为法语找出一个原由来。作者"证明"法语的词都是由某一个拉丁语或希腊语的词派生出来的，可是大多情况下他的证明都是错误的。

继伏日拉、博努尔（Bonhours）和麦纳日发表对法语的评论之后，一些大修辞家也著书立说，如拉米（Lamy）神父的《修辞学还是说话的艺术》（*Rhétorique ou Art de parler*，1670），艾西（Aisy）的《法兰西语言的天赋》（*Génie de la langue française*，1685），儒旺希（Jouvency）神父的《论语言的学习和教学》（*De oratione discendi et docendi*，1692），等等，这些著作多以细致精妙的手法，怀着寻求一切语言共同基础的共同目的，最终导致了法兰西学术院持久秘书弗朗索瓦-塞拉芬·雷尼尔-戴马雷（François-Séraphin Régnier-Desmarais）兼收并蓄的巨作《法语语法论》（*Traité de la grammaire française*，1076）的问世。这部著作与波尔·罗瓦雅尔《普遍唯理语法》所具有的严谨性和理论取向相去甚远：雷尼尔的反思集中在词和词的出现语境，而没有把从句和支配其成分的各种关系作为一个整体来考虑。

14 百科全书派：语言系统和自然

18世纪继承了波尔·罗瓦雅尔隐士们及其后继者的理

性语言观遗产。语言被设想为众多民族语言(idioms)之集大成者，所有民族语言都建立在同一逻辑规则的基础之上，而这些逻辑规则构成了某种永恒的特征：人类的天性。然而，被研究的语言和学校里教授的语言数量愈来愈多，同时自然科学的进步引发了认识论翻天覆地的变化，致使研究的取向转为具体的观察：这是经验主义的时代。在语言学领域，这一转变所导致的后果，表现为哲学家和语法学家都——比以往更加——努力地揭示每一客体(语言)具体的、纯粹语言性的特征，一方面把语言从拉丁语的影响中解脱出来，另一方面，在很大程度上也使语言摆脱对逻辑学的依附，但同时又不抽掉它的那个从此被称作天然的而不再是逻辑的普遍基础。

在哲学方面，这样的语言观导致了语言起源说的出现。各种不同的语言必须都追溯到一个共同的、天然的、以语言共相组织的源头。存在于这种天然语言、真实物体与感觉之间的关系需要一个理论作为基础，于是一个符号理论被提了出来。

在语法学方面，语法学与哲学仍然有着切割不断的关系。这是因为，18世纪任何一个哲学家都会钻研语言，而任何一个语言学家也都是哲学家。在这样一种氛围中，纯粹的语言关系与思维(逻辑的)的法则被区分开来，而它的特殊性问题也被提上议事日程，导致了从句法的角度对句子关系与句间关系进行描述：第一次明确提出建立一种百数年来语法学家们共同努力以期实现的句法，正是百科全书派的语法学家①……

我们将首先扼要介绍语言的哲学理论，然后以它们为背

---

① 在前文及下文中，我们论述这一努力的参考资料，主要来自已经多次引用的J·Cl·舍瓦列的著作《论语法学家的补语概念》(*La notion de complément chez les grammairiens*, Genève, Droz, 1968)。

景,辨析出语法的观念(为了不打乱这一论述顺序,我们提及作品时将无法遵守出版日期的前后次序)。

18世纪偏爱语言起源和演进的哲学家和语言学家,有过一位名声显赫的先行者。他不赞同笛卡尔主义者和日后的百科全书派的逻辑视野,而是以前人的研究成果为基点,提出一幅语言发展演递的路线图,这个路线图的主要议题,我们在感觉论者(sensualistes)、观念论者(idéologues)和唯物论者(matérialistes)那里也会看到。这里指的是 J·-B·维柯(J.-B. Vico, 1668—1744)及他的著作《新科学》(*Scienza Nouva*)。维柯认为,"在人类还不会使用话语的时代(tempi mutoli),语言初始时是心灵的⋯⋯这个处于发声语言产生之前的原始语言,一定是由一些与意念有自然关联的符号、肢体动作或实物构成"。他认为这个初始语言是圣洁的,今人可从聋哑人的手势语言一窥其貌。而手势语言则又是一切原始族群在其未开化时期自我表达所使用的象形文字的原则(参见下文狄德罗相同的论点及本书第3章和第5章)。继这种类型的语言之后出现的,是一种诗歌性的或史诗性语言。"东方人、埃及人、希腊人和拉丁人最早的作家,以及欧洲蒙昧复辟时期首批以现代语言写作的作家,都是诗人。"维柯投身于他称之为"诗意逻辑"的研究——如语言文字中出现的徽章、图画,及各种比喻手法:隐喻、换喻、提喻。诗意语词对他来说,就是一种"个性"(caractère),甚至是"神话文字"(mot mythographique)","任何隐喻都可看作是一个简短的寓言"。最后到来的语言,是"书写"(épistolaire)语言,即"大众的作品"。维柯考察了为当时所了解的各种不同语言(希腊语、埃及语、突厥语、德语、匈牙利语等)及其文字,将这些语言分别归属到前面说到的三种语言类型里。他对诗意语言的研究一直影响到今天的诗歌语言科学,而他身后的学者,毫不迟疑地捡起他对语言的种种论点,如具有无声、肢体、聋哑特征的原始语言的论点,自然环境影响语言形成的论点,语言不同类型(如诗意语言)的论点,等等。然而,18世纪将以与维柯浪漫风格截然不同的积极严谨的态度审视这些问题。

事实上,语言的研究没能躲得过蔓延于那个世纪各个科学领域里的分类和系统化思想的关注。几何学似乎成为所有科学企图模仿的构建模式。"在各类善书中占上风已有相当时日的条理性、清晰性、精确性、准确性原则,很可能来自这种比任何时候都更加普及的几何学思想。"(R. Mousnier, *Histoire générale des civilizations*, t. Ⅳ, p.331)语法学家布费耶(Buffier)写到,包括语法学在内的一切科学,都"可以像几何学那样进行明了的示范操作"。

几何学的这种操作方法被引入语言学领域之后产生的第一个效果,是使对已知的众多语言进行系统化处理的做法形成势头。哲学家将语言分类归属,却试图把所有这些不同的语言种类归诸一个原初的、普遍的,因而是"天赋的"共同语言。莱布尼茨在其《略论根据语言证据确定的种族起源》(*Brevis designatio meditationem de originibus dictus potissimum ex indicium linguarum*)一书中将已知语言划分为两组:闪米特语系和印—日耳曼系,后者的构成,一部分为意大利克语族、塞尔特语族和日耳曼语族,另一部分是斯拉夫语族和希腊语。被莱布尼茨称为"亚当的语言"(lingua adamica)的原初语,应该是这些不同语言的基础,而人们通过创造一种纯理性的人造语言,则有可能重现人类的这种话语状态。

在英国,詹姆斯·哈里斯发表《赫耳墨斯或普遍语法的哲学探究》(*Hermes ou recherché philosophique sur la grammaire universelle*, 1751)。这是一部旨在建立适合一切语言的普遍语法的普世和理性原理的著作。伯克利

(Berkeley)及沙夫茨伯里(Shaftesbury)等学者的思想是此类逻辑学尝试的基础。

语言的表现，如一个运转的系统，一台机器，其运转规则可以像任何物质实体那样去研究。德·布罗斯主席①发表《论语言的机械形成和词源学原理》(*Traité de la formation mécanique des langues et des principes de l'étymologie*，1765)，书中将语言表述为一种形式元素的系统，可因地理域界的影响发生变化。"机械"一词成为描写语言的常用术语。一位语法教材的作者，普鲁什(Pluche)神甫将其著作命名为《语言机械学》(*Mécanique des langues*，1751)，而尼古拉·博泽(Nicolas Beauzée，1717—1789)也用同样的意思来定义"结构"一词："现在我问你们：结构一词难道不是和语言的机制紧密关联，难道不是表示每一个语言中许可的、词的人为组排，以企达到表达思想的目的？难道民族语言不也都是诞生于其自身的机制之中？"(见 *Encyclopédie*，"Invention")

对语言机制的研究使得语言的对比和类型学成为可能，而后者预示着 19 世纪比较主义的到来。人们确认了不同语言机制中的相似性，这也为那些因其自身演变而以不同形式表述的语言具有共同本质的论点提供了佐证。由此可见，天赋语言说在面对众多真实语言时，如何转变为一个派生一切语言的共同语言说，进而不可避免地导致了语言演化论的发生。比较主义的萌芽初现于在朋迪榭里(Pondichéry)地区传教的戈尔杜(Coeurdoux)神父 1767 年所编写的报告里。他在这份报告里陈述了梵语、希腊语与拉丁语之间存在的类似之处。在他之前，荷兰人兰伯特·坦·凯特(Lambert Ten

---

① Président De Brosses，即夏尔·德·布罗斯(Charles de Brosses)，他曾当选法国第戎地方议会主席。——译者注

Kate)曾发表过一项研究,确定了日耳曼诸语言的亲缘关系。当威廉·琼斯(1746—1794)发现梵语、波斯语、希腊语、拉丁语、哥特语和凯尔特语之间的对应关系时,他无疑决定性地开启了即将兴起的比较语言学研究。

然而本世纪语法描述的理论根基,则是由感觉主义和经验主义哲学提供的。洛克(Locke,1632—1704)和莱布尼茨,以及法国以孔狄亚克(Condillac)为首的"观念学者"(Idéologues),都提出了符号理论,作为表现在多种具体语言中的这个共同语言的普遍性原理。于是这些学者在对其进行改革的同时,恢复了与希腊及中世纪的符号理论、笛卡尔逻辑学之间的承接关联:如果说在18世纪的哲学家们看来,思想是由语言元素构成的符号的表达,那么问题在于,如何对从感觉(sensation)发展到语言符号的途径作出定义。

对洛克来说,词是"一些他们与之交流的人们的思想中也存在的观念的符号";词并非因此而与"事物的实相"没有关联。但是洛克又毫不含糊的认为,符号不应因其与实在世界可能的联结而受到拖累。"用词表达我们思想中的观念以外的任何东西,都是对其使用的歪曲,都会让不可避免的晦涩和混乱阻碍它的意义表达。"索绪尔对符号的定义(见本书第二章),已经在洛克设定的、将被称为"指涉物"与"能指—所指"之间的任意性关联中初现端倪。"语词所表达的,是人类具体的观念,而非任何他物。而这个表达是通过一种完全任意的规定(une institution tout à fait arbitraire)完成的。"(*Essai sur l'entendement humain*,Livre Ⅲ,"Les mots")值得注意的是,虽然洛克视语词为符号并对词的不同类别加以研究(泛指词、简单观念词、混合观念词,等等),他并不就此止步,而是把言语的整体当作一个构建来对待,并考察小品词的种种功用,如用来联结观念和表示观念间的关系,用作"思想动作"的符号,等等。语法学只有立足于这样一种"构建性的"语言观的根基之上,才有可能建立对语言的句法分析。

莱布尼茨在其《人类理解新论》(*Nouveaux essais sur l'entendement humain*,1765)一书中,沿袭并光大了洛克的思想。对他来说,词(见卷三)"是表现,甚至是解释观念的工具"。如果说莱布尼茨认为一切语言,无论它们的质材如何相异,都呈现出同一的形式背景,即"一切语言具有一个共同的意义",那么他也并不因此忽视每个语言自身的能指特征,即它所具有的特殊的质材组织。于是他写道:

> 斐拉莱特(Philalète):人们经常把思想更多地应用于语词,却不是应用于事物,而且因为人们在认知语词所指称的观念之前已经学会了绝大部分的语词,所以不仅仅是小孩,并且还有许多成年人也经常是鹦鹉一样地说话。但是人们总认为是在表达自己的思想,而且他们也给予语词一种同别人的概念及事物本身之间的秘而不宣的关系。这是因为如果那些声音是被我们的对话者归为另外一个概念,那么就必须是说两种语言了。说真的,我们并不那么耐心地停下来考虑别人所使用的概念是什么,而且我们假设我们的观念就是国内一般人和学者们归之为同一个词的那种观念。对于简单的观念以及样式,尤其是这样的情形。但是对于实体,人们则更认为语词也同样是指事物的存在。
>
> 德奥斐勒(Théophile):实体以及样式都是一样地被观念所代表着的,事物也同观念一样,这两者都是用语词来标识;所以我在这个地方看不出有什么区别,除非是说,实体性事物还有可感性质的观念这两者更加固定一些。另外,有时候我们的观念以及思想,就是我们话语的

物质材料,而且成为我们所想要指称的事物本身,而那些反映性的观念是比人们所认识到的更多地加入事物的概念里面的。人们甚至有时是就语词而谈论语词,但是却不能准确地用语词的意义或者语词与概念或者事物的关系去替代语词;在给名词以阐释的时候,不仅仅当人们以语法学者的身份来说话时情况如此,而且当人们以辞典编纂者的身份来说话时也概莫能外。①

我们看到,元语言(méta-langage)的概念——论述语言的语言,如何在莱布尼茨的这些反思里显示出清晰的轮廓。

谈到洛克,孔狄亚克作了这样一个假设:用叫喊声作为表达激情的原始人类,首先"自然而然地"创造了"动作语言"(language d'action)。"然而这些人已经养成了把某些观念和一些任意的符号连结起来的习惯,于是自然的叫喊声便成了他们的样板,让他们创造出一个新的语言。他们发出了几个新的声音;然后他们一边重复着这些声音,一边用肢体示意那些他们想要别人注意的物体,这样几次下来,他们就慢慢地有了给事物命名的习惯。不过这个语言初始的发展是非常缓慢的……"(*Essai sur l'origine des connaissances humaines, ouvrage où l'on réduit à un seul principe tout ce qui concerne l'entendement humain*, 1746—1754)于是一个臆想的故事,一个进化论的寓言就这样地创造了出来,它将成为语言符号理论及其历史演进和在各民族中发展的思想基础。"因此,有一个时期,会话是通过一种语词和动作混合使用的言语来进行的。习惯和习俗,正如生活中的大部分其他事物所遇到的情

---

① 莱布尼茨:《人类理解新论》,杨恺译,中国社会出版社,1999年,第155—156页。——译者注

况一样,使那些起初因为需要而产生的东西,后来都变成了装饰品;但是,当需要不复存在之后,原来的用法却长期地保留了下来;在东方各民族中间尤其是这样,他们的性格自然地适合某种会话形式,这种通过动作的会话形式把他们活泼好动的性格表现得那么充分,而不断重现的感性形象给予这种性格极大的满足。"(*Essai sur les hiéroglyphes*,§ 8 et 9)孔狄亚克把非语词的表达和交流形式,如舞蹈,或一般意义上的肢体语言,抑或歌唱,也看作是语言,由此宣告了能指系统的现代科学——符号学的诞生。诗歌在孔狄亚克看来,也是一种模仿行动语言的语言:"如果在语言的起源过程中,音律曾接近于歌唱的话,那么,为了模仿动作语言感性的形象,文体就采用了各种各样的形象和暗喻,从而成了一幅真正的图画。"但是孔狄亚克也强调,得益于最有利发展条件的还是发音语言,所以它才能够"臻于完美,并最终成为大家最方便的语言"。他研究搭配,即词作为各种不同词类所具有的特点,亦研究次序、组合,并在"论各种语言的天赋"一章的结尾,作出结论认为,各个民族因气候和政府的影响,具有各自特有的性格,亦拥有各自特有的语言。"因此,这一切全都证明了,每一种语言都表现着操这种语言的民族的性格。"于是,语言及语言演变多元化的原则被建立起来,而这种多元化共同的单一基础,便是符号。语法学所要攻克的,就是这个理论的模式,并通过精细的描述,使它得以确认。事实上,《语法的一般性原理》(*Principes généraux de grammaire*)中有这样一段话:"组织结构虽然在底层是同一个,却可能因为气候呈现各种变体,需求亦随之改变,在这样的情景下,被大自然抛洒在不同境遇的人类,毫无疑问地走上了相互分离的路径"[1]。

---

[1] 安托尼·阿尔诺、克洛德·朗斯洛:《普遍唯理语法》。

值得称道的是,孔狄亚克提出的这个蕴涵符号的变化可归于自然与社会条件的普遍和自然的符号理论,是以一个杜撰的故事形式(他本人亦知道)呈现给未来的语法学家的,作为他们进行语言描写的理论依据:

> 或许有人会把这整个故事当作一部小说来看待:但是,人们至少不能否认它的可能性。我很难相信我所遵循的方法会使我常常陷入错误之中,因为我给自己定下来的目标是,我的一切论点都是以一种语言总是以直接先于它的语言为样板而被想象出来的这一假设来阐述的,除此之外我什么都不会说的。我在动作语言中见到了所有语言及一切可以用来表达我们思想的艺术的萌芽;我观察到了那些有利于这个萌芽发育的环境;我不但见到了这些艺术的诞生,还曾一步步地观察了它们的成长,并说明了它们种种不同的特点。总而言之,在我看来,我是以一种明了的方式证明,这些对我们显得是最奇特的事物在当时曾经是最自然的事物,而且所有出现了的事物,都只是那些当时应该出现的事物。

一切均为自然必要而生,包括语言和语言的演变。这个公设得到孔狄亚克的观念派追随者们的通力支持。在这一背景下,达斯图·德·特雷西(Dasttut de Tracy)在其《观念科学要素》(*Éléments d'idéologie*,1801—1815)一书中推出了语言是符号系统的理论。"我们的一切知识,他写道,都是观念;这些观念永远都是裹在符号里呈现给我们的。"他进而以此为起点,认为语法是"符号的科学……不过我倒宁愿人们称它,特别是过去一直称它,是观念科学的延续"。特雷西并不局限于话语语言,他指出"任何符号系统都是语言:让我们现在再补充一点,任何对语言的使用,任何对符号的发送,都是一种言语;让我们使我们的语法变成对各种各样的言语的分析吧"。需要提醒的是,这个"观念"符号学所操持的普遍主义行为,意在通过观念的规则,处理任何类型的言语:符号学的某一现代流派应该在这里面听到自己的先声。另一方面,特雷西遵循18世纪语法学的句法思路,观察到"我们的符号已不再是只含有它们原本的意义了;它们在这一本义之上,增添了因其所处位置而带来的价值"。

观念派学者的忧虑是显然易见的:对语法学每每观察到的语言的多元现象,必须要给出历史和逻辑上的缘由依据。因此必须对逻辑源流的公设在理论上发展拓阔,使其必然地、隐含地存在于语言所有的变异形体之中。孔狄亚克坚持认为,原始语言为直接进入感官的事物起名:最先是实物,而后为操作;最先是"果子",而后是"想要",最后是"皮耶尔"。拉丁语便是一例这种类型的语言。接下来的语言是那些分析性语言,它们的句子都是以主语开头,以对主语的评判收尾。以上两种类型的语言会因两个因素的影响而演进和变化:气候和政府。说到这里,孔狄亚克主张的社会条件影响语言的观点似乎变得有点勉强,因为他对天才人物个体作用的欢呼,远远超过了对社会组织作用的赞扬。不过他的理论依然是唯物论的。因为,如果说语言系统是一个严密的体系,而孔狄亚克也毫不迟疑地将其类比为数学符号(正是在这个意义上,他认为极度的严密性是一个给定语言得以生存且前景可期的条件),那么它并非一个一劳永逸的理想抽象体。它双重地扎根在实在世界的土壤:一是因为感觉把信息传达给语言符号;二是因为我们感觉的完善和知识的增长,将会促进语言自身的日趋完美。建立在观念的主体——依托的感知基础之上,现实主义和历史主义在孔狄亚克的构想中融为一体。

因此首先必须置身于感知的环境之中，以便能造出符号来表达人们通过感觉和反思而获得的最初观念；而且，在对那些最初的观念作反思时，人们还会从那些观念中获得一些新的观念，造出一些新的名称，并且把其他人置于人们自己曾处过的环境之中，使他们也作出自己已经做过的同样的反思，用这种办法来为这些新的名称确定出意义。这样，辞句总是随着观念而来：所以它们都是明晰而准确的，因为它们表达的只是那些人人都明显地感受了的事物。

所以，主体通过感知产生观念，而观念通过语言表达：这个过程的发展和完善便是认知的历史。

古德·哥柏林（Court de Gébelin）撰写的《原始世界的分析及其与现代世界的比较》（*Le monde primitif et analysé et comparé avec le monde moderne*，1774—1782）是孔狄亚克思想体系中的一部扛鼎之作。

与这个可以定义为理性的和决定论的感觉主义相对立的，是让-雅克·卢梭（Jean-Jacques Rousseau，1712—1778）在其《论语言的起源兼论旋律与音乐的模仿》（*Essai sur l'origine des langues où il est parlé de la mélodie et de l'imitation musicale*，写于1756年，出版于1778年）一书中阐述的理论。毋庸置疑，卢梭将一切语言所共有的特点归因于它们所扮演的社会角色，而它们的差异则是它们发生时所处的不同的自然条件造成的结果："人类的语言，作为最初的社会习俗，只能是形成于自然。"然而对卢梭来说，不同语言之间的共同特征不是一个理性的原则，而是主体个人的需求所致。卢梭反对任何语言的基础都是理性塑造这一定律，也反对孔狄亚克认为需求造就语言的论点，他宣称"人类造出的第一句话不是来自生存的需要,而是来自激情"。"人们告诉我们,原初人类的语言是由几何学家的语言变来的,而我们可以看出,这些语言完全是诗人的语言……""……人类衣食住行等第一需要根本不是语言产生的原因。那种认为当初把人们分开的原因又成了他们联合在一起的工具的想法是荒谬的。那么,语言究竟是怎样起源的呢?我认为,语言起源于人类的精神需要,起源于人类的激情。所有的激情倾向于把因谋生的需要而不得不彼此分离的人类再次召集在一起。促使人类发出第一个声音的,一定不是饥饿,不是干渴,而是爱、狠、同情和愤怒……这也是为什么,那些最古老的语言在变得明晰和条理化之前,它们往往充满诗意和激情……"①

人们只有在《百科全书》的倡导者德尼·狄德罗(Denis Diderot,1713—1784)的著作里,才可以看到一个唯物论的语言观。他的这种语言观无疑影响了百科全书时期语法学家的科学研究。狄德罗对感觉派和观念派学者发展起来的重大论题继续进行探讨:符号及其与观念和感知现实的关系、语言演变中的类型、语言的发展、拼音文字和象形文字、类似语言的其他类型的能指系统(如艺术类的诗歌、绘画、音乐)等。他通过坚定不移的努力,最终使感觉派和观念派草创的理论,落座在严密的唯物论的基石之上,同时为知识的理论,因而也为语言的运作,提出了最早之一的现代唯物主义的综合理论。

狄德罗强调"可感觉物体"在语言形成中的作用。"刺激感官的首先是可感觉物体;而那些同时拥有几个可感觉性质的物体是最先被命名的;它们是组成我们这个宇宙的不同的个体。后来人们又把可感觉性质相互区分开来,给予它们名

---

① 让-雅克·卢梭:《论语言的起源兼论旋律与音乐的模仿》,吴克峰、胡涛译,北京出版社,2010年,第12页。

字;这些名字大多是些形容词。最后,人们把这些可感觉性质抽象,发现或者自认为发现了所有这些个体中存在的某些共同的东西,比如像非渗透性、面积、颜色、形状,等等,人们于是造出了形而上的和一般性的名词,而它们几乎都是实体名词。于是人们慢慢地养成了习惯,认为这些名词代表的就是真实的事物;而那些可感觉的性质则被看成是一些普普通通的偶发事件了……"[《论聋哑者书信集》(*Lettre sur les sourds et les muets*)]针对这个理想的抽象化的过程,狄德罗提出了思想远不是独立于语言而存在的观点来进行批驳:"我不知道思想到底通过什么样的机制,几乎和它将要在言语表达中出现时的形式一模一样,可以说是披着一层外装,呈现于我们心灵中的。"为了能够完全把握语言的真正机制,摆脱古代和现代语法研究遗留下的预设假定,狄德罗建议观察聋哑人手势言语的交流,并将它与有声语言传达的同一信息进行比较。他最终为法语的词序排列建立起合理的依据——它的自然逻辑性——并得出结论,认为它"比古典语言更具优势"。

  需要在这里指出,狄德罗天才的洞察力,使他能够把艺术系统也当作符号系统对待,他同时还竭力主张,必须对这些符号系统(音乐、绘画、诗歌)的各自特征进行研究:"绘画直观表现事物,而音乐和诗歌所展现的,仅仅是事物的象形表达(hiéroglyphe)。"这种日后因弗洛伊德的研究(参见本书第20篇及其后的内容)而在今天获得新内涵的、把某些能指系统视为象形表达系统的理论,已经被狄德罗注意到了:"西方的象形表达,但凡它们出现的地方,不论是在一句诗歌里,或是在一尊方尖石碑上,不论它们是想象力的所为还是神秘奥妙所致,都是需要不凡的想象力,或者不凡的洞察力,才能够被人理解……一切模仿艺术都有自己独特的象形表达,我真的希望有一天,某个博学精致的思想家,能够投入进去,比较它们的异同。"

在狄德罗的影响下,其他百科全书派的学者不能不对语言也给予极大的关注。经济学家杜尔哥(Turgot)为《百科全书》第六卷编写"词源学"条目。伏尔泰(Voltaire,1694—1778)本人也对语法饶有兴趣,他在他的《高乃依戏剧评论集》(*Commentaires sur le theatre de Corneille*,1764)一书中,建立了,或更确切地说,出面为数个语法规则辩护,由于伏尔泰的威望,这些规则最终被社会接受了。例如:我相信+直陈式从句(je crois+indicatif);我不相信+虚拟式从句(je ne crois pas+subjonctif);在疑问句"您是否相信"之后,则根据所要表达的意思,可选用直陈式或虚拟式从句(croyez-you+indicative ou subjonctif),等等。伏尔泰参与了《法兰西学术院词典》的编撰,而且还计划邀人合著一部《语法大全》(*Encyclopédie grammaticale*)。他对语言的论述(大部分收集在《高乃依戏剧评论集》一书里),体现了一种逻辑的思考,即认为正确的和自然的语词顺序就是分析的顺序,因为它符合"那个所有条理分明的人们生来具有的自然的逻辑"。事实上,一切语言"均未能达到绝对规律性的水平,因为没有一种语言是由逻辑家协力制造出来的";纵然如此,"缺陷最少的那些便成为圭臬;而那些武断性最少的,就是最好的……"(*Dictionnaire philosophique*,"Langues")

纯粹的语法学理论延续并改革了波尔·罗瓦雅尔的理念。其中最彻底的变化,是语法的研究明确地和逻辑内容分离,转向了严格意义上的语言学表述。布费耶神父在他发表在1706年10月刊的《特莱坞札记》(*Mémoires de Trévoux*)上的"评注"一文中指出:"关于语言,我们要探究的是它的表达,远远超过对这个表达的理由的探究。"每个语言都有自己的特点,不应该把它们混淆起来,虽然所有语言的逻辑背景是共同的:"句子的组合和固定词组是一个语言的固有特征,在这一点上,法语与拉丁语之间的差别,与其他任何语言的差别是一样大的,特别是比与德语的差别更大。"(*Grammaire françoise, sur un plan nouveau*, 1709)但是,所有这些各式各样的语言事实,都要受到理性的管辖,由它来组织成系统:"哲学所考虑的,几乎存在于所有的[语言]里面,那就是把它们都看成是我们思想的自然表达;这是因为,自然既然给了我们思想必要的条理性,它也就必然地把必要的条理性给了语言。"所以,布费耶所做的正是拉米斯和《普遍唯理语法》曾经做过的事情:通过逻辑分析的方法,把零零散散的语言事实系统化。

布费耶的分句理论与波尔·罗瓦雅尔派隐士们的理论在此衔接,但同时也以其首先区分句子类型的做法,对后者作了补充:它划分出"完整句,即含有各司其职的名词和动词的句子","不完整句,即句中的名词和动词只是用来构成一种包含数个词的名词,句子不作任何判断且可以仅用一个词表达"(例如:"*ce qui est vrai*""真实的是")。另一方面,布费耶的语法对句子的构成进行了更为详细的描写。名词和动词可以附带数个修饰语,修饰语的种类也得到确定,但它们都只表示同样的一种补充关系:"我们把修饰语这一术语,专门用来指称那些其用途只是表示名词和动词状况的语词。"动词的修饰语成分可以是绝对的(使动词的动作具体化),也可以是相对的(表示动词动作的方向或动作的目的)。例如:必须为了休息(相对的)而牺牲虚荣(绝对的)*Il faut sacrifier la vanité* (absolu) *au repos* (respectif)。然后加上状况修饰语来表示状况。

另一方面,杜马舍(Du Marsais)的著作《拉丁语唯理学习法》(*Méthode raisonnée pour apprendre la langue* latine,

1722)提出了一些教学原则,这些原则将进一步推动由布费耶等语法学家引发的变革,并为百科全书语法的编纂做好准备。这些教学原则包括理性原则(principes de la ratio)和实践原则(principes de l'usage),即逻辑规则与严格意义上的语言观察之间的辩证统一,也包括哲学分析与形式分析之间的辩证统一。因此,语法学家就能够利用从拉丁语中继承来的语法范畴,分离出语言成分之间的关系。杜马舍这样写道:"那些表示把某物给予或归于某人或某物的词被划入与格;这是给予格,这也是它被称作与格的缘故: date quietem senectuti①。于是人们把那些被认为是表示与'给予'甚至'拿走'相类似关系的词也列入与格。'拿走'表示终止关系,finis cui。这些都是习惯用法和实例教给我们的。"

弗雷米(Fremy)修士发表语法著作《作家解读新法》(*Essai d'un nouvelle méthode pour l'explication des auteurs*,1722)之后,在笛卡尔和洛克及感觉派学者两派日渐扩大的影响之下,法语教学被纳入大学的课程设置,查理·罗林(Charles Rollin)写的那本"关于学习法国语言和解读法国作者的方法"的《学习论》(*Traité des études*,1726—1728)一书,便是一个证明。从此,找到一个特别的、新的元语言的需求变得更为紧迫,以便在不放弃普遍关系范畴亦不脱离语言系统范畴的前提下,来说明现代语言中的关系的特殊性。皮埃尔·莱士多(Pierre Restaut)所著《论法兰西语言的普遍和唯理原则》(*Principes généraux et raisonnés de la langue françoise*,1730)则竭力论证推理原则与对语言关系的(铭刻于记忆的)经验知识相结合的必要性:"仅用推理的方法学习语言是不够的,还必须让记忆装填并充满大量的词汇和各种不同的词汇

---

① 拉丁语,"把平安给予老年"。——译者注

组合。这些知识都必须通过不断的练习才能获得，而不是依靠其他任何方法。"

莱士多的天才在于，他把前人分开使用的主语和宾语这两个术语结合起来，使用在同一分析中，为句子的构建框架绘制出一副更加齐全的骨架。不过这两个术语的定义标准，仍然是语义的："如我们前文所述，人们始终把动词的主格，无论它是什么样的动词，都称为主语。宾语是动作完成于其的事物，这个动作可以是心智的，也可以是萌生于心灵的；比如当我说：'我爱上帝。'"但是莱士多补充道："当一个动作是可感觉的，而且产生一个可感觉的效果，人们也把它完成于其的事物叫做主语。例如在下列句子中：'我撕破了我的书，凯恩（Caïn）杀死了亚伯（Abel）'；我的书和亚伯是动作撕破和杀死完成于其的主语，而不能说是它们的宾语。"莱士多就形式语法的格式，为每个形式找出一个对应的语义解释：于是，属格"表示某物通过被生产或被享用，或通过其他任何方式，而属于另一物的关系"。最后，莱士多摈弃了形式主义的替代方法，归纳出一种由疑问代词表示的关系，这个疑问代词的前面可以带或不带介词："为了表达主动态动词的支配功能，人们在疑问句的动词或介词之后，放置 quoi（什么）或 qui（谁）"，如果是间接宾语，"则放置 de quoi，或 de qui，à quoi，或 à qui"。时至今日，传统的语法教学仍然在使用这种类型的分析方法。

从 1750 年开始，法语的形式化活动围绕着《百科全书》铺展开来：当时的主要参与者是杜马舍，1756 年杜马舍去世后，则是杜切（Douchet）和博泽。学界此时最主要的论题，当然是自然语言的问题：每一种语言，当它接近思想的模式的时候，都会拥有某种自然的顺序（ordo naturalis）。杜马舍写道："一切尽在自然顺序中，这种顺序符合我们以话语进行思维的方式，符合我们自童孩时期学说母语或其他什么语言时所自然获得的习惯；这种顺序一定也是西塞罗以 raras tua 开头写他的信时首先想到的[Raras tuas quidem, frotasse enim non perferuntur, sed suaves accipio litteras]，因为倘若他脑海里没有 litteras，他怎么会在这两个词里用了阴性词尾？再之，他为什么会把这两个词用作宾格，倘若他不是想要表示，这两个词所表达的意思与下面的句子相关：我刚刚收到您的信：您很少写信给我，但您的信息会让我非常快乐(Je reçois dans le moment une de vos lettres：vous m'écrivez bien rarement, mais elles me font toujours un sensible plaisir)？为了重新找到这个被日后刻意追求的优雅文体和修辞所掩盖的自然顺序，语法学家必须'解剖句子'。"

吉拉尔(Girard)修士基于同样的目的，即观察语言的多元性并将它们约简至自然顺序，建立了一种按句子构建的类型来分类的语言类型学(*les Vrais Principes de la langue française ou la Parole réduite en méthode conformément aux lois de l'usage*, 1747)。如果说每一种语言都有它与众不同的天赋，吉拉尔修士说，"它们仍然可以被约简为三种类型"。第一种类型是分析性(analytique)语言(即遵循自然顺序)：如法语、意大利语、西班牙语。"在这些语言里，发出动作的主语位于句首，然后是带有修饰语的动作，下来是动作的对象和完成体标志(terme)。"第二种类型是换位性(transportive)语言(即不遵循自然顺序)，如拉丁语、斯拉沃尼亚语(esclavon)和俄罗斯语(muscovite)，在这些语言里，"句首有时是宾语，有时是动作，有时是修饰语，有时是状语"。第三种类型是混合性或双重性(amphibologique)，如希腊语和日耳曼语(teutonique)。显而易见，这是一种建立在句法分析之上的类型划分，它将成为18世纪后半叶语言思想的标志性现象。

分句成分的定义仍然是基于语义的考虑，但也包含了成分之间的关系。分句不再是一个用逻辑术语定义的功能，而是一个借助于介词的补充性系统(système de complémentation)。介词"表示一种限定关系，通过这种关系，一个事物影响另一个事物。介词总是位于施加影响的事物之前，人们称之为关系的补充成分，因此也受介词的支配"。句子将是"不完整的，如果它们只有最重要的主语和述语成分"；"完整的"句子是那些"除了主语和述语之外，还有下面三个成分的句子：宾语—完成体标志—状语成分（Objectif-Terminatif-Cisconstanciel）……"于是，一个含有七部分的分句句法完整地呈现出来，"这些部分可以进入句子的结构，构成一幅思想的画面。我觉得首先需要一个主语和一个表示主语属性的述语，否则，什么都表达不了。然后我注意到，这个述语除了它的主语之外，还可以有一个宾语，一个完成体标志，一个修饰性状语，一个连接另外一个句子的成分，只有这样才能为某个灵机一动的念头提供依托，或者才能表达说话人因触景生情、心灵萌动而产生的思想"。

吉拉尔修士成功地融合了波尔·罗瓦雅尔派的理论和形式语法，并提出一套分析功能与功能的表达形式的方法。他对两个流派的理论融会贯通，作出的综合性论述令人赞叹，并为杜马舍后来所引用。舍瓦列指出，吉拉尔的创新在于把最严密的逻辑性纳入分析，并以此确定了补语概念的内涵，把配合关系(concordance)与支配关系(régime)区分开来。杜马舍在他的《话语发生缘由论述汇编》(*Fragments sur les causes de la parole*)和《逻辑学》(*Logique*，逝后版本)两本书中，发展了他承袭于观念派理论的有关语言的起源、它的符号性质及受气候影响的理论。他关于分句组织的观点，大都集中在他的《论语法原理》(*Principes de grammaire*)中"论语法构建"("De la construction garmmaticale")一章和他为《百科全书》

撰写的条目"构建"("Construction")一文中。他把语法分析和逻辑分析区分开来,认为它们属于两个不同的层面。"人们从语法角度考察一个分句时,需要考虑的只是词与词之间的关系,而不像在一个逻辑句里,需要考虑词组成句子以后所产生的整体意义。"语法关心的是"词在言语里的组合",句法探索的是这些组合的恒定规律,并考察一切肯定或否定的陈述,以及对某些思维判断的陈述,而不是把自己封闭在逻辑判断的狭窄的框架之内。

补语的性质通过并借助一致性/限定性(identité/détermination)的区分而得到揭示,并且成为句法的真正基点。一致性的关系涉及名词和形容词。限定性的关系则"支配词的组构"。"任何时候,当一个词本身只表达了一个特定意义分析的一部分,它就需要附带一个或数个后置词;思想此时期待着,而且必须要求限定词出现,否则它便无法完全理解这个特定的意义,因为第一个词只传达了部分的意义。"下面的例子可以说明限定性/补充性的概念:"某人对我说,'国王给了(le roi a donné)'。'给了(a donné)'只是特定意义的一部分,思想此时并没有得到满足,只是稍有触动;人们期待或要求对下面两个问题作出答复:1)'国王给了什么东西(ce que le roi a donné)?'2)'国王给了谁(à qui le roi a donné)?'第一个问题的答案,可以是'国王给了一个团的士兵(le roi a donné un régiment)';这样,思想在给了什么东西的问题上得到了满足;所以,'一个团的士兵(régiment)'就是'给了'的限定词。下来的问题是,'国王给谁给了这个团的士兵(à qui le roi a donné le régiment)?'回答是'给了某先生(à Monsieur N)'……这里,介词à加上它后面的限定词,只构成了一部分意义,这个部分的意义回答'给谁'的问题,是'给了'的限定语。"

这样一种词类关系分析的建立，使长期使用的以拉丁语为样板的词尾变化(déclinaison)概念彻底消失。介词担负起表达句中关系的功能，取代了使用与六个格相对应的形态标识的做法。"例如，介词 pour 用来表示动机，表达一个目的，一个原由；在它之后，还要陈述动机需要达到的对象，这就是人们所说的介词补语。比如，在'他为祖国工作'这个句子里，'祖国'就是'为'的补语……"

我们在上文中看到杜马舍是怎样地发展了补语这个句法概念，但在他撰写的《百科全书》"补语"("Complément")的条目里，却找不到一个有关的语法理论。博泽晚些时候在"支配"("Régime")条目中指出，"控制"("Gouverner")条目里仅仅暗示了"应该把被称作支配的关系用补语来称呼"，但"也不应该因此把这两个术语混淆为同义词；我将会在两个分开的条目中明确地给它们以精确的定义，以作为对杜马舍先生在'补语'条目中疏漏的补充，虽然这个术语经常出现在他的笔下"。语言史学仍然认为杜马舍是这一分析的首创者，图洛特在他的《赫耳墨斯仰或普遍语法的哲学探究》一书中明确地说："以这种视觉考量术语者，我认为杜马舍是第一人。"

博泽继德·维利(de Wailly)的《法语语法》(*Grammaire françoise*，1754)之后，在他的《普通语法》(*Grammaire générale*，1767)一书中，发展并详细分析了补语。他的描写方法时而漫游于逻辑学与语义学范畴之间，时而又回到亚里士多德的范畴，但句法研究的框架还是被固定了下来，并一直沿用到时至今日的学院语法之中。有产阶级成功地为自己打造一个可靠的意识形态武器：即把语言圈围在古典主义遗留下的逻辑范围内，但当它把分析稍微转向语言"事实"时，却也给予语言一定的灵活性和自主性。普遍主义和经验主义相互渗透，共同塑造了18世纪语法学在"自然主义"语言观的背景下所建立起的这种句子构建观。下面,让我们引述《百科全书》的"语言"("Langage")条目,一起来看看,它是如何以自己的意识形态的形式,简明扼要地阐述语法学家在"科学"描写方面所取得的成果:

第三篇。语言的分析与比较。一切语言都具有相同的目的,那就是陈述思想。为了达到这个目的,所有的语言都使用同样的工具,那就是嗓音:它们就像是语言的精神与肉体;目前,在一定程度上,有一些语言是这样被看待的,就像说这些语言的人一样。

一切人类之灵魂,按笛卡尔学派的看法,绝对是同一种类,同一本质;它们拥有同样的机能,发达程度无异,拥有同样的才干潜能、思想潜能、天赋潜能,而它们之间的差异只是数量上的和个别的差异:下文中将要提到的差别,究其原因,或者为某些外界因素所致;或者因为有了它们才有了生气的躯体的内部构造存在差异;或者因为境遇不同而形成了不同的气质;或者因为人类灵魂之间能够激发思想并把它们进行对比和发展的机遇有寡众的不同,条件有顺逆的差别;或者因教育、习俗、宗教、政治体制及家庭、行政和国家等关系而形成的偏见程度不一,凡此种种,不一而足。

人类的体貌也大致如此。它们由相同的质料构成,如果观察面部的主要特征,简直可以说所有的面孔都是出自同一个模子:然而可能至今还没有发现有任何一个人长得和另一个人一模一样的。人与人之间无论有什么样的生理关联,只要有不同的个体存在,那么,除了身体内部的差别以外,他们的面孔也或多或少会有差别:随着导致同一结果的综合因素的减弱,这些差异亦愈加明显。因此,同一民族内所有成员与全民族共同相似特征的差异是个别的差异。一个民族的相似特征与毗邻的另一个民族的相似特征是不一样的,尽管两个民族之间也拥有某些相似点:这些相似点会随着比较两端距离的增加而递减,直到极端殊异的气候及其他或多或少取决于气候的因素,造成了白种人与黑种人、萨米人与欧洲南部人的差别,而仅在他们身上留下个别的相似特征。

  让我们用同样的方法,区分语言中的精神与肉体,区分它们为自己确定的那个共同的对象和表达这个对象所运用的通用工具,一言以蔽之,即区分思想和嗓子发出的有节声音。我们将从中分辨出那些它们必然具有的共同特征,以及它们在这两方面独有的特点,这样一来,我们就能够为语言的生成,语言的融合,它们之间的亲缘关系和各自的长处,建立起理性的原则。

  尽管思想是不可分割的,人类精神……依然借助抽象的方法,通过分离构成思想对象的观念及其相互间的关系,终究把它析解成为部分,这是因为这些观念都与不可分割的思想有关联,并在思想里得到思考的缘故。这种分析方法的原理,产生于人类共同的精神本质,因此它的结果在各处都应该是一致的,或者至少是相似的。它也应该使人们可以用同样的方式思考观念,并且为语词建立起与观念相同的分类方式。

  这些便是普遍存在于一切语言的精神中的事实:即对构成同一思想的观念部分可以依次进行分析。而且各种语言在表达这些在相同条件下被审视的观念部分的时候,所使用的词类也是相同的。但是它们也都允许在这两个普遍的事实上存在一些因操这些语言的民族的禀赋不同,而形成的差异。因此,这些差异同时既是这些语言禀赋的主要特征,亦是语言之间完全对等互译的困难所在。

至于分析的顺序,在话语语言表述思想的过程中,有两种方法可以使它被感知到。第一种是用观念部分的分析顺序,排列话语的词序;第二种是让那些可以变形、变格的词,以曲折变化或词尾变化,来反映分析的顺序,然后运用一些可以为话语艺术增添文采的其他原则,调整话语中词的排序。于是,这两种不同的分析顺序的表达方法,成了将语言区分为两大类别的最普遍的划分方法。吉拉尔修士(*Princs. disc.* 1:23)把这两个类别的语言分别称为类推型(analogue)语言和换位型语言,我将保留这两个术语,因为在我看来,它们非常贴切的体现了区分的精髓。

类推型语言是那些其句法服从分析顺序的语言,因为在这些语言里,词在语句中的顺序,与观念分析的步骤是一致的;这些语言的运作确确实实是由精神本身的运作类推而来,甚至几乎与精神的运作完全相同,其操作的程序也是一步步模仿来的。

换位型语言是通过言语使用过程中词尾形态的变化,来体现分析的顺序的。这些语言也因此获得了可以自由决定语词在句中的顺序的能力,使其彻底摆脱了观念的自然顺序的束缚。法语、意大利语、西班牙语等,都属于类推型语言;希腊语、拉丁语、德语等则属于换位型语言。

这里自然而然地出现了一个问题。分析的顺序和词的换位顺序在那些分别采用了这两种方式来调控句法的语言中,意味着完全不同的视角:这两种顺序各自体现了两种殊异的禀赋。但是,由于地球上起初只有一种语言，那么我们能不能把这种语言归属到其中的哪一种，断定它是类推型语言还是换位型语言？

既然分析的顺序是语言两个一般种类的不变的原型和它们相互间沟通的唯一基础，那么人类的第一个语言似乎很自然是严格地服从分析的顺序，并按照这个顺序来决定它的词序的……

15 历史语言观

18世纪末，无论是在意识形态领域还是在哲学及即将于19世纪得到发展的科学领域，都出现了一个显著的变化。进化论，即历史观，替代了对机制系统的描写（包括语言的）和对类型的系统化处理（包括各种不同语言的类型）。人们不再满足为系统的运转制定规则，或在研究的整体对象之间建立对应关系：他们用同一个目光审视一切，把研究的对象串联在亲缘谱系这条线上。历史主义将成为19世纪思想的根本性标志，语言科学自然也不例外。那么，这个历史主义源自何处？

赫尔德（Herder）的《人类历史哲学观念》(*Idées sur la philosophie de l'histore de l'humanité*，1784—1791)一书，被公认为是第一个对历史主义作出全面阐述的著作。赫尔德在书中提出建立一个"与我们密切相关的人类总体历史的哲学和科学"。在谈到他选定"人"的范畴作为自己的研究对象的动机时，赫尔德提到了物理学的进步和自然史的创立（"以齐默曼 Zimmermann 为动物学绘制的地图为样本，绘制一张人类学的地图"），但"形而上学和道德"是首要的原因，而"最后，宗教则居其他一切之上"。正如评论家们所证实的那样，赫尔德的这种表露绝非偶然,而是他所秉持的历史主义的真正的思想基础。从埃德加·基内(Edgar Quinet)为其《人类历史哲学观念》(1827)写的序言中,读者可以明显地感到,赫尔德的做法,其实是对18世纪所经历的社会巨变,如帝国的灭亡、国家在大革命冲击下的变革等作出的一种先验性反应。"思想不再以其中的任何孤立个体为依托。为了填充真空,人们把它们叠加在一起,做一揽子的观察。于是,相互间传承递接的个体,让位于塞挤在狭窄空间里的群体。而后,在发现这种做法依然于事无补而只是把虚无揭露了出来以后,人们便竭力探索,在这一切的动荡中,是否至少存在着某种恒定的观念,某个稳定的原则,而一切文明所经历的曲折,将围绕这个稳定的原则,循着一种永恒的秩序,绵延复生,永无止息……"社会结构的裂解,迫使思想直面炫目的真空和虚无,并努力地要将它们填满:"况且,这个历史的哲学或许在某一天,会成为绝望中的一线希望,不论这个绝望是整个社会的还是某一个人的……"(同前)主张恒定观念的历史主义,作为历史演递轴心的稳定原则,将是唯心论者对法国大革命弘扬的唯物主义的最有力的反击。大革命冲破了唯心主义思想赖以藏身的"自然逻辑"的静态世界,把它从中连根拔起。历史主义的使命,就是抹去失去藏身之地的唯心主义思想所困居的真空。它要为中断找出理由,要在分裂之后找到连续性。赫尔德(1744—1803)的原则是黑格尔辩证法的先驱,对这一原则他是这样阐述的:"权力和形式的更迭从来都不是倒退,亦不是停顿,而是进步";组织只是"引导(形式)进一步升华的阶梯";"任何毁灭都是一次质变,是向生活的更高阶段过渡的一个瞬间"。

但是,到那里去寻找这个理由,或寻找那个通过稳定亦令人安心的进化原则的重新诠释而为革命和唯物主义造成的断裂提出理由那个逻辑呢?那个地方就是逻辑形成的地方,就是人们想要证明逻辑时,能够找得到它的地方:那个地方就是在语言里面。

如果说波尔·罗瓦雅尔派语法学家证明了语言服从判断逻辑的原则,如果说百科全书派学者希望在语言中发现感性世界的逻辑性并找到对物质环境(气候、政府)影响论的肯定,那么,19世纪则要证明,语言本身也是一种演变,并用这种观点来支持思想和社会的演变原则。

梵文的发现及印欧语系诸语言间的亲缘关系,被进化论思想看作是其理论在语言中的证实,并将为它的建立提供必不可少的支持。语言被看作是一个演变过程,将是它思考社会的模式;而更好的模式是语音的演变,即摆脱了所指内容的能指形式的变化。被柏拉图分开的观念和声音,在弗里德里希·黑格尔(Friedrich Hegel,1770—1831)那里,又被绝妙地重新以演变的形式结合在一起,成为一对互为论据的概念。进化论甚至直接搬用语言学术语,来"精确描述"那些因一个在"永恒的时间"里失败的、中断的、无果而终的行为而停顿的操作:于是,基内提出"时代和谐"的说法:"坠入深渊的任何民族,都是它发声中的一个重音;每一个城邦的自身,都只是一个没有说完的语词、一个破碎的画景,是铺陈在时间中那永恒诗章的一个没有完成的诗句。您听到了那个宏大的演讲吗?它流淌在历史的长河里,变得越来越大,越来越长,它时断时续,永无定态,让每个时代都无法揣摩它下一句话将会说什么。它如同人类的讲演,有它委婉的说法,有它愤怒时发出的叫喊(感叹句),有它的抑扬顿挫……"

比较语言学和历史语言学就是在这样一种意识形态的大背景下诞生并发展起来的。这个新的学科从浪漫主义和德国进化主义的一般性原理中汲取营养,但同时亦发掘出它独立于这些学说的自主性，在没有借助其派生的意识形态的情况下，成功地发展为一门客观性的科学。它以浪漫主义思想对抗布雷阿尔称之为"18 世纪百科全书派那种些许裸露的简朴，些许干瘪的抽象"。19 世纪语言学提出语言谱系的观念以替代 18 世纪语法学家对句法的梳理。它把语言归属为不同的语系，并追流溯源，为每个语言找到自己的源头。

在这项工作中，19 世纪语言学的主要依据是 18 世纪在梵文和它与一些欧洲语言的亲缘关系方面的发现。事实上，对波斯和印度的了解吸引了学者的兴趣。一个叫"亚洲学会"的组织在加尔各答成立并发表关于印度语言的研究。人们还记得，戈尔杜神父于 1767 年呈送了一份报告，题目为：《就教巴泰勒米修士先生暨法兰西美文与铭文学术院诸院士：为何梵语中的大量词汇与拉丁语和希腊语，尤其和拉丁语相同？》(Question proposée à M. l'abbé Barthélémy et aux autres members de l'Académie des Belles-Lettres et Inscriptions：D'où vient que dans la langue samscroutane it se trouve un grand nombre de mots qui lui sont communs avec le latin et le grec, et surtout avec le latin?) 法兰西学术院对这个有关语言亲缘关系的本质性问题从未予以答复。

与此同时，对印度文学作品的翻译工作取得了进展：威廉·琼斯翻译了《莎恭达娜》(*Sakountala*)，并于 1786 年指出，梵语、希腊语与拉丁语之间存在着某种"非偶然可以解释的"亲缘关系。

在对印度、印度语言及其与欧洲语言关系的兴趣日益增长的气氛下，19 世纪初叶，一群梵语学者在巴黎组织了一个圈子，成员有加尔各答学会会员汉米尔顿 (Al. Hamilton)、庞斯 (Pons) 神父、F·施莱格尔 (F. Schlegel)、印度学家谢才 (Chézy)、朗格莱思 (Langlès)、福里埃尔 (Fauriel)、阿拉伯学者德·萨西,奥古斯特·威廉·冯·施莱格尔(August Wilhelm von Schlegel)晚一些时候也加入进来。阿德隆(Adelung)则发表了他的《米特拉达梯》(*Mithridate*,1808),这是关于多种语言的第一部知识大全。

另一方面,早前曾宣称必须而且可能把语法学建设成为一门科学的莱布尼茨和梅西埃(Mercier)的理论,也将其兴趣转向历史,以建立一门历史语言科学。

然而,激发语文学家和语言学家热情的,是印度:它是"湮没的祖源"、被抛弃的"母语",应该重新振兴它,以激活陷于迷惘的知识。F·施莱格尔写道(*Sur la langue et la sagesse des Indous*,1808):"但愿印度学的研究也能出现几个那样虔诚的学者和保护人,就像15和16世纪的意大利和德国那样,一下子涌现出那么多的人投身于希腊学的研究,在很短的时间内,完成了那么伟大的业绩!对古典认知的复兴,会改造一切科学,并迅速地使它们恢复青春:非但如此,它也会改造世界,使世界恢复青春。我们敢断言,假如当初印度学研究能像希腊学的研究那样有力,假如它能早早进入欧洲的学术圈子,那么它今天的成果,一定不会逊色,一定也会产生同样广泛的影响。"

1826年德国人弗朗茨·波普(Franz Bopp,1791—1867)发表论文《论梵语动词变位系统,及与希腊语、拉丁语、波斯语和日耳曼语动词变位系统的比较研究》(*Du système de conjugaison da la langue sanscrite, comparé a celui des langues grecque, latine, persane et germanique*),被认为是比较语言学,因此也是历史与普通语言学的诞生日。我们后面还会详细介绍这项研究。另外还有丹麦人拉斯穆斯·拉斯克(Rasmus Rask,1787—1832)对欧洲语言亲缘关系的研究,以及雅各布·格林(Jacob Grimm)于1822年在他的著作《德语语法》(Deutsche Gramatik)中阐述他在语音研究方面的发现：元音变换规律(Ablaut)、元音变音规律(Umlaut,元音音色因毗邻低元音影响而改变)和辅音转变规则(Lautverschiebung)(例如，与日耳曼辅音 f，p，h 相对应的是希腊语π，τ，χ 和拉丁语的 p，t，k，等等)。

我们这里暂且偏离这些研究发现的年代顺序，来先看看拉斯克的贡献。因为丹麦语言学家虽然与波普和格林一样，为语言学历史方法论的创立人之一，但是由于他的观念和研究的特点，最终没有加入席卷 19 世纪语言学的进化主义思潮：他不是历史主义者，而是比较主义者。

拉斯克的实证发现主要发表在他的名为《古代北方语或冰岛语的起源研究》(Investigation sur l'origine du vieux norrois ou de la langue islandaise，1814)的著作里。他首先发现，立陶宛语和拉脱维亚语(langues lituanienne et lettone)在印欧语系内构成一支独特的语族，另外，伊拉克语或阿维斯陀语(langue irakienne ou avestique)也是一个独立的印欧语言。他以一个共同的结构为参照，对语音的变化作了非常严格的描写：例如，当他把"色雷斯"(thraces,如立陶宛语、斯拉夫语)语族与希腊语和拉丁语比较时，发现"不仅不少词的形态和意义相似，而且相似的地方如此众多，以至于可以从字母的变化中推演出规律来，而且这两类语言的语言整体结构也是相同的"。

拉斯克对斯堪的纳维亚语言深入的研究，无疑使他成为斯堪的纳维亚语文学的奠基人。是他发现了首个语音定律，即日耳曼转换定律(mutation germanique)(例如拉丁语以 p 和 t 开头的词与日耳曼语以 F 和 P 开头的词之间，存在着规律性对应关系：pater, tres＞Faθir, Priz)。

然而，拉斯克的理论追求绝对不是历史主义的。以其思维的逻辑性和系统性,他更属于百科全书时代,而不是他厌恶的浪漫主义时代。他对以梵语为祖宗的世系假说毫无兴趣:他曾千方百计地回避当局令其出访印度的要求,最后当他百般无奈去了之后,却没有带回任何有关出访地区(俄罗斯、高加索、伊朗、印度)的语言资料,令时人大为失望。可以说拉斯克是从自然科学的发现中得到启示,并没有像19世纪人们通常所做的那样,把语言系统看作是一个有机体,而是更多地着力于语言的分类,就像18世纪语言学家所做的那样,或者像林奈(Linné)在植物学上所做的那样,而不是揭示它们的历史演变,譬如达尔文(Darwin)在动物学领域所做的那样。正如路易·叶尔姆斯列夫(Louis Hjelmslev, *Commentaire sur la vie et l'oeuvre de R. Rask*, CILUP, 1950—1951)所指出的——他的看法不仅仅是出于一个结构主义者的成见——拉斯克的学说是类型学,而非遗传学:"他发现了把语言归属为支系的分类方法,但对他来说,这种分类还只是一种类型学上的分类。"事实上,对于拉斯克来说,语言系统是没有变化的:一个语言只能消失,如拉丁语,但它不可能演化并变成另外的语言。当他观察到不同语言之间在语音或语法上的对应关系时,他所做的,只是确定这些语言的亲属关系并将它们归属到同一语族,仅此而已。对于他,"一个语族是一个多种语言的系统,所以它就是一个系统的系统",而不是一个族谱。再者,拉斯克的哲学信念(对此他在1830年左右曾在课堂上作过阐述),也证实了叶尔姆斯列夫的结论。他宣称,"语言系统是一个自然界的属物",而"对语言系统的认知和自然史相似",进而认为:"语言系统为我们提供了两个哲学思考对象:1. 事物之间的关系,即系统;2. 这些事物的结构,即生理。这并非是机械性的,恰恰相反,如果它能使我们揭示自然界的真实系统并证实它的存在,这将是哲学应用于自然界的最伟大的成就。"叶尔姆斯列夫明确指出，对拉斯克来说，语言研究的前提，是两个互为交织的层次：一个是阐释层次，这个层次产生了字典和语法，这是一个关于语言形式的理论；另一个是考察层次，或者说是关于内容的理论：是"科学地探究潜匿在语言结构中的思想，也就是说探究那些以派生和曲折形式表达的观念，等等"。因此，如果说拉斯克关注语音的对应关系，那么对他来说，只有内容结构的对应才是决定性的。他没能作出进一步的抽象思考，以便排除杂音的干扰，去专一地倾听语音的关联对应，并从能指的这种转换中，像格林和波普那样，发现语言历史的演变轨迹。如果说他毕竟还是成功地把印欧语言归属为同一语系，那也是因为语音的对应在大多情况下，都有结构对应相随（逻辑、所指的对应，内容的对应）。所以，我们赞同叶尔姆斯列夫所说的，"拉斯克的兴趣不在于语言系统的历史，而在于它的系统和结构"，他的比较语言学不是遗传学性质的，而是一般性质的，是和百科全书派对逻辑系统化的关注一脉相承的……但这些都不影响他作为印欧语言比较语法始创者的地位。

提出语言由初始的同一源语，经过服从于某些规律的变化，演变为纷繁多样如梵语、希腊语、拉丁语、哥特语、波斯语等民族语言的语言演变原理的，当属波普。波普于1812年至1816年旅居巴黎期间，接触并了解到巴黎学界在梵文和东方学研究方面的成果，随即发表那篇论梵语动词变位系统的论文，他写道："我们首先应该了解古印度语的变位系统，把它与希腊语、拉丁语、日耳曼语和波斯语的变位系统一一进行对比，这样，我们就会发现它们的一致性；同时，我们也将发现，这个单一的语言机体是逐渐地一步一步走向了消亡。我们也会观察到，这个单一语言机体因某些机械性的组群变化而被替代的倾向，因此，当人们不再能够辨认出这些群组的成分时,就会以为是一种新的机体产生了。"

为了在语法的层面证实这一原理,波普证明了曲折变化(施莱格尔的概念)源自古语中的词根,以此来证伪施莱格尔的论点:"既然语言,他说,曾以其特有的前瞻性天赋,用了简单的符号表示人类简单的观念,既然我们看到同样的概念在动词和代词里以同样的方式表达,那就说明字母起初是有意义的,而且始终不渝地保持了这种功能。如果说当初有某种理由,让 mâm 表示'我',让 tam 表示'他',那么毫无疑问,是同样的理由使 bhavā-mi 表示'我是'而使 bhava-ti 表示'他是'。"

之后,波普又相继发表了《梵语和相关语言的对比分析》(*Vergleichende Zergliederung des Sanscrit und der mit ihm verwandten Sprachen*, 1824—1831)和《梵语、禅德语、阿美尼亚语、希腊语、拉丁语、立陶宛语、古斯拉夫语、哥特语和德语比较语法》(*Vergleichende Grammatik des Sanskrit, Zend, Griechischen, Lateinischen, Litthauischen, Altslawischen, Gotischen und Deutschen*, 1833—1852)。

与拉斯克的研究相比,波普初期研究的涵盖面较窄一些:他虽然研究了拉斯克没有研究的梵语,但只是到了1833年、1835年和1857年才分别把立陶宛语、斯拉夫语和阿美尼亚语纳入考虑;他对塞尔特语与印欧语言的亲缘关系到了1838年时才有所觉察,而阿尔巴尼亚语是1854年才被包括进来的。另外,他的研究仅限于曲折变化:在他的比较语法里,几乎没有涉及语音,但他对语音定律的研究还是作出了贡献,如他不赞同格林的观点,证明了元音变换规律(如 sing-sung-sang)没有意义,而是由于语音平衡规律和重音的作用才发生的。波普的研究视野到了英文版的《梵语和相关语言的对比分析》出版时已有扩大,他将变形和变格也纳入了考察范围。

虽然波普的进化论意图与当时的浪漫主义意识形态完全一致，但他的研究却远离了德国浪漫主义学者（如波普的老师温迪施曼 Windischmann，以及赫尔德和施莱格尔）的神秘理想主义和唯心主义，在有关语言的问题上，接近实证主义的立场。实际上，他一直相信梵语会使他发现语言的"共同源头"，尽管他后来修正了这个观点，认为梵语并不是语言的源语，而同其他语言一样，是"一个单一、共同的原始语言渐进演化过程中"的一个环节。这样的一种理念，使波普甚至试图把高加索语、印度尼西亚语、美拉尼西亚语和波利尼西亚语也归入印欧语言的亲缘语言。波普在 1833 年《印欧语言比较语法》(*Grammaire comparée des langues indo-européennes*)第一版的前言中，承认了他的这个理念，尽管随后他对此有所缓和，曾多次婉转提醒不要一味地去探寻符号（就是最初语音，即词根的意义）的奥秘：

> 在这本书里，我试图对书名中提到的几种不同语言的机体作出描写，对它们之间性质相同的事实进行比较，研究支配这些语言的物理的和机械的原理，并探索那些表示语法关系的形式的起源。我们唯一要避免的，就是去探寻词根的奥秘，换言之，就是追问为什么某个原始的观念以某个声音而不以另一个声音表达；比如，我们决不去考察为什么词根 I 表示"去"而不是"停下"，语音组合 STHA 或 STA 代表"停下"而不是"去"。除了这点保留外，我们将力求观察语言在其可以说是诞生和成长中的状态……当人们一旦拓宽自己的研究范围，并把源自同一语族的语言加以对照时，语法形式的原始意义，因而也是它们的起源，大都会不言自明。虽然这些语言早已在数千年前分离，它们却依然保留着自己共同祖先不容置

疑的遗痕。

这种远离时代神秘主义、把语言系统就其自身并以其自身为对象进行研究、在它的物质本身中探寻一个实证基础的倾向,被波普在他的《印欧语言比较语法》一书的前言中,以一段著名的论述加以印证:"本书中所探讨的语言,是就其本身而得到研究的,换言之,它们是作为认知的对象,而非认知的手段而得到研究的。"在某些学者看来,这句话已经预告了即将到来的索绪尔的学说。这意味着历史语言学将是一门真正的语言学,而不是一种对思维方式的研究(如《普遍唯理语法》所做的那样):它将是一种通过语言自身的演变,对语言组织自身的成分进行的分析。

所以,波普的伟大贡献,依然在于他将梵语纳入了语言系统的实证研究。正如裴特生在《语言的探索》(The Discovery of Language, 1931, Éd. 1962)一书中指出的那样:

> 仅仅认知这个语言就足以产生了一种革命性的效果,这不仅因为它是一个新鲜的、来自知识陈旧的领域之外的事物,是一个学者们可以不被希腊人和拉丁人强加于他们的那些难以清除的传统成见束缚而自由研究的对象,而且还因为梵语是一个结构异常精确的语言。正像这个如此明晰的结构产生了令人惊叹的明晰的印度语法一样,当它影响到欧洲学者的思想时,便产生了比较语法。虽然拉斯克的著作在不少地方更加成熟和透彻翔实,而波普的书则存在数处偏失,但它对后世的研究却产生了更大的推动作用,尽管拉斯克写作所用的语言在世界上使用的范围更广大……因此,波普的短文,可以看作是那个我们称之为比较语言学的学科的真正的开始。

波普虽有谬误,但是他以自己的理想主义,为认识论带来了一个巨大的变化。对此,布雷阿尔(*Introduction à la grammaire de Bopp*, 1875)有过这样的阐述:"若要理解其历史中某个特定时期所发生的事实,就必须把中断的链条重新连接起来。以往语法方法的错误在于,它认为一种语言是一个业已完成、不言自明的独立的整体。"

这里需要强调洪堡(Humboldt,1767—1835)论著的重要意义,因为他和波普同是语言比较主义和语言历史观的先驱。他是波普的朋友,并因其影响开始研究梵语。洪堡是语言学家,更是语文学家。他对很多语言都有广泛的了解,并以他的著述流名后世:《关于语法形式的出现及其对观念发展的影响》(*Ueber das Entstehen des grammatischen Formen und ihren Einfluss auf die Ideenentwicklung*, 1822)、《关于爪哇岛上的卡维语》(*Ueber die Kawi-sprache auf der Insel-Java*, 1836—1840)、《致阿贝尔·雷慕萨的信:论语法形式的通性以及汉语精神的特性》(*Lettre à M. Abel Rémusat sur la nature des formes grammaticales en général et le génie de la langue chinoise en particulier*)等。他的影响和权威性如此之大,被公认是"比较语文学的真正创立人"。洪堡的哲学立场(兹维金采夫 V. A. Zvegintzev 在其《19 世纪的语言学史文集》[*Textes de l'histoire de la linguistique du XIXe siècle*]有所提及)与康德的哲学是一致的:对他来说,意识是一个实体,它独立于客观存在的物质,并受自身规律的支配。"语言是灵魂的全部。它遵循精神的法则发展。"但与此同时,洪堡又将语言定义为思想的工具,并强调语言系统不是特征的集合,而是实现语言发展的持续过程的手段之总和。由此他建立了语言系统和言语的区别:"语言系统作为其产品的总合,区别于言语活动。"

洪堡著述的主要论题之一,是建立一个语言结构的类型学,并把它作为对语言结构进行分类的根据。每个结构都是一种认知世界的方式,因为"自然界在于把可感觉世界的材料注入思想的模子",或者因为"语言的多元性就是观察世界的视角的多元性"。虽然这样的一种理论可能导致某种"种族主义"的论点(语言的优越性对应种族的优越性),但它的巨大的优势在于强调了思想与语言不可分割的统一性,并且似乎也预示了卡尔·马克思的唯物主义论点,即语言是思想的唯一现实。洪堡类型学视角的主导原则,当然是进化论的:语言曾经有过一个完美的起源,一个发展的阶段和一个衰落的过程。另一方面,现代思想在洪堡的理论里,发现了某些被当今科学和哲学重新探讨的原则:如语言不是一个产品 ἔργον,而是一种活动ἐνέργεια 的原则。这个原则曾吸引了像乔姆斯基那样的转换语法学家。内蕴语言型式(Innere Sprachform)的概念也是洪堡发现的。这是一个内在的、先于发声的语言形式,是 L·特思尼耶尔(L. Tesnière)所倚靠的原则,在结构语义学和整个符号学中也不无反响。

由此可见,语言的科学是如何借助浪漫主义的反作用,在与认识论的两个事实的比照过程中建立起来的:一个是前一世纪的逻辑系统;另一个是当时自然科学的发展。语言的研究"不再用逻辑的范畴作为解释",梅耶日后在联想到百科全书派语法学家时这样说(*Introduction à l'étude comparée des langues indo-européenes*, 1954, 7ᵉ éd.);它想模仿对"生物",即有机物的研究,因为当时人们已经开始以有机物为样板来思考社会了。语言"在大多数情况下,并非像一个物理事实那样,可以归结为抽象的公式"(同上)。逻各斯的生机说(vistalisme de logos)替代了系统的逻辑性。这个嬗变被视为一种对标志着过去那个时代的逻辑先验方法(这里指阿基米

德、伽利略、牛顿)的反动:

> 这种方法已经到了完美无缺的地步,人们需要做的,就是在一切可以用它进行研究的领域,越来越精确的把它运用于所研究的对象。相反,历史解释方法是19世纪的一个发明(在某种程度上18世纪末已经出现)。地壳、有机物、社会及其机构的出现,都是历史发展的产物,而这一发展的细节不能靠先验的猜测获得,只能在数据允许的范围内,尽可能准确地通过观察和确定具体事实在实现过程中的发生顺序和交叉状况,来进行了解……无机物本身也有一个发展过程。

梅耶的这个推论,勾画出进化论从对"起源"的形而上学研究,变为对一个演变过程的准确描写,即历史实证主义的转变轨迹。世纪初叶的比较语言学向历史主义的转变,是通过波普,尤其是格林的研究得以实现的。波普证明了语言之间存在着代位遗传亲缘关系,并且它们都可以上溯到同一个起源。格林[《德语语法》(*Deutsche Grammatik*,1819),卷1及1826年、1831年、1837年出版的续卷]扬弃了语言亲缘说而专注个别语言的历时研究:即语言演变详细的、一步一步的编年史,这种比较学者欠缺的编年研究,最终为语言学奠定了切实的基础。

正如裴特生指出的,这个由格林和德国罗曼语学者弗朗茨·迭斯(Franz Diez, *Grammatik der romanischen Sprachen*,1836—1844)引发的决定性转变是在1876年左右完成的。但是在迭斯之前,已有学者受波普和格林的启示,对多种语言进行了比较和历史研究:如E·比尔努夫(E. Burnouf,1801—1852)对伊朗语的研究,多布罗夫斯基(Dobrovski,1753—

1829)专攻斯拉夫诸语言,为 F·米可罗西奇(F. Miklosisch, 1813—1891)日后出版《斯拉夫语言比较语法》(*Grammaire comparée des langues slave*,1852—1875)打下基础。更晚的 E·库尔提乌斯(E. Curtius, 1814—1896)把比较研究方法应用到希腊语上(1852),而特奥多尔·本发伊(Theodor Benfey, 1809—1881)则研究了埃及语。J·K·宙斯(J. K. Zeus, 1806—1856),一位默默无闻的教师,编写《凯尔特语语法》(*Grammatica celtica*, 1853),澄清了凯尔特语在印欧语言中的地位。而罗曼语言研究的创始者(L. Wagner, *Contribution à la préhistoire du romantisme*, CILUP, 1950—1955)迭斯的著作,起初的灵感来自一个法国人弗朗索瓦·雷努阿尔(François Raynouard, 1761—1836)所写的名为《行吟诗人的原创诗歌选,包含行吟诗人比较语法》(*Choix des poésies originales des Troubadours contenant la grammaire comparée des Troubadours*,1816—1821)的书。作者发展了但丁的普罗旺斯语为罗曼语言母语的错误理论;但他在书中运用了大量的语言资料(如法语、西班牙、意大利语、葡萄牙语、费拉拉方言、博洛尼亚方言、米兰方言、贝加莫方言、皮埃蒙特方言、曼图亚方言、弗留利方言等),对词汇、形态和句法层面的成分进行比较。雷努阿尔的工作受博学者们对普罗旺斯语研究的启发,截然不同于当时整个法语语言学界的研究。法语语言学忠实于波尔·罗瓦雅尔派和百科全书派,在是否接受德国浪漫主义观点的问题上犹豫不决,因而对比较语法持保留态度。正如梅耶所说,孔狄亚克挡住了通往波普的道路……冯·施莱格尔在其所著《行吟诗人语言和文学之管窥》(*Observations sur la langue et la littérature de troubadours*)一书中批驳了雷努阿尔的看法。

于是,以研究行吟诗歌起步的年轻的迭斯,继承了前人的这些研究成果,最终全身投入了对法语的历史分析研究中。迭斯通过比较法语和其他罗曼语言,发现罗曼语族诸语言都来源于通俗拉丁语,这一发现与雷努阿尔的观点相左。尽管他没有把加泰罗尼亚语(catalan)、雷蒂亚语(rhétique)和撒丁语(sarde)归于这个语族,但他还是鉴别出罗马尼亚语属于罗曼语。

  罗曼语言学的建立,产生了一批法语历史研究的专著,如康拉德·冯·欧列里(Conrad von Orelli)编纂的第一部《古法语描写语法》(*Grammaire descriptive du vieux français*,1830);古斯塔夫·法洛(Gustave Fallot)的《13世纪法国语言及其方言的语法形式的研究》(*Recherche sur les formes grammaticales de la langue française et de ses dialectes au XIIIe siècle*,1839);J·J·安培(J. J. Ampère)的《论法国语言形成史》(*Histore de la formation de la langue française*,1841);Fr·格宁(Fr. Génin)的《12世纪以降法语的变化》(*Variation de la langue française depuis le XIIe siècle*,1845);F·卫(F. Wey)的《论法国语言的变革史》(*Histoire des révolutions du language en France*,1848)等等,以及É·利特雷(É. Littré)的两卷本《法国语言史》(*Histoire de la langue française*,1863)。

  这是历史语言学的进化论时期,如果说它以建立日耳曼、罗曼等语言的研究而开启了向实证主义的转变,那么,契合了这个时代重大认识论现象,即达尔文学说和黑格尔哲学的奥古斯特·施莱歇(Auguste Schleicher,1821—1868)的著述,就是这个时期遗传观的巅峰之作。我们下面一起来看,施莱歇怎样用充满了生理学概念和术语的词句,来描述他对语言的反思:"作为比较,我想把语言的词根叫做单细胞。语言此时还不具有特别的器官来表达名词、动词等语法功能,而且这些功能(语法关系)本身也还处于相互间几乎无区别的状态,就像在单细胞有机物或高等动物的胚胎那里,不区分呼吸功能或消化功能那样。"谈到达尔文关于生物在生存竞争中的自然选择论题时,施莱歇认为,这一论题对语言和生物是同样适用的。"在人类生活的现阶段,他写到,生存竞争中的优胜者,大部分是印度—日耳曼语系诸语言;它们通过不断淘汰其他语言,扩大自己的传播。"另外,施莱歇关于语言的论断也是对达尔文学说的呼应,并似乎是搬用了黑格尔的观点。依照这个观点,一个语言在其发展之前,即民族的初始时期,是更为丰富多彩的,而与此相反的是,随着文明的发展和语法的形成,语言逐渐贫瘠化了。

对黑格尔来说,语言事实上如同思想的"仓库",这位哲学家建议按照其语法范畴表达逻辑推演的能力,对语言进行次第等级的区分。我们在下文中将会看到,这些预设为普遍有效的逻辑推演,几乎就是现代印欧语言,甚至就是德语的翻版。因此,黑格尔的逻辑主义使他看不到其他语言各自的特性(如汉语),而且还导致他提出了一个歧视性的语言观①:

> 思维形式首先在人的语言里面得以外在化,它们可以说也是记载在人的语言里的。人兽之别在于思想,这一点我们今天仍须常常记住。在一切成为人的内在的东西里,成为他一般概念的东西里,在一切人使其成为自己的东西里,都可以发现语言的干预,而人用以造成语言和通过语言所表达的一切东西里总包含着一个范畴,无论这个范畴较为隐蔽,较为混杂或已经很完善。因而人就完全自然地按照逻辑去思维,或者不如说逻辑构成了人

---

① 黑格尔的文本出自《逻辑学》。这里引用的是奥比出版社的译本。

的本性自身。但是,假如人们把一般的自然作为属于物质世界的东西,而与精神的东西对立起来,那么,人们应该说,反倒是逻辑构成了自然的东西,它渗透了人面对自然的一切行为,如感情、直觉、欲望、需要、冲动,从而使这些行为具有人的属性,即使这仅仅是形式的,并使它们成为观念和目的。一种语言,当它具有丰富的逻辑表达形式,特别是那些专门用以指称思维规定本身的具体的和独特的表达方式,我们就可以说这种语言拥有优越性。在介词,冠词及其他词中,很多都是对应着基于思维的情状;中国语言在其形成的过程中,还不能说达到过这种地步;但是这些冠词,当它们存在时,只是在里面起了一个完全从属的作用,只不过比词的屈折变化,或词根的前缀等一类的东西,稍微多一点独立性而已。然而,当思维规定在一种语言里涉及名词和动词的形式,也就是说涉及了一个客观形式,那才是重要得多的事情;德国语言正是在这里比其他很多近代语言都表现得更为优越;另外,德语里很多词都有这样一个特点,即它们不仅有不同的意义,而且有相反的意义,这无疑是语言的思辨精神的一个标志:碰到这样的集正反义于一身的词,对于思维来说可以是一种乐趣,尽管这种思辨的结果对知性来说似乎是荒谬的,而知性却并不因为这种把相反的意义结合在同一词里的朴素的方式而感到有任何的冒犯……

施莱歇对黑格尔学说坚信不疑,同时他也是一个植物学家和达尔文的崇拜者。他于1863年和1865年相继发表了《达尔文理论和语言学》(*Die darwinische Theorie und die Sprachwissenschaft*)和《论语言对人类自然史的重要性》(*Ueber die Bedeutung des Sprache für die Natürgeschichte* des Menschen)。他至今依然是语言学史上名声显赫的人物，这要归功于他在以图解的方式重建语言演化，并力图追溯可被证实的最古老的语言形式方面所作的努力：施莱歇提出了一个假设的语言形式，作为所有印欧语言的始源母语。语言间的派生关系被一个谱系树（un arbre généalogique）呈现出来；这是一个非常迷人的理论，被当时的人们广泛接受，直到后来遭到约翰尼斯·施密特（Johannes Schmidt）的摒弃，被其所提出的称之为"语言波形"（ondes linguistiques）的图解代替。后来的印欧方言学就是在"语言波形"图解的基础上建立起来的。

然而施莱歇深信，这样的一个原始的印欧语言（当前语言学界对其形式标上＊以表示假设的性质）曾经存在过。为了论证这个假设，他重新捡起进化论观点，也因此首次对语言的知识进行了广泛的综合论述。他证明，语言的演化进程包含两个阶段，一个是进化阶段（史前阶段），导致语言向屈折语演变，另一个是退化阶段（衰退或有史阶段），以屈折体系的瓦解为标志。实际上，这个观点只是用"进化—退化"的图解方式，对语言类型学的三种类型（继承于施莱格尔、波普和洪堡），孤立语（如汉语）、黏着语（如匈牙利语）、屈折语（如梵语）进行排列罢了：施莱歇仅在此基础上增加了一个第四阶段，以构成前三种语言类型的"历史"退化阶段。

所以，对施莱歇来说，梵语不再如人们在"比较研究"初期所想象的那样，是初始语言；人们必须设法重建"原初形式"，因为这是"揭示个别语言后来变化的最简捷的方法"，裴特生在评述施莱歇时这样说。他接着写道："重建的必要性迫使研究者把注意力集中于语音每一个细微的变化上。这也是这个方法得以沿用至今并被某些学者视为必不可少的原因。重建的形式今天一般用＊标在其前面（例如，表示'马'的原始印欧

形式 * ekwo-s，或其更广泛形式 * ākwā-s)，以区别于史上已经确认的形式，比如上面'马'的例子，在拉丁语是 equ-us，希腊语是 hippo-s，梵语是 aśva-s，阿维斯陀语是 aspa，古英语是 eoh，古爱尔兰语 ech，西吐火罗语（tokharien de l'Ouest）是 yakwe，东吐火罗语（tokharien de l'Est）是 yuka 等。这个方法是施莱歇最先使用的。"当然，今天的"人们不再像施莱歇那样信心满怀，认为语言学可以把一个消失了数千年的语言，如果它真的存在过，重新恢复原貌"。但这里需要特别指出的是，施莱歇本人对此从未有过丝毫怀疑：他甚至用原始印欧语"翻译"了一则名为《羊和马》的寓言故事……

这样一种客观主义，使施莱歇把语言视为服从必然规律的生物，也让这位德国语言学家成为历史语言学之后，接踵而至的普通语言学的奠基人之一。他想把这门学科称作 Glottik，并以类似生物学的原理作为它的基础。但是把实证主义从自然科学机械地套用在意指科学上，它就只能是唯心主义的，因为它没有考虑自己的研究对象，即作为能指系统和社会产物的语言的特殊性。另外，它也很快在那个自视为资产阶级生产方式扩张性的历史意识的黑格尔主义里，为自己在社会研究领域找到了对应的意识形态。这个看上去相反的意识形态，却是对它的一个完全必要的补充。另外，施莱歇提出的语言在其生成阶段上升进化、在其自由发展阶段衰落退化的理论，很明显地也受到黑格尔的影响。更有甚者，黑格尔的影响竟然波及了施莱歇对语音的分类，印欧语言的三元等分法便是一例。裴特生指出，这个三分法表现了施莱歇对黑格尔哲学的敬佩，但与语言的现实并不吻合。下表所列的这个响音三分法，虽然后来大部分得到语言学的改正和完善，仍然不及印度语法学家的描述来得精确，而且也失之过分对称和齐整。

原始元音(Grundvokal)	a	i	u
第一音变(erste Steigerung)	aa(ā)	ai	au
第二音变(zweite Steigerung)	āa(ā̂)	āi	au
辅音	r	n	m
	j	v	s
	k	g	gh
	t	d	dh
	p	b	bh

构建语言遗传图谱的这种努力，后由词源学家奥古斯特·菲克（Auguste Fick）及弗里德里希·马克斯·缪勒（Friedrich Max Müller）承接继续，后者的研究成果分别刊登在1861年和1864年的《语言学讲坛》（Lectures on the Science of Language）上。

19世纪后期，以奥古斯特·孔德（Auguste Comte）的《实证哲学教程》（Cours de philosophie positive，1830—1842）所代表的实证主义思想体系的创立为光辉标志的科学发展，不但弘扬了语言学研究中严谨精神，促使它摆脱一般的哲学思考，而且也目睹了一个真正的、自成一体的、脱离了语法学和语文学的语言科学即将出现的曙光。

孔德在推动被称为"人文"科学里实证方法的发展中所发挥的作用，怎么强调也不过分。我们刚刚提到过的科学的自身进步，也关系到语言科学。从这个角度来看，的确是孔德挺身而出，坚定热情地支持将精确方法运用到社会现象研究上，从而弘扬了"宁静秩序"（ordre serein）的实证哲学。"下面需要做的，就像我之前解释过的那样，只是用对社会现象的研究，来补充实证哲学，然后将其作为两者融为一体的学说来进行阐述。当这两项工作进展到一定程度，实证哲学的最终胜利就会自然而然地到来，社会的秩序也将得到恢复。"（Cours de philosophie positive Ⅰ, 1830)

历史主义向实证主义的这个蜕变中的标志性时刻,如梅耶指出的那样,是新语法学派学者布鲁格曼(Brugmann, 1849—1919)和奥斯特霍夫(Osthoff, 1847—1907)两人的研究工作。他们研究的主要成果,就是结束了对自拉斯克、波普和格林以降比较语言学所建立的音变规律的迟疑态度,并断言这些变化是必然的定律,一如物理学和生物学的规律那样。"由于每一个音变都是机械性的,所以它们的完成都无一例外地遵循着某些规律,也就是说,音变的趋向,除了因方言隔离而造成的特殊情况外,在同一语言群体的所有成员那里都是一样的,而且,所有包含服从音变规律语音的词汇,都无一能免地发生了音变。"

其实布雷阿尔从1867年开始,及其他学者,如维尔纳(Verner)于1875年、舍雷尔(Scherer)于1875年、G·I·阿斯科利(G. I. Ascoli)于1870年、雷斯琴(Leskien)等,都对音变的规律性有所论述,但对这一规律作出了最为清晰阐述的,还是布鲁格曼和奥斯特霍夫。赫尔曼-保罗(Hermann-Paul, 1846—1921)在他1880年出版的《语言要义》(*Prinzipien des Sprachschichte*)一书中,对新语法学派倡导的、与传统学者背道而驰的理论有过极为出色的表述。

不过到了20世纪,新语法学派却遭到尖锐的批驳。首先,雨果·舒哈特(Hugo Schuchardt, 1842—1928)批判了音变定律及谱系传承的立场,他推出词源学和方言学的研究,支持语言的变化受地缘条件决定的学说;接着是来自K·沃斯勒(K. Vosseler, 1872—1947)的批评,他在1904年出版的《论语言学中的实证主义和唯心主义》(*Positivisme et Idéalisme en linguistique*)一书中,对法国语言与文化之间的关系作了特别的研究,他颂扬个体在语言和美学创造中的作用,大力提倡语言学和文体学的研究。

在力主语言系统规范化观点(语音定律)的同时,新语法学派也坚持一定的历史观立场:他们反对施莱歇尔的语言史前史论点,意图建立印欧语言自身发生的语音规律。布鲁格曼写道:"我们应该建立一个语言形式发展的普遍表达方式。这个任务的完成,不是通过假设的原初语言符号,甚至也不是通过梵语、希腊语等流传下来的、最古老的形式,而是基于那些语言事实,其之前的形式有资料的支持、在更长的时间阶段内可以有迹可循,而且其源头也可以得到直接的确定。"

对这个实证历史主义作出最高评价的,是我们前面提到过的保罗的著作:

> 文化的任何领域,都没有像语言学领域那样,对发展的条件研究得那么透彻。这就是为什么所有其他人文学科的方法,都未能达到语言学方法那样尽善尽美的原因。任何其他学科的洞察至今都未能达及碑石文献记载之前如此久远的年代,任何其他学科都未能如此地既有建设性又有思辨性。正是因为这些特征,语言学看起来才如此接近自然科学和历史科学,这也是将语言学排除在历史科学之外的荒谬倾向得以形成的原因。

保罗把历史科学分为两组,即自然科学和文化科学:"文化的特征,是它所具有的心理因素。"而事实上,语言学的确已经开始愈来愈多地成为心理学的领地。

布鲁格曼在这里看到了对抗逻辑演绎的武器,并声称"历史语言学和心理学之间的接触更为紧密"。对心理语言学原理的系统阐述,是 G·施泰因塔尔在其所著《论语法学,逻辑学和心理学,兼论其原理及之间的关系》(*Grammaire,* logique et psychologie, leurs principes et leurs rapports, 1855)和《语言学心理导论》(Introduction à la psychologie de la linguistique, 1881, 2ᵉ Éd.)中完成的;这位作者事实上拒绝把逻辑思维和语言学混为一团:"语言范畴和逻辑范畴是不相匹配的,两者之间的距离犹如圆的概念相距于红的概念那么远。"施泰因塔尔试图以搭建语言与民族心理之间关系的方式,揭示各种社会和群体(民族及政治、社会、宗教团体)中个体成员的"精神生活法则"。俄国语言学家 A·A·波捷布尼亚(A. A. Potebnia, 1835—1891)一方面从施泰因塔尔的著述中汲取灵感,另一方面发展起了一套见解独到的心理活动和语言活动学说。他尤其强调语言是一种活动,即语言系统在其中不断自我更新的一个过程:"语词的实现……是在言语中完成的……言语中的语词与一个思想行为,而不是多个思想行为对应……""实际上,只有言语是存在的。语词的意义只有在言语里才有可能。语词一旦脱离了这种关系就没有生命了……"由此我们看到,现代语言学在精神分析研究的基础上精心发展起来的言语理论,在这里已初现轮廓。

　　心理学的发展,随着语言学家对其益增的兴趣,不可避免地把意指的论题(在诸多语音、形态、句法演变研究之后已被淡忘)带回到语言学领域。G·格罗特(G. Grote)在他的《语言学》(Glossology, 1871)一书中,用 phone,即语音形式的词与 noème,作为思想的词相对立;但他复杂的术语(dianoématisme, sémantisme, noémato-sémantisme 等)没有得到学界的接受。威廉·冯特(Wilhelm Wundt, 1832—1920)研究了意指的过程并提出两种类型的联想:类比(par similitude)联想和毗邻(par contiguïté)联想,将声响形式和意义区分开来,进而区分了语音转换和意义转换(隐喻)。而舒哈特则提出名词学(onomasiologie)与语义学对立,不过后者的发明权似乎仍然属于布雷阿尔(1832—1915)。布雷阿尔在 1883 发表的一篇题目为《论语言的心智法则——语义学节选》("les Lois intellectuelles du language, fragments de sémantique")的论文中,给语义学定义,说它应该研究"决定意义转变的法则"。他的《语义学》(*Essai de sémantique*)于 1897 年出版。此时的历史语言学已不再是简单的对形式演变的描写,而是寻觅意义演变的规则,即它的逻辑。达姆斯特泰(Darmsteter, 1846—1888)撰写《论语词的生命与语境的关系》(*Vie des mots étudiés dans leur situation*, 1886)一书,其目的盖出于此。对于意义变化的原由,达姆斯特泰是借助修辞学来提供解释的。

于是,19 世纪初叶的进化主义,经过对语言系统的历史及其与思想法则的关系史进行研究以后,至此已经羽毛丰满,即将蜕变为一门普遍的语言科学,即一门普通语言学。正如梅耶所写,"人们发现语言的发展遵循着某些普遍的法则。语言历史本身中所观察到的规律性足以说明这一点"。这意味着,语言系统的前世和今生一旦被厘清,它便呈现为一个纵贯现时与历史、横跨语音、语法和意指的系统。这是因为,它是一个符号的系统,如波尔·罗瓦雅尔语法学派的隐士们和百科全书派学者们所思考的那样。然而,由于比较语言学和历史语言学提供了关于语言具体的知识,在这一背景下重新出现的系统的概念,从此有了全然一新的含义:它不再是一个逻辑学的和感觉论的概念,而成为一个完全根植于语言自身组织的概念。

瑞士语言学家费尔迪南·德·索绪尔(1857—1913)是公认的把语言系统视为系统的第一人。自他第一部著作《论印欧语系语言元音的原始系统》(*Mémoire sur le système primitif des voyelles dans les lanngues indo-européennes*,

1878)发表,索绪尔便以严格和系统的方式、用一个涵盖所有资料的统一连贯的分类方法,把印欧语系元音体系固定下来。他不再认为紧闭元音 *i和*u是基本元音:它们被列为*y和*w的元音形式,一如*r、*l、*n、*m是*r、*l、*n、*m的元音形式那样。严格地说,印欧语系,如梅耶总结的那样,只有一个元音,它或带*e和*o的音色出现,或完全缺失。所有的形态成分或含有一个*e音阶,或一个*o音阶,或无元音音阶。

如果说梅耶、房德里耶斯(Vendryes)或布雷阿尔等学者都试图整合历史语言学和普通语言学,那么首先开设普通语言学课程的是索绪尔(1906—1912)。他也因此成为无可争议的普通语言学之父。比索绪尔更偏重历史视角的梅耶是这样定义普通语言学的:

> 这是一门只确定可能性的学科,它永远不可能穷尽一切语言在一切时刻所产生的事实。它的操作应该是归纳法的,一方面依据某些特别明确清晰且又具特征性的事实,另一方面依靠这些事实赖以产生的一般性条件。普通语言学很大程度上是一门先验性的学科……它依赖描写语法和历史语法,并从它们那里获得自己需要的事实。解剖学、生理学和心理学是唯一可以为其法则提供解释的学科……取自这些学科的考虑往往是有用和必要的,它们可以为它的许多法则带来有说服力的价值。最后,普通语言学所确定这个或那个可能性,也只有在社会的某一确定状态的某些特定的条件下,并根据这些条件才能实现。由此可以看出,在一边是描写语法学和历史语法学这些以个别事实为研究对象的学科,另一边是解剖学、生理学、心理学和社会学这些更为广阔、主导并解

释包括发声语言现象在内的事实的学科之间，普通语言学应该定位在什么地方。

把精确方法引入语言研究，特别是在语音学领域，无疑也影响并加速了历史语言学向普通语言学的转变。1855年曼努埃尔V·加西亚（Manuel V. Garcia）发明喉镜，捷克医生切麦克（Czemak，1860）应用喉镜对声带器官及其发音机制的研究，A·L·贝尔（A. L. Bell）对声音的转录（以图形标志对声音解构后的成分记录描述），最后，爱德华·西弗斯（Edward Sievers）于1876年发表《语音生理学基础》（*Grundzüge der Lautphysiologie*），这一步步的努力，最终导致了实验语音学的创立，同时也把语音学建设成一门独立的科学。参与这一努力的还有维也多尔（Viëtor）、保罗·帕西（Paul Passy）、罗赛洛（Rousselot）、斯威特（Sweet）、琼斯（Jones）和耶斯佩森（Jespersen）。于是，语音学开始描写一种具体语言的语音系统的现状。它提供了对各种发音详细且复杂的生理描写，但却无法归类并解释诸如为什么一个音位的不同发音，并不改变它在声音链中的恒定价值等现象（例如，法语中R的各种不同发音并无碍于信息的理解）。对这一现象的解释将是音位学的任务（详见本书"布拉格语言学派"一节）。然而语言学毕竟因为实验语音学的发展，才最终明确地转向了对个别语言现时系统的研究，并寻找种种概念来组织这个语言。

例如，曾在卡扎、克拉科夫和圣彼得堡教授语言学的波兰语言学家博杜安·德·库尔特奈（Baudouin de Courtenay，1845—1929），从索绪尔那里借取了音位这个术语，并赋予它今天仍在通用的含义，因为他把语言发音的生理学研究和分析音响形象的心理学研究区分开来了。在博杜安·德·库尔特奈看来，音位是"在一个单一语言或数个亲缘语言之间进行比较时，构成了一个不可分割单位的语音特征的集合"。博杜安·德·库尔特奈的这个定义日后被他的学生克鲁谢夫斯基（Kruszewski）加以完善，而20世纪的音位学家在剥离了它的心理主义部分后，重新起用音位概念，建立了音位学，并以它为出发点，创建了结构语言学。

在那些为普通语言学的建立奠定基石，并为当今时代所迎来的结构主义的复兴铺平道路的一系列研究成果的单子上，还应该加上美国语言学家W·D·惠特尼（W. D. Whitney, 1827—1894）的贡献，特别是他的著作《语言的生命和成长》（*The Life and Growth of Language*, 1875）。索绪尔非常推崇这本书，并为其撰文评介。事实上，在这本书中可以找到诸如符号概念、一个交流系统类型学的雏形及语言结构研究等内容。

诞生于历史的语言学，现在把自己定位在语言的现状上，并力图在两个方向上推进对语言现状的系统化探索：

或者，语言学研究牢记历史时期的发现，紧紧把握具体语言特定的语言材料，希望借用历史或社会的光明，照亮自己一般性的反思和分类；梅耶当时就是这样做的。今天继续沿袭这一方法的还有法国的本维尼斯特，或在某种程度上，布拉格语言学派和雅各布森：梅耶在1906年对社会语言学所关注的对象作了以下阐释："必须确定，与一个给定的语言结构相对应的，是一个什么样的社会结构，并确定在一般的意义上，社会结构的变化怎样地以语言的变化体现出来。"

或者，语言学撇开具体语言的历史研究在认识象征机制的工作中取得的成果，努力为基本上脱离于其能指物质性的语言结构建立起一个逻辑—实证主义的理论。

16 结构语言学

要立刻对语言在其作为研究对象或考察范本的所有领域里所占据的确切位置作出清楚明确的评估，显然不是一件容易的事情。事实上，虽然语言学不断提出新的对语言系统的分析方法，它却并非是唯一研究语言的学科。哲学、精神分析法、文学理论、社会学、各类艺术研究，以及文学和美术，都以各自的方式探索语言的规律。这种多方位的探索，加之对语言自身的描写，构成一条巨大的知识光谱，同时折射出各种不同的现代语言观及表述这些语言观的各种不同的言语的运作机制。

面对这个复杂纷繁的现实，我们既无足够的历史深度在今天对其作出评价，亦无足够的篇幅在我们的概述中对其作出研究，但是严格意义上的语言科学，尽管其形式多样且殊异，却服从于为数不多的几个将其区别于以前"历史"时期的恒定原则。

首先，现代语言学致力于通过对体现在本国或他国的民族语言中的语言系统的系统进行描写，以求发现可以被称为语言共相的一般性原则。所以，语言系统不再表现为演变过程族谱树、历史，而是作为具有规律和规则的结构，等待人们去描述。语言系统和话语、聚合（paradigme）和组合（syntagme），历时和共时（synchronie）（参见本书第一部分）的区分，明确地标志着语言学的取向朝语言系统、聚合和共时发展，而不是朝话语、组合和历时发展。

然而这并不意味结构的研究不可以借取历史的视角，来展现诸如同一语言或不同语言之间在不同历史阶段的结构差异。

但这将是一种全然不同的历史。它将不再是一个其着力点是以演化的规律解释结构递进转变原因的线性走向和演化性的历史,相反,它将是一种对语块的分析(analyse des blocs),是各种意指的结构,其类型上的差异表现出一种自下而上的阶台形的、叠加式的结构,是一种纪念碑式的立体历史;或者,它是结构转换(如生成语法)过程中的内在异变,而对它产生的缘由和演变的过程并无人在意。"这样的做法并非是要摒斥对历史因素的考量,而是要杜绝那种将语言'原子化',将历史机器化的做法。时间不是演变的因素,而只是它的范围。语言中某一成分的变化,究其原因,一方面在于某一特定时期内所有构成语言的那些成分的性质,另一方面在于这些成分之间的结构关系",本维尼斯特如是写道("Tendances récentes de la linguistique générale", *Journal de psychologie normale et pathologique*, 1954)。于是,历史回归到它原本的位置,逻辑也是这样:逻辑范畴本取自一个单一的语言,亦非语言学家所为,它们不再普遍适用于其他的语言;在某种意义上,每个语言都有自己的逻辑:"人们发现,心智范畴和'思维规律'在很大程度上,只是反映语言的范畴和分布。"甚至可以这样说,对作为结构或转换的对语言系统的研究,是呼应了当时科学(物理学或生物学)的发展趋向,即通过把物质分解成它的构成部分以研究它的内部结构,那么它无疑也是把科学的这种态势转输到思想领域的最佳学科,也因此促进了对历史概念的重新认识。事实上,有了科学数据(包括语言学数据)的支持,历史的现代表述已经不再像19世纪那样是线性的了。唯物论的学说没有陷入导致了极端反历史主义的某些唯心主义哲学的那种过激的立场,而是在变动中审视系统(经济的或象征的),并以语言学为导向,教会我们分析每个系统自身的规律和变化。

然而,如果说历史概念的这一变化产生于结构主义思潮,那么人们仍然不能说,当代的研究都在始终如一、自觉地实践着这个新的历史观。相反,结构主义思想往往避开历史,并用语言的研究作为这种逃避的借口。不过,对原始社会语言的研究(史前时期,如对北美部落语言的研究)也许真的会令人望而却步的。

无论如何,当语言学在摈弃了以往在历史和心理方面的预先假设,并致力于准确和精确地描写一个选定的对象之际,数理科学为语言学提供了一个严密性的样本,其模式和概念也被语言学借取过来。曾几何时,人们甚至认为数学的严密性是绝对的,却也未曾料到,当数学模式(一如其他任何形式化的模式)被用于一个能指对象时,它并非是无条件的,是需要一个理由的,而且它的适用范围也只限于研究者为其提供的隐含理由之内。于是,人们曾极力回避的意识形态,又以这种潜隐的形式,在语言描写模式的基本含义中重新表现出来。

因此,远离经验主义的语言研究,就必须要使科学明白,它的"发现"取决于用于研究对象的概念体系,而且这些发现甚至或多或少地事先就已经存在于这个概念体系之内了。换言之,语言学承认,它所发现的语言特性,取决于用于描述的模式,甚至取决于这个模式所隶属的理论。人们对理论和模式的创新怀有巨大的兴趣,反而忽视了在一个模式指导之下的深入持续的研究。语言学更多的是构建自己的语言,而不是对语言本身进行描述。这个看似有悖常理的突然转变,具有两方面的意义。一方面,理论的研究丝毫没有包含这样一个前提,即湮没在大量不断更新的语言运作模式之下的语言仍然处于未知的状态。而另一方面,科学言语的注意力,被吸引到认知程序本身上面,即由某种理论,甚至是某种意识形态多方面决定的模式构建的程序上面。换言之,语言学并没有完全面向自己的研究对象,即语言系统,它也面向自己的言语,面向自己的根基。任何关于语言的叙述,都不得已地以这种方式,通过自己选定的模式,也就是说,通过自身的模具,来思考自己的对象,思考自己的语言。然而,这样的操作方法并没有导致否定一切知识客观性的相对主义和不可知论,它反倒迫使语言学(及所有步其后尘的科学)拷问自己的立身之本,使它在作为研究某一对象的科学的同时,也成为研究自身操作方法的科学。

必须提及的是,以这种含蓄的方式向语言学和现代认识论开放的分析视野,远非得到结构主义研究的接纳和有意识的实践。恰恰相反,多数语言学研究丝毫没有对自己所使用的手段、预设和模式追根究底。虽然这些研究变得愈来愈接近形式研究,也愈来愈多的使用形式化的方法,但它们似乎相信这些公式般的表达是一些中性的东西,而不是一些施用于语言这样一个棘手的对象、含有某种语义并需要对其意识形态的依据打上问号的逻辑构建。

再者,语言学在把语言作为符号系统研究的同时,铸就了一套具有操作性的概念,可以把任何能指系统都作为"语言"来进行研究。这样一来,通过语言、文化、社会行为的准则和规则、宗教、艺术等反映出的各种不同的社会关系,就可以作为具有特殊结构的符号系统,或者作为各种不同类型的语言进行研究。语言学成了符号学这一能指系统一般性科学的组成部分。而这样的一门科学之所以成为可能,也正是因为语言被思考为最基本的符号系统的缘故。

最后,以上所说的种种变化造成了这样的一种结果,那就是语言的研究大大超越了语言学自身的范围,而语言分析的途径则犹如曲径通幽,如果谈不上意外纷呈,至少也是面目全新了。

于是,某些以"对思想而言外部世界若不通过语言的排序就不存在"的命题作为公设的哲学理论,便把哲学范畴当作语言或逻辑范畴来研究:语言因此成为塑造所有哲学构建的模具。

精神分析法在语言里为找到了自己考察的真正对象:它事实上是透过语言的结构和说话者与其言语的关系,来分析所谓的心理结构的。

最后,在这个其材料——语言和广泛意义上的能指系统——被仔细析解的氛围里发展起来的文学和艺术,卷入了被称为"前卫"的思潮中,它们更弦易张,不再构建虚拟故事,转而对构建的规律发生兴趣。文学变成对自身的分析,对文学语言规则隐含式的探索。现代艺术同样如此,它把古典绘画隐晦的描述打得粉碎,将自己的构造和规律昭示于众。这里的语言不再是研究的对象,而是实践活动和认知行为,或者是分析性的实践,是主体赖于并于其中认识并组织实在世界的元素和操作。

我们下面将首先追述现代语言学所建立的各种语言观里的主要事件,然后讨论纯粹语言学范围之外的语言分析的延伸问题。

逻辑研究

如果说索绪尔毋庸置疑地率先在一个由新语法学派主导的时代,提出语言系统作为符号系统的原理,并以此建立了后来演变为结构主义并且高度形式化了的现代普通语言学,那么,当代语言学所隐含的基本语言观,则是在一位哲学家那里打造起来的。我们之所以在这里提及胡塞尔现象学,尤其是胡塞尔(Husserl,1859—1938)的符号观和意义观,是为了强调现象学之于结构主义所未被明言的贡献。

胡塞尔的《逻辑研究》(*Recherches logiques*) 于 1900—1901 年发表，其中阐述的基本观点，在没有作大的更改的情况下，在他日后的《形式和先验逻辑》(*Logique formelle et transcendale*) 和其他著述中得到更为确切的定义。胡塞尔意欲在没有任何预设的情况下对符号的概念进行构建。他在涉足符号概念的同时，坚持对"在其历史性的终结和复原至其本源纯净状态下"(Dérida, *la Voix et le Phénomène*, 1968)的符号本身进行形而上学研究的计划。胡塞尔对符号的反思服从于某种逻辑。他并没有就这种逻辑提过问题，而是透过这个逻辑的系统来阐述语言。很明显，这个逻辑赋予了语言规范化的语序。比如，当他研究语法、符号的形态、构成具有意义的言语的规则时，人们会发现，这个语法是普遍性的，是纯粹逻辑性的，而不考虑语言的实际变异。胡塞尔所说的，是"一个具有普遍性的语法先验性，因为，在诸如那些对语法至关重要的心理主体间的交流关系里面，就包含着一个典型的先验性，所以纯粹逻辑语法的说法值得优先考虑……"

这种逻辑先验性，在早期的结构主义学者那里也可以看到，它与一个倍受青睐的 phonê 的概念结伴而行。胡塞尔认为 phonê 不是物理的声音，而是一种精神的实质，是"具有先验性血肉肌体的声音"。所指概念通过词和复杂的语音能指连结，语言的反射则寓于逻辑的先验性中，而这种逻辑的先验性不仅由语音（后来也叫做音律）体现，而且语音本身就是这个逻辑先验性。

胡塞尔没有提出一个普遍的符号理论，但是他对符号作了区分，把它们划分为两类：第一类符号表达某个东西，或欲指(qui veulent dire)某件事情，胡塞尔把这类符号列入表述

(expression)概念名下，第二类符号不具"欲指"成分，胡塞尔就用指示(indice)的概念来代表。另外，这两个体系是可以交错重叠的："欲指"类的言语符号(signe discoursif)同时也一定是指示性的(indicatif)；相反，指示是一个更广泛的概念的基础，因此也可能会不加入交错重叠而出现。这意味着言语被置于一个指示的动作中，或一般而言，被置于指示过程(indication)中，并因此可能通过事实性(factualité)、世间存在性(essence mondaine)等还原(réductions)操作来涵盖整个语言，致使言语一步一步地迈向愈来愈明显的对诸如事实/本质、先验性/世间性，甚至意义/形式等二元关系概念组的还原……这个区分表述符号(signe expressif)和指示符号(signe indicatif)的学说，远没有被领悟并融入形而上学的符号体系之中，只是低调地出现在某些描述理论里，语言先验意义的还原，在那里是在指示性意指，即不具欲指的能指的掩护下进行的(参见本章结尾的有关论述)。

关于胡塞尔学说我们这里想指出的最后一点，是他的纯粹逻辑语法的局限性问题。尽管在形式化方面，这个语法远远超过理性语法，但它的形式化是有局限性的。这是因为，纯粹形式被与真实物体相关联的意义的概念所掌控。所以不难理解，一个语法的形式化程度无论多么高，它总是被某个它不愿承认的语义所包围。下面看一个例子：在"圆圈是方形的"(le cercle est carré)，"绿的是或者(vert est ou)"，"啊不啦嘎达不啦(abracadabra)"这三个句式中，只有"圆圈是方形的"拥有意义，虽然这个命题没有任何实体与之对应，因为它的语法形式(名词—动词—表语)是三个句式中唯一可以有实体对应的句式。其他两个例子，连同几个诗歌语言和音乐语言的例子，尽管它们没有失去意指，却没有(胡塞尔定义的)意义，因为他们与实体没有逻辑关系。人们可以看出，形式—语法的标准("只有符合语法规则的言语才有意义"),归根结底受到相对实体的语义法则的限制。以上思考与乔姆斯基所举的关于合语法性(grammaticalité)并证明其有致命弱点的例子是一致的。

我们在这里只提及了胡塞尔现象学的几个关键论点。他的学说将成为本世纪意指理论的根基,所有的语言学理论,有意识或无意识也罢,明言地或隐晦地也罢,都将与之有关。

我们将在下面介绍其中几个最重要的理论学派。

布拉格语言学派

布拉格语言学派无疑是 20 世纪前 30 年对语言学影响最为深刻的"流派"。该学会成立于 1926 年,由捷克语言学家 V·马泰休斯(V. Mathesius)、B·哈弗拉内克(B. Havránek)、J·穆卡若夫斯基(J. Mukařovský)、B·特伦卡(B. Trnka)、J·瓦赫克(J. Vachek)、M·魏因加特(M. Weingart)创建,也包括了一些外国语言学家,如法国人 L·布吕奥(L. Bruo)、L·特思尼耶尔(L. Tesnière)、J·房德里耶斯、E·本维尼斯特、A·马丁内,俄国人 N·S·特鲁别茨科伊(N. S. Trubetzkoï)和 R·雅各布森(R. Jakobson)。学会的理论著述发表在会刊《布拉格语言学会论丛》上(*Travaux du Cercle linguistique de Prague*,缩写为 TCLP),这是一个汇集出版该学派主要论点的刊物(出版时期为 1929 年至 1938 年)。该学派受索绪尔原则的影响,旨在把语言系统作为一个系统,即"功能系统"来研究,但也并不因此忽视具体的语言事实和语言演变史研究中的比较方法:对语言的共时研究没有压制对历史研究的趣向。

于是,该学派的《论纲》被命名为"源于语言系统观的方法问题及该语言观对斯拉夫语言的重要意义",副标题是"共时方法及其与历时方法的关系,结构比较与代传比较,语言演变事实的随机性与规律连贯性问题"。

该学派将语言系统定义为"一个适合某种目的的表达手段的系统",并断言"认识一种语言的本质和特点的最好方式,是对现行的事实进行共时分析,因为只有现行事实才能提供完整的、可以直接感受到的资料"。语言系统经历的变化,如果"不考虑受这些变化影响的系统",是无法设想的。"另一方面,共时的描写也不能绝对地排除演变的概念,因为即使在一个共时考察的范围内,也存在着对阶段性的意识:正在消亡的阶段、现时阶段和正在形成的阶段;拟古文体元素,以及派生形式与非派生形式的区分,都是历时性的事实,是不可能排除在共时语言学之外的。"

对这样定义的语言系统进行研究,首要的任务是研究语言的语音层面。语音被辨别和定义为"客观的物理事实,功能系统的表现和元素",即音位(phonème)。从音位层面过渡到形态层面,是要研究音位差异如何用于形态的目的(即形态—音位学)。"形态音位"(morphonème),即由两个或两个以上可按照形态结构的条件,在同一词素之内互换的音位所构成的复合形象(例如俄语复合结构 $ruk[=ruka, ručnoj]$ 中的形态音位 $k/č$),在斯拉夫语中起着至关重要的作用。

下一步要考虑的是语言的指称活动(activité dénominatrice):通过指称活动,"语言将现实分解为语言学上可以捕捉的成分,无论这个现实是内在的还是外在的,是具体的还是抽象的"。一个组合法(procédés syntagmatiques)的理论被列入了学会的《论纲》:"最基本的组合行为,同时也是造句行为的本身,是述谓(prédication)。"

最后需要指出的是,布拉格学派对以上各种系统化形式的研究,不是局限于抽象理论的范围,而是透过它们在交流中的具体表现来进行的。所以,布拉格学派对文学语言、艺术及一般而言的文化所表现出的兴趣,皆源于此。学派对语言的各种不同功能和文体层面也展开了研究。

在这样一个覆盖面广且题目纷繁多样的研究计划中,音位学理论占据着一个重要的位置,这主要归功于特鲁别茨科伊和雅各布森的研究工作。

索绪尔认为,音位是"切分话语链获取的第一级单位",并将其定义为"首先是一些对立的、相对的和否定的单位"。从索绪尔这一原则出发,雅各布森写道:"我们称之为一个语言的音位系统的,是一套专属这个语言的、存在于声学运动单位的概念之间的'意义性差别',也就是说,是一个给定语言里一套与意义区别相关联的对立关系(音位对立体系)。所有音位对立项,如果不能继续切分为更小一级的子音位对立,就是音位。"(*Remarques sur l'évolution phonétique du russe comparée à celle des autres langues slaves*,TCLP,1929,Ⅱ)

特鲁别茨科伊在他的《音位学原理》(*Grundzüge des Phonologie*,原载于 TCLP,1939,Ⅶ,法文译本 *Principes de phonologie*,Paris,1949)一书中阐述了自己的论点。在俄国语言学家 L·-V·谢尔巴(L.-V. Sčerba)或 N·E·雅各布夫(N. E. Jacobov),特别是雅各布森(TCLP,1929,Ⅱ)的影响下,他对音位的某些定义作了更为精确的阐述——如区别性表达成分(élément représentatif différentiel)、声响形象(image sonore)而非物理声音、话语链原子。事实上,谢尔巴早在1912年就写道:"在所研究的语言中,最短的一般性语音表达,具有与某些给定的表达或意义相关联并区别语词的能力。"对泼利瓦诺夫(Plyvanov)来说,音位是"一个给定语言特有的最短一般性语音表达,能与某些语义表达相关联并用以区别语词",而雅各布夫则写到,音位是"可以从话语链中提取的每一个特别的语音,作为区别所指单位的最短的成分"。

特鲁别茨科伊在《音位学原理》的开始几页,就明确地区分了语音学,即关于话语声音的学科,和音位学,即关于语言系统声音的学科。如果说语音学是"关于人类语言声音的质料方面的学科",那么音位学就是研究"区别成分(或标识,按K. 比勒[K. Bühler]的说法)彼此之间如何表现,需要遵循哪些规则才能相互组合以构成词和句子"。"音位学只考察那些在语言系统中担负某种特定功能的声音。"然而,既然语言系统是一个差异性系统,而且成分之间相互关联,一个成分的功能只有在其区别于(对立于)其他另外一个成分时才可能完成:例如在法语里,音位[p]与音位[b]对立,因为两者互相调换会产生意义的改变(pas/bas,不/低);相反,任何个人在[p]或[b]发音上的改变,由于没有造成意义的改变,因而都不是相关性的(pertinent),都不会产生音位的改变,而仅仅导致了同一音位的变体。"在相关语言里的语音对立,可以区分两个词的概念意义(significations intellectuelles),我们把它们叫做音位对立(或者区别性音位对立,甚至区别性对立)。"

如此对立的两端叫做"音位单位"(unités phonologiques)。音位单位有时候还可以分析成一系列更小的音位单位:即"声响原子"(atomes accoustiques)。不过,从相关语言的角度看,那些不能继续分解为更小、彼此相随的音位单位,叫做"音位"。"所以音位是被研究语言的最小音位单位。一个语言里所存在的每一个词的能指层面,都可以分解为音位,并以特定的一连串音位来表达。"在强调音位和具体声音("语言里出现的具体声音,更确切地说,仅仅是音位的物质符号")的区别的同时,特鲁别茨科伊反对将音位"心理化"并将其视作"语言声音的心理对等物"的倾向(博杜恩·德·库尔特内),也反对将音位与声音形象混淆不分的倾向:"音位是声音形象所包含的音位相关性特征的总和。"构成音位的是它在话语链中的区别性功能(fonction distinctive)：它通过对每个具体语言的功能(结构的和系统的)分析被分离出来，它绝非从属于某种心理支持，而是服从于每个具体语言的特有系统。事实上，功能性对立在每个语言里都不是一模一样的。例如，法语里的（口腔）腭元音分为两个系列：圆唇音(u, œ, ø)非圆唇音(i, é, è)，而意大利语和西班牙语里则没有圆唇音(peu, deux 对意大利人和西班牙人来说，是很难发音的)；另外，西班牙语也不区分半闭元音和半开元音(é/è, ó/ò)。

音位学的这种将话语链分解为区别单位的描写方法，后被语言学其他分支学科所采用，成为今天结构主义流派的基石。M·勒鲁瓦(M. Leroy)指出，音位学也为传统的历史比较研究提供了一个焕然一新的视角(*les Grands courants de la linguistique du XXe siècle*, 1963)。于是人们发现，音位学的替换原则在若干语言的形态学中可以发挥重要作用：如法语里的阴性，或者是以响度的交替(neuf/neuve)，或者是以空缺和添补的交替（即添加后置辅音：vert/verte, grand/grande)来构成的。另一方面，音位学的方法也被用于比较语言学的研究，它引导人们将语音的演变从系统的角度进行清点梳理。本着这一精神，雅各布森于1931年出版《历史语音学原理》(*Principes de phonétique historique*)，而学会的第22条提议也宣称："应该提出变化发生的目的性问题。这样一来，历史语音学就变成了一个音位系统演变的历史。"

历时音位学也因此成为必要：发展了这门学科是A·马丁内(*Économie des changements phonétiques. Traité de phonologie diachronique*, Berne, 1955)。

布拉格学派的音位学理论，为已经构思于特鲁别茨科伊的著述中、后成为名副其实的结构分析法奠定了基础。然而对这一理论的发展作出根本性突破的,是雅各布森的研究工作。他提出了区别特征(traits distinctifs)的理论:语言的每个区别单位均由二元对立的特征构成。世界上所有语言中的相关性对立(oppositions pertinentes),概括起来仅有十数个之少。这样一来,语言系统便是一个其区别成分为二元对立的系统:其他的对立,因其不具备区别功能,是所谓的冗余性(redondant)对立。

《关于辅音音位分类的意见》(*Observations sur le classement phonologique des consonnes*,1938)对二元对立的假设作了非常严格的阐明。那么这些二元对立究竟是什么?这是一些基于矛盾项(termes contradictoires)(出现/缺或:如法语中元音的长/短之分)或反义项(termes contraires)(最大值/最小值:如元音的低沉性/尖峭性之分)而发挥作用的对立关系。辅音也可以以这些对立为轴心进行分属归类;它们的发音部位可以系统地区分为两组音位对立:口腔前部/口腔后部的对立和低沉性/尖峭性的对立:

p	t	口腔前部
k	č	口腔后部
低沉性	尖峭性	

借助先进的录音和声音合成技术,雅各布森和他的小组得以建立起一个基于二元对立原则的普遍音位学理论。雅各布森和 M·哈利(M. Hall)合著的《语言原理》(*Fundamentals of Language*,1955)对这个理论作了详细的论述。二元论学者总结出的 12 对区别特征并非事从权宜,亦非主观臆断的产物,而是经验使然,并且具有某种普遍的意义。因此,在雅各布森看来,下面的三角形代表音位区别的最佳分布:

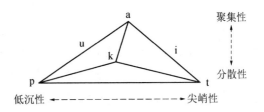

雅各布森还提出了一个很特别的兼容共时性和历时性的理论，矫正了结构主义理论惯常的静态倾向。对他来说，共时是动态的：电影的共时性不是一张张衔接起来的画面，而是一个运动着的共时整体。至于语音的演变，那不是因为某种原因而是为了某种目的而发生的，所以音位的区分原则在这里得到恢复，而语音的演变则以跳跃的方式进行。

雅各布森研究中很重要的一部分，是遵循布拉格学派的纲领，对语言的行为和功能进行分析。

雅各布森对诗歌语言的运作及失语症和儿童的语言机制也饶有兴趣，这或许是他能够对索绪尔的能指的线性（linéalité du signifiant）原则提出修正的原因。索绪尔在其《教程》中确实支持语言成分连接性（enchaînement）、言语呈现为话语链的论点。索绪尔的其他著述，《易位书写》（其部分内容由J·斯塔罗宾斯基J. Starobinsky整理，于1964年首版发行）则表现出另外一种对能指组合的观点：能指的组合更像一个图表模式（modèle tabulaire），而不是链条形的。不过在这本书出版之前，雅各布森是唯一对能指的线性特征提出质疑的人。他不但研究了语言符号的组合性（combinaison），也研究了它们的选择性（sélection），不但考察它们的连接性，而且也考察他们的替换性（concurrence）。在诗歌语言中，他分离出两个组织轴心：换喻（métonymique，因连续性而形成的成分组合，为散文、叙事诗、现实主义所特有）和隐喻

(métaphorique,因相似性而形成的成分组合,是抒情诗等体裁的特点)。这两个组织轴心还可以用来对失语症的类型进行分类。

哥本哈根语言学派

出于偏见或因为苛求,哥本哈根语言学派对结构主义原则的阐述极为严谨,而其阐述的基点,更加偏重逻辑的考虑而非音位学的考虑。《语言学报》杂志(Acta Linguistica)在1939年的创刊号上,发表维果·布伦达尔(Viggo Bröndal)的"结构主义宣言"《结构语言学》(Linguistique structurale)。他在文中首先批评比较语法学的"灵感来自对琐细的实际事实的兴趣",他形容它们是"实证的"、"纯粹生理的和心理的",也是"合法的",因为它后来变得愈来愈严密、愈来愈有条理,"愈来愈多地以法则的形式"来表达"它的发现(大多数情况下同时是历史的也是语音的)",然后他提醒说,他那个时代所有的科学领域都改换了新的视角。普朗克(Plank)的量子物理学、弗里斯(Vries)的生物突变理论,等等,都接受了"有必要在时间的流程中分离并切割一个科学自己的对象,即一方面以静态的视角设定状态,另一方面,又设定它们跳跃式地从一个状态突变为另一个状态"。索绪尔在语言学领域对共时和历时的区分,正是这一现象的反映。为了进一步强调这一认识论上的突变,布伦达尔继续回顾说,科学意识到了"一般性概念的必要性,即同一事物的个别现象及所有具体表现形式唯一可能的统一",如生物学的基因型概念,社会学的社会事实概念(涂尔干),或语言学的——既是物种也是制度的——语言系统的概念。因此,科学就"更加贴近研究对象的内在联系"。物理学、生物学和心理学之所以使用结构这个术语,就是因为它们相信,"实在世界在其自身整体中,一定具有某种内在的统一,某种特别的结构"。在称"语言系统是系统"的索绪尔那里,在萨丕尔(见下文)那里,在"创立并发展了语音系统结构主义学说而功绩显著"的特鲁别茨科伊那里,布伦达尔都看到了语言学中这一研究方法的理论前提。

结构语言学的三大支柱概念分别为:共时性(或某一给定语言的一致性)、语言系统(或共时研究确定的语言的统一性)和结构(或一致性和统一性业已辨明的语言的整体性)。对结构的洞察,是透过确定的和统一的成分间所建立的常量的、必要的,所以亦是建设性的相关性来实现的。"事实上,只有在构建了语言连接的两个状态——两个虽有时间维度上的相符性(conformité dans le temps)却像单子(monades)一样相异和封闭的世界——以后,人们才有可能研究和理解从一个状态过渡到另一状态的必要的重组形式,以及造成这个过渡的历史因素。"虽然布伦达尔承认"时间在共时性中引起注意",但他提出"泛时性(panchronie)或无时性(achronie),即指无论在何时,何种语言状态里,都存在的人类普遍的因素",早已为非历史的、普遍论的结构主义定下了基调。

布伦达尔的宣言对被哥本哈根学派主张的语符学(glossématique)明显忽略的两个问题提出了警示。第一个警示是关于设定研究对象的抽象理论与语言具体经验的关系问题:"这绝不意味我们轻视经验的作用:恰恰相反,日益详细的观察、不断完善的验证,都是充实理论所搭建的框架并使其充满活力所必需的。"第二个警示关系到对构成或支撑系统的范畴进行哲学研究的问题:"不应该把构成系统的成分简单地看作是结构相关关系和对立关系的衍生物……对构成系统内涵或基础的真正范畴进行探究,其重要性并不亚于对形式结构的研究。胡塞尔在现象学方面深邃的思考,将是这里所有逻辑学家的灵感源泉。"(此处强调为本书作者所加)遗憾的是,这个实体论的思路在日后的研究中,被布伦达尔的追随者及其本人所忽视。

布伦达尔在他的《普通语言学》(*Essais de linguistique générale*, 1943)一书中，对这些论点作了更为准确的应用，他提出以一个四元分类法对一切形态系统进行描述。A类为中性形态(如动词的直陈式，或第三人称，即"无人称"形式)，以相对于B类的显性形态或隐性形态。C类为复合形态，可以是显性—复合式或隐性—复合式(如语言式中的祈愿语气；时态中的过去时—现在时)。通过这个四元分类法，辅之以莱布尼茨逻辑规则(莱布尼茨是布伦达尔经常引用的作者)，布伦达尔计算出语言演变过程中可能发生的形态系统的数量。他认为，中性形态在现代语言中变得越来越常见(如英语已逐渐失去了式态、体态和时态，无人称形式被大量使用)，另外，中性形态在古老文明语言(如汉语)中更为常见，而在古印欧语言中则非常少见。可以看出，布伦达尔语言学的取向是逻辑性的。他一方面指出，"句法、语言系统和言语诸系统是各自独立的，它们同样重要，而且其本质也是互补性的"，另一方面也强调，结构语言学应该能从逻辑学那里学到很多东西。

然而使哥本哈根学派闻名于世的，是叶姆斯列夫(Hjelmslev)所进行的研究。叶姆斯列夫于1928年出版了他的《普通语法学原理》(*Principes de grammaire générale*)，随后与P·利尔(P. Lier)和H·乌达尔(H. Uldall)合作，继续他的研究工作。在此期间，他发展了一个被称为语符学的语言观。经过多年的修改和完善，这一理论终于定型，发表在他的《语言理论绪论》(*Prolégomènes à une théorie du language*, 1943, 法文译本, 1968)一书中。

作者以索绪尔和魏斯格贝尔(Weisgerber)(*Muttersprache und Geistesbildung*, Göttingen, 1928)的理论为起点，认为语言不是非语言现象的集合物(如物理的、生理的、逻辑的、社会的现象),而是一个自给自足的总体(une totalité se suffisant à elle-même),一个自成一体的(sui generis)结构。叶姆斯列夫批评被他称之为人文主义的语言观。后者将语言的特性与自然现象的特性相对立,认为语言的特性无法通过一个"简单的描写"就可以捕捉得到。而他自己却坚定不移的认为,"每一个过程都有一个与之对应的系统,都可以在此基础上,运用为数不多的前提或一般性的、有效性论证来进行分析和描写"。

那么,这个旨在揭示语言系统性的语言学理论应该是什么样的?叶姆斯列夫用了很大的篇幅,从方法论的角度描述语言学的研究程序。他认为语言学首先应该把自己的研究对象——语言系统作为系统来进行构建。"描写必须没有矛盾(self-consistent),必须是穷尽性的和尽可能简单的。其中,一致性原则优先于(take precedence)穷尽性原则,穷尽性原则优先于简单性原则。"叶姆斯列夫称他的这个方法"必须是经验的,也必须是演绎的":这即意味着,理论在某种程度上是独立于经验的,它包含着某些理论家无须证明其有效性的前提,因为以前的经验使他相信这些前提是有效的。所以,理论首先是任意性的(arbitraire),然后是适宜性的(approprié),即适合经验所提供的数据资料。那么应该用什么样的标准去判断理论这个或那个基本公设是可以接受的或不可以接受的呢?叶姆斯列夫一方面主张语言理论应该尽量少地包括直觉性的、不明确的前提(这难道不是胡塞尔起初的要求吗?),另一方面又认为,语言学家必须"踏入认识论的领域",因为"认识论将决定,那些被我们的语言学理论明确引入的前提是否需要一个先行的公理基础"。我们这里的思路是基于这样一个信念,即"如果没有认识论的密切合作,要构建一个个别科学的理论,是不可能的"(这里的强调为本书作者所加)。

如此定义的语言学把篇章(textes)视为过程(processus),

并以其作为自己的研究对象。语言学对于这个过程的认识，需要通过建立一种一致性、穷尽性的描写来完成。换言之，这种描写必须使语言学能够发现语言系统的系统；然而，由于过程由各种搭配组合或相互依存的成分构成，语言学唯一的目的，就是描写这些成分之间的关系。"我们把满足分析条件的依存关系称作函变关系（fonction）……函变关系的项称作函变量（fonctif）。函变量可以是常量（constant，即这样一种'函变量'，它的存在是与其对应的另一个'函变量'的必然条件），也可以是变量（variable，即不构成与其对应的另一个'函变量'存在的必要条件的'函变量'）。"由此得出两种类型的函变关系：一种是相互依存关系（interdependence，即两个常量之间的函变关系），另一种是决定关系（determination，即一个常量和一个变量之间的函变关系）和互存关系（constellation，即两个变量之间的函变关系）。函变关系的另一种区分，是与（et，即连接关系）和或（ou bien/ou bien，即析取关系）分别构成的函变关系。过程或篇章中的关系是连接关系；系统或语言系统中的关系则是析取关系。叶姆斯列夫以英语的 pet（宠物）和 man（男人）两词为例，来说明这两种关系。将两词中的 p 和 m、e 和 a、t 和 n 彼此相互调换，可以得到下列新词：pet，pen（笔），pan（平底锅），pat（轻拍），met（动词 meet 的过去式和过去分词形式），men（man"男人"的复数形式），mat（垫子），man。这些都是构成语言过程（篇章）的链节（chaînes）。另一方面，p 和 m、e 和 a、t 和 n，又分别构成属于语言系统的三个聚合体（paradigme）。在 pet 里，p、e 与 t 之间是连接关系，同样，man 里的 m、a 和 n 也是连接关系。但是，p 与 m 之间、t 与 m 之间则是析取或替换（alternance）关系。

　　对篇章进行完整分析，即意味着语言学家通过把篇章作为一个片段类别（classe de segments）的方法，来协调系统。

归纳法和综合法所提供的研究对象,是作为某一类别的片段,而非一个分解的类别。实体的清单一旦作出,就要对其进行约简,即对其进行甄别,找出其中的变体(variants)和非变体(unvariants)。一个严密的语言系统的系统就是这样构建起来的。

如此一个逻辑—形式的语言系统观,将语言约简为一个形式的甚至是数学的相关关系的抽象结构,必然需要一个符号的理论。符号首先被定义为两个量,即内容(contenu)与表达(expression)之间的函变关系符号。"符号是一个表示某种符号之外的内容的表达。"另一方面,这种函变关系的自身,又是代表某个其他东西,即意义或内容(matière)的符号。这个符号则是一个"仅因其与语言的结构原则及造成各种语言互不相同的所有因素具有函变关系而定义的实体"。它的结构可以先由一个非语言学科学(物理学、人类学)进行分析,而语言学则可以通过一系列的演绎推理,产生出它的以语用体现的语言格式(schéma linguistique)的本身。

于是,叶姆斯列夫把表达方式和表达内容的质材作为一方,和另一方的形式区分开来。事实上,在他看来,每个语言都以不同的形式,构成那个无定形的、只是作为一个形式的实质而存在的"思想团块"(masse de pensée)。

例如:

丹麦语:jeg vég det ikke(我—知道—它—不)
英语:I do not know(我—不—知道)
法语:Je ne sais pas(我—不—知道—不)
芬兰语:en tiedät(比—知道—我)
爱斯基摩语:naluvara(不—知道—是—我—它)

上面的形式尽管各不相同,但都具有一个共同的因子,这个因子,确切地说,就是"内容"或思想本身,即意义。

"我们在语言的内容里,在其过程中,分辨出一种特殊的形式,即内容的形式。内容的形式独立于意义,它与意义的关系是任意性的,并把它转化为内容的实质。"表达的形式,也同样地将表达的内容转化为表达的实质。内容、表达、形式、实质四项,可以按照下图进行组合,由此产生的组合形式,在分析语言时,把不同的平面切分出来:

	形 式	实 质
内 容		
表 达		

"内容和表达的两个平面具有同样的结构方式。"

虽然语言系统是一个无限的过程,而且这个过程里的符号数量也是无限的,但是它作为系统,却是由数量有限的非符号(non-signes)或 符子(figures)构成。这样一来,从其与非语言因素之间的关系的角度来审视,语言系统可以被看作是一个符号系统。而从语言自身的内在角度来审视,它可以被看作是一个符子系统。其中,符子构成了符号。

语符学的这个语言—对象,应该在整个符号结构的版图上,占有自己的位置。叶姆斯列夫把符号学的领域构想成一个囊括一切可能拥有类似语言结构的科学对象的绝对总体(totalité absolue):"符号学是一个等级结构,其中的每个成分可以进一步切割为以相互关系定义的类别,以至于这些类别也可以切割为以相互对调定义的派生单位。"

为了把自然语言以外的其他对象纳入符号学,叶姆斯列夫首先对语言的概念作了更加精确的界定,将其疆域扩大到自然语言之外。他认为，一切可以从内容和表达这两个平面解释的能指结构都是语言。比如游戏就不是语言，因为它们无法从这两个平面进行解释："我们意欲建立的两个函数网络将是完全相同的。"以叶姆斯列夫的定义，像数学或逻辑、亦或音乐这样的符号系统就可能不是语言：他建议把它们称为象征符号系统（systèmes de symboles）。

在语言自身的内部，还有一个以内涵（connotation）和外延（dénotation）概念为依据的划分。事实上，一切篇章都包含一些附着于不同系统（文体、文体类别、民族通用语言、方言，等等）的派生单位。"这些类别的个别成员以及由其组合而成的单位，我们把它们叫做内涵单位。"换言之，内涵单位是一些进入"函变量"后使"函变量"变得总是含混不清的成分，但它们在语言的两个平面都可以出现。内涵性语言建立或依附在外延性语言之上。"它的表达平面由一个外延性语言的内容平面和表达平面构成。例如，我们称之为法国语言的那一个或多个语言格式或语用形式，便是内涵单位'法语'的表达方式。所以内涵性语言是这样的一种语言，它的两个平面中的一个，即它的表达平面，是一种语言。"

相反，如果一种语言提供的是另一种语言的内容平面，那么这个语言就是那个语言的元语言（métalangage）。语言学是一个元语言，因为它建立在语言的内容平面之上。从这个定义出发，叶姆斯列夫把符号学重新定义为："一个其语言—对象是一个非科学语言的元语言"。不过这个语言彼此重叠的结构中，还含有最后一个支柱，这就是元符号学（métasémiologie）：其语言—对象是符号学的科学元语言。

叶姆斯列夫这个旨在包揽一切的雄心勃勃的计划远远未能实现，而阻止其实现的最大障碍，无疑是因为这个计划的抽象性的缘故。另外，叶姆斯列夫引领的语言学理论的逻辑取向,也远没有达到百密而无一疏的境界,在实践中往往表现出依赖直觉的痕迹。最后需要指出的是,那些以这个理论为出发点,对具体语言进行描述的尝试,都是极其复杂的。鉴于这一理论目前仍处于发展阶段,对其质量作出优劣的评判是很困难的。但是,我们可以毫不迟疑地指出,这是一个先验主义的、非历史主义的理论,它体现的是那种"系统化总体"(totalité systematisée)的形而上学思想。对这种构成主义(constructivisme)的预设丝毫没有提出质疑的语符学,流露着系统理性深信其超验性操作无所不能的"美丽年代"的情结。然而,语符学家毕竟是现代结构语言学中第一个,甚至是唯一提出了方法论问题的学者,从而使自己不致陷入幼稚的"客观"描写主义,并把人们的注意力吸引到了科学言语在构建结构语言学的研究对象过程中所扮演的角色上面。

美国结构主义

自本世纪初,在受新语法学派传统熏陶、并于1917年创办《美国语言学国际学报》(*International Journal of American Linguistic*)的博厄斯(Boas),尤其是萨丕尔(1884—1939)和布龙菲尔德(1887—1949)等学者的研究的推动下,美国的语言学转向并加入了结构主义语言学的潮流。

如果说欧洲语言学家所理解的结构,是"一个由部分构成的总体的配列及总体的相互制约的各部分之间被证实的关联关系",那么美国语言学家则大都视结构为:"人们所观察的成分的分布,及它们的联想和替换能力。"因此,美国的结构主义明显不同于我们欧洲人的看法:它把总体切分为构成成分,"以每一个成分在总体中占据的位置及这同一位置上可能出现的变异和替代成分来对其定义"(Benveniste, *Tendances récentes* ...)。

萨丕尔的研究成果(他的著作《论语言》,*Language*, 1921,及他全部的研究工作。参见 D·G·曼德尔鲍姆主编的

《语言、文化和个性文选》[Selected Writings on Language, Culture and Personality, éd. par D. G. Mandelbaum, 1949])以其广阔的语言观而与众不同。它既截然不同于语符学的理论主义,亦区别于日后出现的美国结构主义的技术性倾向。对萨丕尔来说,语言是一个社会交流活动,但他没有因此而轻视语言的各种不同功能和其他层面:他的研究考虑到了科学语言和诗歌语言、陈述的心理层面及思想、现实和语言的关系等问题。如果说他的立场是结构主义的,那么这个立场也是温和的:对萨丕尔来说,语言是一个历史产物,是"某种长期相沿的社会习俗的产物"。"言语之有差别正如一切有创造性的事业都有差别,也许不是那么有意识的,但是正像不同民族之间,宗教、信仰、习俗、艺术都有差别一样……言语是一种非本能性的、获得的、'文化的'功能。"①语言是真实经验的表现:"语言的本质就在于把习惯的、自觉发出的声音(或是声音的等价物)分派到各种经验成分上去"。语言成分(萨丕尔意指语词)不是象征物体,而是象征"概念",即"是一个可以顺手把思维包装起来的胶囊,包括成千上万,并且还准备接纳成千上万的不同的经验。如果说语言的单个有意义的成分是概念的符号,那么实际上串联的言语就可以认为是把这个概念安排起来,在它们中间建立起相互关系的记录。"但是,萨丕尔认为,"语言和思维不是严格地同义的。语言最多只是在符号表现的最高、最概括的水平上的思维的外表"。"最清虚得思维可能只是无意识的语言符号的有意识的对应物。"萨丕尔甚至认为交流系统是存在于"言语之外的",虽然这些交流系统必须通过"一个真正的语言符号系统"而得以存在。这一

---

① 爱德华·萨丕尔:《论语言》,陆卓元译,商务印书馆,1985年,第4—19页。以下中译文均引自陆译本。——译者注

"言语符号系统"有可能转移至言语本身之外的其他交流系统,这一点在萨丕尔看来,意味着"可见单只语音并不是语言的基本事实;语言的基本事实毋宁说在于概念的分类、概念的形式系统和概念的关系"。

萨丕尔是这样表述他的语言结构观的:"语言,作为一种结构来看,它的内面是思维的模式。"这个结构是普遍的:"有关语言的一般现象中,最叫人注意的无过于它的普遍性……最落后的南非布须曼(Bushmen)用丰富的符号系统形式来说话,实质上完全可以和有教养的法国人的言语相比。"

萨丕尔研究了话语的成分,首先是声音。他虽然描写了声音的发音和它们的"值",却没有发展出一个音位理论来。但是在后来的研究中,他却已经开始把"声音"和"语音成分"区别开来。

在《语言论》里,萨丕尔在研究语言形式的同时,分析了"语法方法",即规范方法(词的构成、词的顺序等),以及"语法概念"。萨丕尔首先以一个英语句为例,检查了"语言结构反映出来的系统化了的概念世界"(1. 具体概念:以根词或派生形式表达的宾语、主语、动作等; 2. 表示关系的概念:限定、语气、数、时间等),他进而发现,相同的概念在其他语言里不但可以"以不同的形式表达,甚至它们的分类方法都是不同的"。在这一语言概念结构的共性基础上,萨丕尔起草了一个语言结构类型学,以便使他能够对语言的演变作出解释:历史如何塑造语言;语音规律如何证明语言系统是历史的产物;语言之间如何相互影响(词的借用、借用词发音的改变、形态借用等)。萨丕尔拒绝用机械的方法考察语言,反对由此派生出的行为主义:他特别强调语言的符号性(caractère symbolique),强调因配置系统(système de configuration)、符号系统(système symbolique)和表达系统(système expressif)

的交织作用而产生的语言的复杂性,以及语言的交流功能,这个被萨丕尔认为是语言的首要功能。

萨丕尔常被称为具有"心灵主义"的倾向。与这一倾向对立的,是布龙菲尔德在其主要著作《语言论》(*Language*,1933)中所阐述的行为主义语言观。这是一个唯物论和机械主义语言观(G. C. Lepschy, *La Linguistique structurale*, Turin, 1966,法文译本,1968),它的基础建立在下面这个著名的刺激—反应(stimulus-réponse)公式之上:

$$S \longrightarrow r \cdots\cdots\cdots s \longrightarrow R$$

S是一个外部实际刺激,可以通过言语的中介传达:于是刺激被话语 r 这样一个声音运动代替;声音运动在听话人耳膜产生振动,这个振动就是对听话人的言语刺激 s,并引发外部的实际反应 R。s⋯r 的连接叫"言语事件"(speech-event)或"言语句"(speech-utterance)。布龙菲尔德赞同 J·B·华生(J. B. Watson)(*Behaviorism*, 1924)和 A·P·魏斯(A. P. Weiss)(*Theoretical Basis of Human Behavior*, 1925)的观点,拒绝接受对语言事实作任何心理学上的诠释,要求研究中使用严格的机械性方法。他认为,语言学家只应该研究那些在其发生的当时和当地,"可以被所有观察者和任何一个观察者观察到的事件",也就是说"事件必须被放到时间和空间的坐标上来观察"。这里,物理主义代替了理论主义:语言学家应当使用"那些定义严格、可以从研究物理事件的一整套日常术语派生出的术语"。

这种极端的唯科学主义态度,无疑是对缺乏精准性的心灵主义的反动,呼应了必须将语言的研究建立在严格的基础之上的诉求。然而不得不指出的是,行为主义在理论上是盲目的,它先天性地缺少为其唯技术主义的预设构思一套机械主义理论的能力。纷繁复杂的言语行为,显然不可能仅以 S-r … s-R 的公式就可以解释通的。语言不是一个感知性的机械装置,拒绝给予符号及符号所管控的意指领域相对的自主性,实际上等于对语言的运行不提供任何解释。

布龙菲尔德也极力反对有关所指的语言学理论,他认为所指是与陈述关联的所有实际事件的集合,并据此断言,语言学如果不考量"说话人的身体状态",不考量"他的由此时此刻之前他所有语言的或其他方面的经验而造成的神经系统的相关因素,以及遗传和先天因素",就根本无法研究所指。布龙菲尔德的这一看法,在揭示心灵主义的弱点的同时,无疑也正确地指出了建立一个与说话主体实际的身体和生理状况相联系的语言理论的必要性。

布龙菲尔德对语法现象进行了精密的形式描述。我们下表中概括介绍的是其中的一个部分:

		词汇的 (lexicale)	语法的 (grammaticale)
不含所指的最小单位(unité minimale privée de signfié)	语位 (fémème)	音位 (phonème)	法素 (taxème)
含所指的最小单位(unité minimale avec signifié)	义位 (glossème)	词素 (morphème)	法位 (tagmème)
最小单位的所指(signifié de telles unités)	义素 (noème)	词素义 (sémème)	法义 (épisémème)
含所指的小单位或复合单位(unité avec signifié, minime ou complexe)	语言形式 (forme linguistique)	词汇形式 (forme lexicale)	语法形式 (forme grammaticale)

词素是不可进一步切割的简单形式：它是最小的成分（composant ultime），而在分析的每一个层次，都需要找到这一层次的直接成分（composants immédiats）。词素义是一个词素的所指。音位组成的词汇形式和法位组成的语法形式是两组平行的、构成"语言指意的区别特征"。

音位本身是由区别特征和一些其他特征构成，它们在"语言形式的结构制定"上具有特定的作用：所以音位属于"结构事实"的范畴，而不仅仅属于一种机械的描述，也是由于这个原因，音位是音位学的研究对象，一个不同于语音描写和"实用语音学"的学科。

受布龙菲尔德的研究的影响，美国结构主义全身投入到对组合结构的描写上。这样一来，描写研究和历史研究中都加强了对基本概念的严格应用。这些基本概念包含音位、词素以及布龙菲尔德为打造一个语言结构的普遍理论而使用的其他语言分析单位。正如约翰·B·卡罗尔（John B. Carroll）所写的那样（*The Study of Language, a Survey of Linguistics and Related Disciplines in America*, 1953），语言分析被认为是一种逻辑运算，可以推导出语言的最小基本单位和它们的形式配列（arrangement formel），而这种方法的运用，可以完全不参照语言形式的外在意指。这位作者观察到，"美国语言学家采用的方法，使他们总可以得出逻辑性的结论，即使从常理上看，结果有时会显得荒诞不经"。作者继续写道："很多美国人用描写语言学的方法分析语言结构时，都有一个共同的特点，那就是他们都不考虑意义的存在。人们曾经相信，完全依靠它们的分布景况，即它们出现的语言环境来确定音位和词素，从理论上看是可能的。人们曾经认为，这种分析方法比较起来更为可取，因为如果参照意义，一些无意识的因素，可能导致分析尚未开始，我们就已经对分析的结果形成了定见……"

这样的观点源自布龙菲尔德的直接成分原理。一个句子,将其析解为两个部分,然后再将这两个部分同样地做二元分割,这样一直分割下去,到了不能再以同样的标准分割下去的时候,所得到的便是最小成分。使用这种分析方法,可以取得每个层次的直接成分而"无须用特别的标签"来指称它们,只需用括号(unlabelled bracketing)把它们标示出来。例如,法语句子 La vieille mère de Jean écrit une longue letter(约翰的老母亲写一封长信)可以分解为:

	vieille	mère				longue	lettre
La	vieille	mère	de	Jean		une	longue	lettre
La	vieille	mère	de	Jean		une	longue	lettre
La	vieille	mère	de	Jean	écrit	une	longue	lettre
La	vieille	mère	de	Jean	écrit	une	longue	lettre

或:

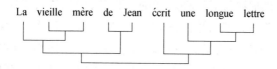

在第一个图中,直接位于竖线左右两侧的两个句段便是它们共同组成的句段的直接成分。

由此可见,这是一个纯粹形式性的描写,似乎不考虑传统的语法范畴,更不考虑构成传统句子分析基础的哲学范畴(主语、谓语等)。美国结构主义提出的这种形式分析方法有一个很重要的优点:它使语言的分析摆脱了以往明确使用的逻辑范畴的束缚,为研究那些无须借助这些逻辑范畴以构建自身能指系统的语言提供了可能。比如汉语就不需要通过动词形态的变化来确定动作发生的时间,也不需要用冠词来表示限定；而印第安雅那（Yana）语言中则包含一种印欧语系诸语言里没有的语法范畴：它指明句子的陈述是说话人自己的意思还是引自某个权威，等等。另一方面，一些语言学家认为，形式化可以将语言分析从印欧语系语言的预设中，因而也从欧洲中心主义中解脱出来。

然而事实上，这些语法范畴并没有被直接否定，而是被含蓄地接受了。这是因为，比如在前面的例子中，为了获得直接成分而对句子所做的切割，是服从于分析者的"直觉"的。他之所以将"longue"和"letter"，"vieille"和"mère"放在一起，那是因为他知道限定支配关系的规则；他把"écrit"和"letter"联合，那是因为他依赖了自己对补语的了解，等等。所以我们发现，一个自称纯粹形式的描写方法，实际有着一整套潜隐的传统知识在为其作基础支撑。但这种扬弃传统语言描写原则并启用一个力求中性的研究方法，仍然代表了方法论上的一次突变。

本维尼斯特对这种转变的解释是，美国语言学家在面对大量需要描写的陌生的语言时，被迫采取一种中性的描写方法，以避免研究人员以自己思考语言的方式作为描写时的参照；这是因为，研究人员在不知道接受调查的人对其所操的语言有什么样的想法的情况下（布龙菲尔德的规定里有一条，就是不要询问接受调查的人如何思考自己的语言），很有可能把他对自己语言的想法带到描写中去。在这一点上我们注意到，如果说梵语的发现迫使欧洲语言学家以梵语为参照，定位自己的民族语言并倡导比较研究，那么美洲的与英语殊异的语言的发现，强迫美国的语言学研究放弃理论上的思考而专注技术性的切分分析方法，以避免涉及哲学（意识形态）问题：事实上，调查对象对语言的思考应该不予考虑，而调查者的思考则应该彻底的摈除。除此之外，大多数美国语言学家不懂外语，他们的思考只能基于自己的母语。这些客观条件的"限制"丝毫没有削弱美国语言学理论抉择的重要意义，美国语言学禁止对自己的研究方式进行社会心理学上的探讨，实行了一种建立在内涵十分丰富、被欧洲哲学界讨论多年的预设之上的形式化方法。由此产生的，是一种无疑可通过数学方法操作的对语言的技术性描写。这种描写也可用于自动化翻译的，前提是后者不受前者影响。但是这种描述方法无法对语言的运转提供解释性的假设。我们甚至可以这样说，以美国结构主义为其极端形式化倾向的结构主义所引发的这个方法论的突变，其目的不在于解释，而在于提出——与逻辑—实证主义一道——一个对语言这个变得既无主体亦无历史的静态物的平面性描写，而这种描写方法对自己程序中的自我基础和使用手段完全是盲目的。

那么，以这些理论基础为出发点的语义学、形态学和语音学具有什么样的面貌呢？

按美国语言学界的习惯做法，语言学分为六个分支学科。以下是卡罗尔对这六个学科描述：

> 语音学(phonetics)是从发音和声学角度研究语言声音的学科的名称。
>
> 音位学(phonemics)是另一种对语言声音以其在陈述中具有的差异性功能而将其划分为音位单位的学科。
>
> 形态学(morphology)研究词的构成，它辨别词素（具有语法或词汇意义的最小结构单位），研究它们在词和各种语法结构中的组合和变化。
>
> 形态音位学(morphophonemics)是形态学的一个分支，它研究词素的语音构成，并研究词素在各种语法结构中的音位变异。

句法学（syntax）研究句子的构成，但是它对形态学有直接的依附关系。目前有一种通过将句子序列切割为句段和单位、自许以分析法代替句法的形态学，甚至将其取而代之。

词典学（lexicography）作为语言学六个分支中的最后一个，汇集并分析语言系统中所有承载意义的成分。

这里首先需要指出的是，美国结构主义拒绝使用语言描写的传统范畴，转而采用形式描写方法，使自己处于不得不放弃句法的境况之中。将句子分解为句段，然后根据句段的分布将其划归为聚合体，这样的做法，使美国结构主义没有能够对句子中的各种成分的关系作出阐述。它变成了一种机械的分析方法，无法捕捉句子成分在句子整体中的综合性规律。为了弥补这一缺陷，乔姆斯基将不得不借助一种意指主体理论，即一种哲学：这个理论，他在两百年前的波尔·罗瓦雅尔语法中找到了。

音位学领域应该提到的，是 M·斯瓦迪士（M. Swadesh）、W·F·特沃得尔（W. F. Twadell）、B·布洛赫（B. Bloch）等人的研究工作，以及 C·F·霍凯特（C. F. Hockett）的著作《音位学手册》（*A Manual of Phonology*，1955）。音位学的基本原则，是为识别音位制定一个形式标准。这个标准叫互补分布（complementary distribution）或模式重合（patterned congruence），要求两个发音相似的音出现在互相排斥的环境而不致产生意义的差异（如英语 tone［声调］和 stone［石头］中的两个 t，尽管发音不同，一个是送气音而另一个是不送气音，却不可能造成意义的不同）。这样的音叫同一音位的音位变体（allophone）。模式重合更确切地说，是将语言的发音按照它们出现的环境进行归类，它可以揭示部分相似的发音的某些行为变异(参见卡罗尔有关论述)。

音位的这些识别方法可以用于语言的形态单位,也可以用于诸如文学、舞蹈等复杂的能指系统,而更广泛地将结构主义研究方法运用于我们称之为人文学科领域,均发端于此(见本书末章对符号学的讨论)。

形态音位学在美国语言学中占有重要的地位。Z·哈里斯(Z. Harris)所著的《结构语言学的方法》(*Methods in Structural linguistics*, 1951)一书是这一方面研究的一部专著。传统形态学范畴,如名词(指称事物)、动词(指称动作)等,对应着某种逻辑的分析(参见《波尔·罗瓦雅尔语法》)。这些范畴被证明是不适合用在印欧语言之外的其他语言的研究上的。词与其表达的概念并非始终完全等同,而心理学和精神分析法的实验也表明,词所包含的并非是单一的概念或意义。于是,音位学的形式分析法被引入到形态学里面:与音位学里音位相对应的是形态学里的词素。"任何形式,无论它是自由形式或黏着形式,只要不能被进一步切分为更小的成分(更小的形式),就是词素。例如 man(男人),play(玩),person(人)中,每个词都由一个词素构成;而 manly(男子汉的),played(玩过),personal(个人的)则是复合词素,因为它们各自都包含一个黏着词素 (-ly,-ed,-al)";以上是布洛赫和特雷杰(Trager)在《语言分析纲要》(*Outline of Linguistic Analysis*, 1942)一书中对词素所作的定义。

比照音位/音位因出现位置不同而产生的音位变体的区别,词素因出现位置不同而表现的形式叫做词素变体(allomorphe)。词素变体的发音在多数情况下有很大的不同;例如 be(是)的词素变体有 am,are,is 等。我们前面说过,词素被确定以后,形态学要根据它们"在句中出现的不同位置",建立词素类;例如可以替代"encourage"("鼓励")中

"courage"("勇气")的词素和替代"courageous"("勇敢")中"courage"的词素就属于同一词素类。最后，在前面两步操作的基础上，实施取代了传统句法分析的直接成分分析。

由此可见，词素是这种分析法中的最小单位；它融合了常用术语义素(sémantème)和词位(lexème)的涵盖，把自己定位于词汇和语义层面，而非语法的层面。不过，由于每一个词素都要被分析成它的直接成分，这里边就也包含了某些句法的问题。通过将语句切分为言语片段的方法，词素的识别就无须借助诸如"词"这样的实体。

布龙菲尔德提出这个极其复杂的词素理论之后，该领域曾沉默过很长的一段时间。一直到了近期①，才有语言学家重新开始这方面的研究。霍凯特使用术语"项目与变化"(entités et procès)，以动态的方式，将两个相似的形式之间的区别表示为一种变化：这样一来，finissons(法语动词"完成"的第一人称复数形式)变成了 finissez(动词"完成"的第二人称复数形式)。如果从静态的角度看，所使用的术语就是"项目与配列"(entités et dispositions)，于是，我们可以说，finissons 和 finissez 是三个词素的两种配列形式：即一边是词素 finis，另一边是词素 ɔ̃ 和 e。

在哈里斯看来，词素分析包含三个步骤：1) 标注并分离出在其他句子中表达同样意义的最小成分，即被称为词素交替形式(alternants morphémiques)的单位；2) 从具有同样能指、分布互补而分布范围不大于其他任何个别交替性词素(morphèmes alternants)里面，归纳出单一词素；3) 为那些其交替形式之间具有同样差异的词素作出一般性定义。

哈里斯在他 1962 年出版的《句子结构的线性分析》

---

① 实指 20 世纪 60—80 年代。——译者注

(*String Analysis of Sentence Structure*)一书中,提出了一个既不同于直接成分分析法也不同于转换分析法的句子观念。"每一个句子,哈里斯写道,都是由一个基本句(proposition élémentaire,也就是句子的中心)加上(或者不加)一些基本附接语(adjunction élémentaire)组成的。这些基本附接语是一些具有某种特定结构的词的序列,其本身不是句子,附加于一个序列或基本附接语的左侧或右侧,或附加于一个基本句的片段上……"①哈里斯的分析法与直接成分分析法的不同之处,在于后者把句子切分成越来越低一级的、下层包括在上层里的描写层次。然而由于大部分构成成分或者由一个单一的词构成,或者由一个修饰构成成分的词外加另一个词组成,哈里斯就把句子 A 里的这种构成成分定义为具有内向性的(endocentrique)。换言之,他把构成成分的特征范畴扩展(expansion)至附接元素,这样一来,我们就可以把任何构成成分换成它们的特征范畴,并获得一个作为句子 A 的扩展成分并与其连接的句子 B……另外,哈里斯的线性分析法与生成语法的不同在于,后者将所有的句子都约简为数个基本句,而线性分析法在每一个句子中只分离出一个基本句。

在组合分析领域,应该提及的还有 E·A·奈达的研究(E. A. Nida, *Morphology*, 1944)。奈达在他的著述中,对词素学研究所取得的积极成果及不足之处,都列举了令人印象深刻例证。

K·L·派克(K. L. Pike)的理论,《语言与统一的人类行为结构理论的关系》(*Language in Relation to A Unified Theory of the Structure of Human Behavior*, 1954)及此后

---

① 此处中译文引自肖凯:《句子结构的线性分析》,《语言学资料》1966 年第 1 期,第 37 页。——译者注

发表的其他论著，采取与萨丕尔一致的视角，试图在运用精确分析方法的同时，不因此忽略语义问题和文化标准。作者区别两种语言单位："位单位"（étique，取自语音学 phon-étique 的后半部）和"素单位"（émique，取自音位学 phon-émique 的后半部）。位单位是物理性或客观性的，素单位是表意性的。他将言语陈述分析为三个层次：词汇层次（也同样以词素为单位）、音位层次（以音位为单位）和语法层次（以被称为法位"grammème"或"tagmème"的单位组成）。他把他的理论叫做"法位学"[gram(m)étique 或 tagmémique]，以图表的方式表现复杂交织的语法关系。

在语义学领域，美国结构主义学者保持了布龙菲尔德对所指持有的不信任态度，力图找到能够揭示所指的形式特征："所指是一个语境元素。"他们提出以分布的概念对各种不同的所指进行分类。他们认为，如果要断定两个词的所指相同，就必须证明它们具有同样的分布，即出现于同样的语境。这里所说的语境，指的是词汇而不是句法的范围；因为在句法语境里，一个词可以比较随意地用另一个词替换，而整体的意义却无法用来确定这两个词在所指上的区别。然而，即使这里指的是词汇范围里的分布，但要罗列出某两个词出现的所有语境，实际上是不可能的：人们将无法证明，选自这个无限语境中的一个有限清单，将会包含"关键的"语境。词的同义性也是这个理论需要应对的另一个棘手问题：如果语境 a 表示语境 b（a 和 b 是同义），这并不必然等同于 b 表示 a。也许求助于语言之外的标准（如指涉物）或是哲学性的理论解说更为有效；但这样的做法又违背了布龙菲尔德的原则（Lepschy, *la Linguistique structurale*）。

数理语言学

数理语言学的诞生源自一些技术性的原因：即建造用以

阅读和书写的计算机的电子电路或自动翻译机。很显然，为了使语言材料可以在计算器上作程序处理，就必须对它进行最严格和最精确的分析。我们在上文中对其某些特征作了澄清的美国结构主义为这种严格的处理方法开启了道路；而另一方面，这个被称为数理的实用语言学，也深刻地影响了美国结构主义。

但是严格意义上的数理语言学，是一个自成一体的领域，它里面有两个分支应该区分开来：一个是计量（quantitative）语言学，或曰统计（statistique）语言学，另一个是代数（algébrique）语言学，或曰算法（algorithmique）语言学。前者是运用数字考量的方式研究语言事实，后者则通过使用符号进行运算。

统计语言学对语言成分作统计研究，通过各个成分统计结果的对比，提出计量性原理。我们的直觉或许也能使我们感到这些原理的存在，但是没有计量论证的支持，直觉的启示不能形成原理。如果说此类研究已被传统语言学接受（如对某一作家作品中词汇使用率的统计），那么它只是到了1930年以后，才变成了一门自主的学科。它要求对大量的语料进行耐心的数据处理，也要求研究人员具有一定的应用数学知识。这里需要提及的，是该领域的先行者之一 G·K·齐普夫（G. K. Zipf）的研究（他在1949年出版的《人类行为和省力原则——人类生态学导论》[*Human Behavior and the Principle of the Least Effort, An Introduction to Human Ecology*]一书中综合性地阐述了他的理论），以及法国的吉霍德（Guiraud, *Problèmes et Méthodes de la statistique linguistique*，1960）、英国的 G·哈登（G. Harden, *Quantitative Linguistics*，1960）和霍凯特（Hockett, *Language, Mathematics and Linguistics*，1967）等学者的研究。

信息论导致产生了另一种数理语言观。我们知道,这个理论的创建者哈特莱和香农(Hartly-Shannon)提出可以对信息传输的某一特定方面进行精确度量的假设,即符号 i(或取决于该符号的量)的相对频率(fréquence relative)。在进一步讨论之前,我们首先需要明确指出,这里使用的"信息量"(quantité d'information)的概念,是指某些符号的稀缺性的函数关系,而且"信息"一词不具语义或心理含义。巴尔-希勒尔(Bar-Hillel)强调,这里所说的符号传输是不包含所指的。人们发现,信息量是这一相对频率的倒数的对数函数: $\log \frac{I}{f^r(i)}$。这里使用的术语是"二进制位"(比特)(binary digit,"bit"),它是对数 log 以 2 为底的度量单位。比特的数量应该和在一个清单中确定某一成分而对这一清单进行的二元切割的次数相等。例如,一个包含两个均等的 a 和 b 其中之一的信息,它的信息量就是一个比特。但是如果从 26 不同的符号中(如某个字母表中的字母)选择一个出来,这个信息的量就是 5 个比特。这个二元切分法使我们联想到雅各布森音位理论中那个二元对立原则……如果我们假设信息发出者产生一个无限的信息,这时的频率值叫做"随机性"(probabilité)p(i),与符号关联的信息量则是 $\log \frac{I}{p(i)}$。

数理语言学的另一个分支,从事被称为机器或自动翻译方面的研究。自动翻译从原文文本,即源语言(langue-source)出发,将其翻译而产生出另外一种语言,即目标语言(langue-cible)的文本。为了达到这一目的,不但需要将源语言和目标语言的词汇对应关系编写为程序输入计算机,而且还需要将两种语言的句子与词类之间的形式关系也编写进计算机的程序里。

自动翻译目前的趋势之一，是分析源语言的构成时段和合成目标语言的构成时段，而不直接处理翻译问题。从源语言过渡到目标语言，或者可以以直接的、一对一的方式进行，或者通过第三种语言，即机器语言的中介来完成。机器语言由语言共相(universaux linguistiques)组成，所以可以把任何源语言转换为任何目标语言。这一解决方案目前正在苏联进行实验，它与某些语言学家同时进行的探索语言共相的努力是一致的。

让我们现在对源语言结构的分析和目标语言构成时段的合成这两个术语作一个明确的解释。

这里的中心原则是确定句法功能：语境和语义将不被使用，可以依赖的仅仅只是成分间的形式句法关系。前期的分析意味着词被分布在不同的句法类别中，而且为了能够在接下来的步骤中合成为合格句子，这些句法类别必须符合机器的规则[①]：

名短＋动短(SN+SV)；
动短＝动＋名短(SV=V+SN)；
名短＝冠＋名(SN=A+N)；
冠＝les；
名＝ballon(球), homme(人)；
动＝frapper(打)。

根据这些规则，机器产生出：Les hommes frappent le ballon "人们打球"。但是，它也可以产生一个不能被接受的句子：

[①] 规则中的符号为汉、法缩写形式：名短＝名词短语，即"SN＝syntagme nominal"；动短＝动词短语，即"SV＝syntagme verbal"；名＝名词，即"N＝nom"；动＝动词，即"V＝verbe"；冠＝冠词，即"A＝article"。——译者注

Les hommes frappent les hypoténuses"人们打直角三角形的弦"。为了避免发生这样的情况，语法必须包含复杂的限制性规则。

自1933年俄国人彼得·彼得罗维奇·斯米尔诺-特罗扬斯基(Piotr Petrovic Smirnov-Trojansky)发明首台翻译机，其间经过韦弗(Weaver)和布斯(Booth)研究工作(1946)的推动，到了巴尔-希勒尔的研究时期，自动翻译不断取得进展，获得了愈来愈令人满意的结果。美国和苏联在这一领域的竞赛，产生了具有一定意义的研究成果。但是随着开创初期的那种认为机器翻译能胜任任何翻译的热情逐渐退去，人们清楚地看到，语义因素和由此而及的说话主体的作用，对许多文本（文学、诗歌，甚至包含多义性的日常言语）的翻译是至关重要的，而机器对此却束手无策。机器翻译万能论的论断在今天看来，正如巴尔-希勒尔所说的那样，仅仅只是表现了"一种毫无内容的为研究而研究的执著"。另一方面，计算机在自动翻译方面所取得的积极成果，并没有加深我们对语言运转机制的理论认识。自动翻译所做的，只是以严格的形式将现有的语言理论重新表达，以便对语言材料进行自动化处理。虽然在寻找更加完美的严谨性过程中，它的确能够推进句法理论的发展（如乔姆斯基的理论），但它不会根本改变某一种特定形式语言观对语言运转机制的一般性认识。恰恰相反，它也许表明，形式分析所走的道路——它对语言作为一个需要研究发掘的符号系统没有兴趣——无论它的贡献如何地不容置疑，并不是一条引导我们达及认识语言运转机制的道路。

生成语法

过去十年的一个标志性事件，是一个不但在美国，而且在全世界都广泛传播的语言学理论。这个理论提出了一个非常新颖的句法结构生成观，它就是美国语言学家乔姆斯基所进行的研究工作。乔姆斯基的著作《句法结构》(*Structures Syntaxiques*)于1957年发表(法文译本1969年出版),他的研究目前仍在继续,研究的内容是对早期的公设进行完善甚至进行重大修改。由于乔氏的理论尚处于变动和未定型的阶段,另一方面因为它高度的技术性,使我们不可能在这里对其作全面的介绍,也不可能对其在语言理论方面所产生的意义一一阐述。因此,我们下面仅就生成语法的几个方面进行讨论。

首先我们需要对这个理论产生及它所针对的"气候"环境作一个说明。语言学当时正处于"后布龙菲尔德"时期。布氏的理论是一个以结构分析描写为主、将句子解构为互不相干的层次的理论。它坚持所谓"平面分离"(音位平面、形态平面等)的原则,认为各个平面的运行是独立的,如音位的研究不能参考形态的因素,但反向操作却是可能的。另一方面,这个理论无论如何都不愿考虑说话人及其在句子构成过程中的作用,相反,它主张对话语链本身进行基于经验的、自称是"中性的"和"客观的"描写(参看上文"美国结构主义"一节)。

乔姆斯基始终不渝地坚持了"后布龙菲尔德"时期语言学家的严谨性、中性的和形式化的描写,以及他们对所指的不信任态度。在密切关注自动翻译带来的问题,并急于解决短语结构分析无法解决的某些难题的同时,乔姆斯基尝试创立一种新型的、具有类似数学公式的技术性和科学性的、不依赖语义的语法理论。乔姆斯基早年师从哈里斯,在这位天才的先行者那里,他继承了某些构想(包括转换的概念)和分析方法,并赋予其新的解释。但是,这些与学界前贤的相似性不应掩盖乔姆斯基理论深刻的创新性。

乔姆斯基提出以一个合成性的描写代替对结构的分析性研究。语言学将不再把句子分解为直接成分,而是跟踪导致这些成分变为短语结构或将这个结构转换为另一个结构的合成过程(processus de synthèse)。

这种操作首先而且主要依赖说话人不言自明的直觉作为唯一标准,来判断句子的合语法性(grammaticalité)和不合语法性(agrammaticalité)。"对 L 语言所进行的语言学分析的根本目的,就在于把能够构成这一语言的句子的、符合语法的序列和不能构成这一语言的句子的、不符合语法的序列区别开来,并且把那些符合语法的序列的结构加以研究"①,乔姆斯基写道,"在这方面,一种语言的语法正好反映出说这种语言的人的行为,因为说这种语言的人只需根据他对这一语言有限的而又带偶然性的经验就能说出并且理解无限的新句子。实际上,我们对'符合 L 语言语法(这就是说,用观察 L 语话语的方法对符合 L 语言语法特点的描写)这一概念的一切理解都可以认为是在给语言行为中的这一根本方面提出说明。"②乔姆斯基注意到,语法性概念不能混同于语义学意义上的"具有意义"的概念,因为下面的两个句子:1) Colorless green ideas sleep furiously(无色的绿色的念头狂怒地在睡觉)和 2) Furiously sleep ideas green colorless(狂怒地睡觉念头绿色的无色的),尽管都没有意义,但对一个讲英语的人来说,第一句是符合语法的,而第二句则不是。但是在这里应该重温一下我们曾在前文中提到的(参看本章"逻辑研究"一节)胡塞尔的观察。根据他的观察,语法性总是涵盖,甚至表达了某种意义:这样一来,句子 1) 之所以符合语法,是因为它是一个容许与某一实物产生关联的句法形式。由此可见,像合语法性这样一个显然形式化的原则一旦需要深究,它就无法

---

① 乔姆斯基:《句法结构》,邢公畹译,中国社会科学出版社,1979 年,第 7 页。以下该书中译文均引自邢译本。——译者注

② 同上书,第 7 页。——译者注

绕过符号的理论。

乔姆斯基的基本意识形态,即"布龙菲尔德追随者"处心积虑要摒除于他们分析之外的说话主体,就是通过建立在"说话者直觉"之上的合语法性这样一种迂回的方法,渗入到他严密的形式化理论之中。乔姆斯基于1966年出版了他的《笛卡尔语言学》(*La Linguistique cartésienne*,法译本于1969年出版)一书。在书中他为自己的说话主体理论找寻历史渊源,并且在两个世纪以前已为欧洲了解的笛卡尔的思想中,更确切地说,是在笛卡尔的"我思"(cogito)的观念中找到了他的答案:即笛卡尔思想里所隐含的、保障思想和/或言语规范性(normalité)(乔姆斯基会说"语法性")的主体天赋思想(idées innées)的普遍原则。

依据这些理论,加上洪堡的思想,乔姆斯基将语言能力(compétence)和语言运用(performance)相区分。语言能力指说话人构成或在一个语言无限多的可能语句中辨认合乎语法的句子的能力。语言运用指这种能力的具体实现。所以乔姆斯基远远没有接受行为主义认为语言系统是一个"习惯系统"的公设,而选择了笛卡尔唯心论的"天赋思想"立场:天赋思想的普遍性,要求语言学家拿出一个从任何具体语言出发,能够发现普遍的、适用于所有语言的形式模式的高度抽象的理论,而每个语言所实现的形式,则是这个普遍形式模式的个别变异。"更概括地说,语言学家必须关心的问题就是怎样去确定那些成功的语法的基本性质。这些研究的最后成果应该是一种关于语言结构的理论,它把应用在某些具体语法著作中的描写方法抽象地提出来加以研究,而不涉及任何具体语言。"①

---

① 乔姆斯基:《句法结构》,第7页。——译者注

可以看出，对乔姆斯基来说，语法与其说是一个经验描写，不如说是一个语言系统理论，它因此而且同时要达到的是一个"普遍性的条件"。个别语言语法的构建必须遵循语言结构的特定理论，在这个理论里，诸如"音位""句段"等术语的定义都是独立于任何个别语言的。

乔姆斯基是如何为他的理论制定规则呢？

他首先考察了两种类型的语言描写：一个是受马尔可夫（Markov）的一个程序的术语启示而得名的类型，即一个无限语言的有限状态模式（modèle à l'états finis d'une langue infinie），乔姆斯基摒弃了这个模式，因为它无法解释为什么说话人能够产生和理解新语句，而作为同一个说话人的他却拒绝接受另外一些新的序列并认为它们不属于自己的语言；另一个类型是得名于成分分析专用术语的组合语言学描写（description linguistique syntagmatique），它被用来模拟那些并非一定是有限的终端语言（langages terminaux）；这个描写模式同样也被乔姆斯基拒绝了，因为它不适合用来描写英语句子。下面是乔姆斯基批驳中的基本论点。

我们以英语句子 The man hits the ball（那人打了一下球）为例，来对其作一次成分分析。分析分三个步骤进行：(1) 语法分析；(2) 将步骤(1)的分析运用于具体句子 The man hits the ball 所产生的演变程式（dérivation）；(3) 图形概述。

(1) I. Phrase(句子)→SN(名词短语)＋SV(动词短语)

II. SN ——————→Art(冠词)＋N(名词)

III. SV ——————→V(动词)＋SN

IV. Art ——————→The

V. N ——————→man, ball, etc

Ⅵ. V ⟶ *hit*, *love*, etc

（2）Phrase

SN+SV	Ⅰ
Art+N+SV	Ⅱ
Art+N+V+SN	Ⅲ
The+N+V+SN	Ⅳ
The man+V+SN	Ⅴ
The man hits+SN	Ⅵ
The man hits+Art+N	Ⅶ
The man hits the+N	Ⅷ
The man hits the ball	Ⅸ

（3）

```
                    Phrase
           ┌───────────┴───────────┐
          SN                       SV
        ┌──┴──┐              ┌─────┴─────┐
       Art    N            Verbe         SN
        │     │              │         ┌──┴──┐
       the   man            hits       
       Art    N                         │    │
                                       the  ball
```

可以看出，上图(1)中的规则，简单地说，就是 X 可以"改写"为 Y，而图(2)仅仅是把图(1)的规则运用于一个具体的句子，图(2)的每一行列式对应着图(1)语法中的某一条规则。如果需要明确这些规则的含义的话，还可以另外加上一些标示符号(如表示冠词可以是 a 或 the，SN 和 SV 可以是单数或复数形式，等等)。图(3)只是更清楚地把演变过程表现出来。

这个短语模式似乎很有说服力。但乔姆斯基通过几个实例，证明了这个模式是有局限性的。例如，从上面的规则中可以得出，假定有两个句子：Z+X+W 和 Z+Y+W，X 和 Y 同

为两句的"成分",这样,原则上就可以构建一个新的句子 Z—X＋和＋Y—W,如:

(4) Ⅰ　A：La scène du film était à Chicago(电影的背景是芝加哥)

　　　　B：La scène de la pièce était à Chicago(戏剧的背景是芝加哥)

　　Ⅱ　C：La scène du film et de la pièce était à Chicago

　　　　(电影和戏剧的背景是芝加哥)

但如果 X 和 Y 不是"成分"的话,这个公式就不能用了,因为它会产生如下的句子:

(5) Ⅲ　A：Les capitaux ont quité le pays(资本离开了这个国家)

　　　　B：Les policiers ont quadrillé le pays(警察封锁了这个国家)

　　Ⅳ　C：Les capitaux ont quité et les policiers ont quadrillé le pays(资本离开了和警察封锁了这个国家)

以上的例子表明,要将短语规则用于英语这样一个语言,不但需要知道句子完成后的模样,还必须掌握句子的成分结构或它们的"演变过程"。然而乔姆斯基证明,短语语法的每一个"X→Y"规则是否适用于一个特定的序列,要根据这个序列的实际内容(contenu effectif)来定;所以在短语语法里,这个序列是不是逐步形成(formation progressive)的,就不是一个相关的问题；于是，乔姆斯基制定了一些不曾为这个语法所必要的新的规则。下面我们来看看其中的一个新规则是怎样用于前面例子的：

(6) 如果 S_1 和 S_2 都是符合语法的句子，它们之间的不同仅是 S_1 中有 X，S_2 中有 Y（换言之，如果 $S_1=\cdots X\cdots$，$S_2=\cdots Y\cdots$），而 X 和 Y 在这种句子中是同类成分，那么，把 S_1 中的 X 改写为 X+Y 得出的 S_3（这样产生的 $S_3=\cdots X+$ 和 $+Y\cdots$）也是符合语法的。

显而易见，在乔姆斯基看来，短语语法如果不增加新的规则，就不适合英语这样语言。然而增加新规则的做法彻底改变了语言的结构观。所以乔姆斯基提出了"语法转换"（transformation grammaticale）概念，并将其表述如下：一个语法转换 T 作用于一个给定序列或一个具有给定结构的序列集并将其变换为一个含有演变生成的新短语结构的新序列。

转换语法的原理就这样地被制定出来。接下来要做的，是明确规定它的基本属性，例如转换实施的顺序等。另外，有些转换是强制性的（obligatoire）而另一些转换则是可选性的（facultatif）。动词词根添加词缀的转换规则是产生符合语法的句子所必不可少的，所以它是强制性的。而被动转换可以不适用于所有的句子，所以它是可选性的。在转换语法术语中，强制性转换规则施用于短语语法的终端序列而生成的所有句子，被称作是每个语言的核心句（noyau）；由可选转换规则产生的句子叫演变句（phrases dérivées）。

因此，这个语法将包含三个部分：其一是一套形式为 X→Y 的规则［如上面公式(1)的规则］；其二是与短语平面相对应的一套具有同样基础形式的形态音位规则；其三是基于前面两个平面的转换规则。下面看看乔姆斯基如何表述这个程序的：

> 我们用这种语法生成句子，要从句子开始制订一个扩展的推导式。我们通过 F 规则，制定一个终止符号链，即一串语素序列，但这时的次序不一定是正确的。然后我们再按 $T_i \to T_j$ 转换式序列的次序办，凡强制性转换规则都得用上，可选转换规则则按照需要使用。这些转换式，可以重新安排符号链的次序，可以增加一些语素，或者删去一些语素，结果就产生了一串语词链。最后，我们按照语素音位规则办，再把这个语词链变成音位链。这一语法的短语结构部分包括诸如(1)这样的规则。转换式部分包括诸如(6)这样的规则。这后一类的规则将用应当发展成为一种完整的转换理论的公式正确地表示出来。①

在乔姆斯基看来，转换分析具有一种他称之为解释性的功能。例如句子 La guerre est commencée par l'agresseur（战争被侵略者发动），从转换角度看，是核心句 L'agresseur a commencé la guerre（侵略者发动了战争）经过一系列的转换之后变成的。这等于说，$SN_1\ V_i\ SN_2$ 结构（其中的 V_i 表示及物动词）变成一个 $SN_2\ V_p$ 被 SN_1 结构（其中 V_p 表示动词的被动态形式：être + 动词过去分词），把后面这个结构换成语汇的形式便是我们开始要解释的那个句子。

另外，转换描写不用借助语义标准而仅仅通过复原句子产生的转换规则，就可以解决句子的歧义性问题。

---

① 乔姆斯基：《句法结构》，第 43—44 页。——译者注

乔姆斯基的分析方法显然为组合结构提供了一个结构语法缺少的动态观察角度，而且也排除了"后布龙菲尔德"语言学家研究方法中固有的将语言系统破碎化的现象。它提出了把语言系统视为一个生成过程的观念，其中的每个序列和规则都遵循着一个以说话主体的意识为轴心的前后连贯的整体，而说话主体所享有的自由则只是服从语法性的规范而已。

我们一定还记得，为了建设一个语言系统的句法观，波尔·罗瓦雅尔语法、特别是百科全书派的语法学家在这方面做了大量的工作。很明显，乔姆斯基承袭了这两个学派的做法，另外，他的主体观，即主体是思想的自由拥有者和转换的主宰者，也是他与他们在理论上相近的原因。这种对句法结构的探索，是对以往研究中在形态语义上将语言系统碎片化做法的反动，显示出它是一种将语言系统当作协调有序的成分的集合体的语言观。可以说，这里已经不再是19世纪语言学作为研究语言系统自身属性的科学而被创造出来时的那个意义上的语言学了。因为语言系统在那个生成了推理的语言外壳的形式网络下，已消失得无影无踪，而转换分析所呈现的，是以说话主体的理性构想来考虑的一个心理过程的句法图络。波尔·罗瓦雅尔语法不属于语言学，因为它是一门推理科学。至于生成语法，它同时具有不足于称作语言学却又超越语言学的双重身份，因为它是一门心理学学说的句法描写，而那个曾经是推理科学的句法，在这里变为一门规范的心理行为的科学。

因此，乔姆斯基的创新，看起来可能像是理性主义者以建立在印欧语言和交流—外延性言语（discours communicatif et dénotatif）的基础上的逻辑范畴为轴心所提出的那个陈旧的语言观的变种。这个语言观所代表的普遍主义至今没有（或还没有）关注印欧语言之外的其他语言，也没有关注语言纯粹信息功能之外的其他功能（诸如诗歌语言，或梦语等），是很令人吃惊的。乔姆斯基精密的描写、它严密的条理性和动态性为探求理性确定性的读者带来的快感，掩盖不了这种研究方法深刻的基础含义。它不研究语言的多元性，也不研究言语的多重功能：它所证明的是主—谓逻辑体系的严密性。这个由波尔·罗瓦雅尔学派提出的主—谓逻辑体系，演变成为一些无不服从于一个理性的各种终端序列，而这个理性，正是支撑着主体、它的"语法直觉"和它的逻辑分析的基础。乔姆斯基自己也更希望是一个心理结构分析家，而不是一个语言学家。他无疑是某一个结构，即17世纪理性主义者所揭示的那个结构的一位详细的描写者。但那是仅有的结构吗？是否应该将浩繁各异的语言运转机制都置于这个单一的结构之下？在马克思和弗洛伊德之后的今天，"主体""直觉""天生思想"之类的概念，其确切的含义是什么？笛卡尔—乔姆斯基式的分析方法，在理论上难道没有被它的预设完全障目而对其他语言和其他类型的言语里存在的各种能指系统熟视无睹？这一系列问题仅是乔姆斯基的研究引发人们提出的一般性问题的一部分，而我们也不应因其分析（它们只是那个以笛卡尔为祖宗的实证主义所达到的最高形式）的严密性便对这些问题保持缄默。

转换语法以更加明显和更具揭示性的方式，完成着结构主义语言学，尤其是美国语言学在语言研究中所实行的那种约简操作。不含所指的纯粹的能指、没有语义的语法、以标记(indices)替代符号，这些都是转换语法明确的取向，这种取向在乔姆斯基仍未发表的新近的①研究成果中更加明确地表现出来。这里正在进行的，可以说就是一个活脱脱的去掉了唯

---

① 实指20世纪60—80年代。——译者注

语义（sémantisme）和真理客体论（théorie objectale de la vérité）的胡塞尔计划的形式主义。实际上，为了在语言研究中消除经验主体性（subjectivité empirique），语言学已经把话语链的构成元素，即符号，简化为标记或标识，并且不经过证明地给出一些除了其纯粹语法性外毫无其他任何意义的成分。然后，转换语法在回归构建主体性（subjectivité constituante）并重新发现笛卡尔语言系统生成主体的同时，选择了一个折中主义的立场，暂时性地把一个心理主体理论和变得愈来愈呆板的语言成分的索引化（indexation）调和在一起……但是这种调和（这确非易事，因为看不出一个思考的主体如何能够赞同一个毫无表现力的语法）面临着如下两个选择：或者作为转换生成成分的形式标记开始负担表义功能，变为意指的承载者，而这些意指也将需要整合到一个关于真理和主体的理论里面；或者索性不考虑"主体""真理"和"意义"这些概念，因为它们无法解决索引语言（langage indexé）的顺序问题。这样一来，语言学将不再声称是一个笛卡尔语法，而是转向其他一些对主体提出不同见解的理论：这将是一个在能指中并通过能指自我解构（se détruit）并自我重构（se reconstruit）的主体。来自精神分析法的压力及由符号学引起的对意指概念本身的极为广泛的重新解读，都将有利于上述的第二种选择。在下面的章节里我们将试图说明，当转换语法意欲将语言学圈围在笛卡尔藩篱中的时候，这个选择似乎是一个冲开藩篱的路径；另外，我们也将指出，这样的做法将有可能使我们重新获得驾驭能指的能力，打破语言学目前所处的因形而上学而造成的与外界绝缘的状态，并将语言学打造成为一个历史上未曾有过的、囊括各种符号和意指模式的理论。

第三部分

狭义语言（langage）和广义语言（langages）

1 精神分析与语言的关系

我们在前一章中看到,当代语言学选择的道路,使它得以对语言系统的系统形式结构作出严密的甚至数理性的描写。然而这并不是现今科学涉足语言的唯一方式:语言作为说话主体于其中自我形成(se fait)又自我解体(se defait)的所指系统,也是心理学,特别是精神分析研究的中心课题。

人们记得,本世纪伊始,就有语言学家[1]对因语言而提出的心理学问题进行了关注;语言学随后放弃了对这些问题的研究,但语文学家和心理学家继续探索语言,以便通过语言来研究说话主体。在近期的常以语言运用为参考而研究心理结构的心理学流派中,首先应该提到皮亚杰(Piaget)学派和整个的遗传心理学。儿童的语言习得,他们成长过程中形成的领悟世界的范畴,所有这些研究都不断地转向语言,并为对语言运转的理解带来新的亮光,而这些都是形式语言学根本无法做到的。

然而在主体与其语言间关系的研究领域,最重要和最引人注目的事件,无疑是20世纪前叶出现的弗洛伊德(1856—1939)卓越的研究成果。弗洛伊德的这些研究为语言运转的表述开辟了一个新的视角,彻底推翻了现代语言科学所依据的笛卡尔观念,其产生的影响——我们现在仍无法对其影响的广度作出估量——是当代思想最重要的标志之一[2]。

---

[1] J·冯·吉内肯是其中的一个,详见其著作《心理语言学原理》(*Principes de Linguistique psychologique*, 1907)。

[2] 关于这方面的论述,参见 J·-C·森贝,J·-L·多奈,J·赛,G·拉斯高和 C·巴盖合编的《精神分析》(J.-C. Sempé, J.-L. Donnet, J. Say, G. Lascault et C. Backès, *La Psychanalyse*, Éd. SGPP, coll. "Le point de la question")。

精神分析与语言之间的密切关系,是一个复杂的问题,而我们在这里仅将涉及其中的几个方面。首先需要强调的是,被精神分析视为研究对象的,是患者的话语(parole)。精神分析师为了窥探主体的意识或无意识的运作情况,除了话语、话语的结构和规律之外,没有其他手段、其他事实可资使用;分析师只有通过话语,才能发现主体的状况。

与此同时,精神分析把所有的病症都看作是语言:于是它把病症组织成为一种能指系统,这个系统的规律与语言的规律相似,是需要人们去发掘的。

弗洛伊德对梦的研究,也是把梦作为一个需要解读的语言系统,或者更确切地说,当作一种与象形文字具有类似规则的文字来分析的。

以上的几个基本公设,把精神分析和语言世界不可分割地连接在一起。反过来,精神分析的原理,如对无意识的发现、"梦"的工作原理等,也深刻地改变了传统的语言观。

如果说精神科医生在身体病变中寻找心理障碍的原因,那么精神分析师所依据的仅仅是患者的话语。他并非要从患者的话中发现可能造成心理障碍的某种客观的"事实",而是以同样的兴趣,倾听他讲述自己真实的或虚构的故事,因为两者具有同样的言语真实性(réalité discursive)。他要在谈话中发现的,是产生病症初始时无意识的、后来变得或多或少有意识的动机。这个动机一旦明了,所有的精神行为就会呈现出某种显然的逻辑性来,而患者的病症便是这一最终被发现的动机的象征表现。

为了正确理解精神生活,就必须停止过分看重意识的做法。必须把无意识(inconscient)看作是一切精神生活的背景。无意识就像一个大圆圈,它包括了意识这个小圆圈。任何一个意识事实都不可能不具有一个无意识的前期阶段,但无意识却可以没有意识阶段而仍然具有精神功能。无意识乃是精神之本身和其基本现实。——弗洛伊德:《梦的解析》(*L'Interprétation des rêves*)。

如果说这种在言语中并透过言语对无意识动机的探究,呈现为一种纵向的或历史性的对说话者往事的追溯(回忆、梦,等等),它的具体操作则是在并通过一种横向的言谈环境,即说话者与分析者之间的关系之中进行的。在精神分析行为中,我们又看到了说话者—听话者关系链,看到了所有言语都是发向某个他者(un autre)的这个根本事实。"不存在无回答的话语,即使它碰到的是沉默,但只要有一个聆听者就够了。"(Jacques Lacan, *Ecrits*, 1966)拉康进一步写道:

> 更确切地说,这个挫折(frustration)难道不是主体自己的言语中所本有的?主体不是在言语中越来越剥夺他自己的存在?在做过了种种真诚的描绘仍然不能使其对其存在达到首尾一致的概念,进行了种种修正仍然无法揭示它的本质,尝试了种种姿态和防卫仍然不能阻止它的地位摇摆不定,经过了种种予其以气息活力的自恋的拥抱,在这一切之后,主体终于承认,他的存在从来都只是自己想象的产物,而这个产物使他什么都无法肯定。因为在他为某个他者重建它的工作中,他重新面对的还是那个曾使他将其建造为另一个的根本性异化,这异化总是注定了,他的重建是要被某个他者窃走的……这个自我……其本质

就是挫折……①

通过拷问他者（l'autre）的位置（即分析者在被分析的主体的言语行为中的位置），拉康的理论把对无意识的研究变成了一门科学，因为它以"主体的无意识即是他者的言语"这一后来变得闻名遐迩的公式，为这一研究提供了能以科学方法进行分析研究的言语基础。

这里完全不是像交流理论所做的那样，要把言语行为禁锢在说话者—听话者的关系中。精神分析发现了"言语交流网络中的共鸣声"，这种共鸣声指明，"人类言语的无所不在性"是存在的，科学无疑将在未来的某一天，对其进行全面的研究。在此意义上，精神分析只是在建立主体与其对话者的二元结构中迈出了第一步，它同时也提醒，"这里正是一处我们的经验所要极化为仅仅表面为两者关系的域地，因为，任何将其结构设立为仅具有二元的做法，对它来说不但在理论上是不恰当的，而且在实践中也是毁灭性的"。

在如此勾勒的一个言语行为的结构中，说话主体使用语言系统并在其中构建自己言语的句法或逻辑：即语言系统（中性的社会结构）中的语言（主观的、个人的）。"所以，语言在这里被用作话语，转化为那个对构成对话条件、瞬时的和难以捉摸的主体性的表达。语言系统为言语提供工具，让主体的个性在其中展示和建立，达及对方并被其认可。"（见本维尼

---

① 拉康在这一段的结尾用了三个阴性直接宾语人称代词 la(l') 和一个阴性不定代词 une autre，代替的应该都是"Son oeuvre dans l'imaginaire"。下面是拉康的原文："…il finit par reconnaître que cet être n'a jamais été que son oeuvre dans l'imaginaire et que cette oeuvre déçoit en lui toute certitude. Car dans ce travail qu'il fait de *la* reconstruire pour un autre，il retrouve l'aliénation fondamentale qui *la* lui a fait construire comme *une autre*，et qui *l'*a toujours destinée à lui être dérobée par un autre…"（*Écrits*，p. 249）——译者注

斯特,"Remarques sur la fonction du language dans la découverte fraudienne",载 *Problèmes de la lauguistique générales*)

这就是说,精神分析所研究的语言不应该与现代语言学的那个形式系统—对象的语言系统混为一谈。在精神分析看来,语言可以说是一个次要的能指系统,它依附语言系统并与其范畴有明显关系,但同时又在其上叠加一个专属精神分析的组织,一个特定的逻辑。这个通过主体的言语并在语言系统的能指系统里得以把握的无意识的能指系统,按本维尼斯特的观察,是"超语言的"(supra-linguistique),因为它使用了极为凝缩的符号,而这些符号在有组织的语言(language organisé)里所对应的,与其说是言语的最小单位,不如说是它的高层次的大单位。

弗洛伊德第一个揭示了梦(所以也是无意识)的象征体系的那些极为凝缩的符号的特征。他认为梦系统类似一个字谜或一个象形文字系统:"……可以这样说,梦里的影像活动虽然肯定不是为了让人明白才形成的,但要理解它,其难度并不大于象形文字对其读者而言的难度。"(*Le travail du rêve*)弗洛伊德继续写道:"[梦的符号]通常具有数个意义,有时有多个意义,以至于像中国文字一样,只有上下文才能给出确切的理解。正是由于这个原因,梦可以让人过度解读(surinterprétation),并且可以通过一个单一的内容,表现出欲望的多种念头和多种冲动(Wunschregungen),而这些念头和冲动在本质上常常是极不相同的。"

弗洛伊德引用阿蒂米德鲁斯(Artemidorus)报道的一桩依靠双关语释梦的例子,来说明梦的这种逻辑。"在我看来,当马其顿的亚历山大包围特洛城,久攻不下而失去耐心之际,在神情恍惚之中似乎看见一只半人半兽的森林之神(satyr)在他的盾牌上跳舞,对此,亚里斯坦德(Aristander)给了他一个非常乐观的解释。亚里斯坦德当时正在特洛城的附近跟随着国王。他把 Satyr 一词拆解为 σά 和 τύρος,获得了'国王在更加有力的围攻后拿下了城池'之意(σά-τύρος=特洛属你!)。"弗洛伊德接着写道:"此外,梦与语言表达有着如此密切的联系,正如费伦茨(Ferenczi)正确指出的那样,以至于每一种言语都有自己的梦语。"

我们在这里概述了弗洛伊德在其日后的研究中发展并明确阐述的用精神分析法分析言语的基本原则。这一原则可以概括为:能指具有相对的自主性,遁入其覆盖下的那个所指,并非必然包含在交流言谈时使用的形态—音位单位中。事实上,在希腊语里,satyr 这个单位所包含的两个音节自身并没有意义。但是在这个单位之外,构成 satyr 的两个能指,sa 和 tyr,可以具有另外一个所指,即主体梦由所生的动机——那个即将被攻破的特洛城。于是,在梦的逻辑里,两个能指单位被凝缩为一个单一的、可以具有独立所指(独立于其成分的所指)并能以影像表现的单位:半人半兽的森林之神。

弗洛伊德从对梦的分析中,总结出梦的三种基本运作方式,它们标志着无意识作为一种"语言"是如何运转的:移位(déplacement)、凝缩(condensation)和表现(figuration)。

关于凝缩,弗洛伊德观察到,"当人们比较显梦(contenu du rêve)与隐梦(pensées du rêve)的时候,他们首先注意到的是,那里曾经有过大量的凝缩工作。梦是简短的,贫乏而粗略,相比之下,隐梦则冗长而丰富……"可以设想,凝缩是通过"删略的途径"完成的,"因为梦不是对隐梦逐字逐句的翻译,而是对其非常不完整和非常简略的复现"。但这里不仅仅有删略,而且更是一个交会点的问题(如交会点"森林之神"),"大量的隐梦得以在此相交,因为这些交会点为解释提供了丰富的意义。我们也可以用另外一种方式来表述对所有这一切的解释：显梦的每一个成分都是多重决定的（surdéterminé），因为它们在隐梦中多次被表现过"。弗洛伊德在这里引入了多重决定概念，这一概念对一切以梦和无意识的逻辑为对象的分析，以及对与其相关的一切能指系统的分析，都将是必不可少的。

移位原理在梦的形成中有着不亚于凝缩的作用。"隐梦里那些显而易见的要点有时根本不在梦里表现出来。梦的核心在别处，它的内容不是围绕隐梦，而是围绕另外的一些成分编排的。""由于这种移位的作用，显梦所复现的，仅是被扭曲了的无意识中的欲望。而我们也已经了解这种扭曲，知道它是一个心理部门对另一个心理部门查禁的结果。因此，移位是扭曲的基本方法之一。"

在确定了"凝缩和移位是梦的隐意转换为它的显意的两个基本因素"后，弗洛伊德观察了"梦的表现方式"。他注意到"梦所表达的是隐梦所有的片段之间存在的那种肯定的关系，它是通过把这些关联的成分连作一个整体，形成一个画面或一串事件的方法来完成这种表达的。它把逻辑关系同时表现出来，正如画家在一个雅典学校或一个帕纳塞斯山（Parnasse）的画面上，把所有的哲学家或诗人都画在一起，而现实中的他们从未这样聚集过；但是对于思想来说，他们的确构成了这样的一种团体。"梦如同中文这样一个象形文字语言一样，所运用的逻辑关系只有一种，那就是以直接使用多个符号的方式构成的逻辑关系：即弗洛伊德所说的相似（ressemblance）、和谐（accord）、接触（contact）、"恰似"（de même que）。

弗洛伊德在其他论述中，指出了无意识关系的另一个特点：无意识中不存在矛盾性，排中律对它也是生疏的。弗洛伊德对否定（Verneinung）的研究揭示了无意识中否定的特有运转方式。一方面，弗洛伊德发现"评判功能的完成只有通过否定的象征的建立才有可能"。然而，对一个陈述的否定可能意味的是发自无意识的对其受到压抑的公开表露，而意识对那些被压抑的东西并非是接受的："（没有）任何证据比被分析者答上一句'我没有想到这个'或者'我根本（从来）没有想过这个'更有力地证明我们已经发现了无意识"。弗洛伊德由此得以发现，对于无意识来说，否定不是拒绝，而是把那些认定被否决的东西构建出来，他进而总结道："以这种方式理解否定非常符合如下事实：在分析中没有发现任何发自无意识的'不'字……"

可以清楚地看出，对弗洛伊德来说，梦不能简单地看作是一个象征系统，而是一种不折不扣的语言，即一个符号系统，甚至是一个具有自己句法和逻辑的结构。弗洛伊德这个关于语言的句法性的看法必须予以重视，因为人们常常着眼于弗洛伊德的象征理论而忽略了这一点。

不过当弗洛伊德说到语言时，他指得不仅仅是那个说话主体于其中自我形成又自我解体的言语系统。在精神分析的心理病理学看来，躯体本身是说话的。这里提醒，弗洛伊德看出了癔症的症状是一些"说话的躯体"，并由此着手建立了精神分析法。躯体症状是在一个复杂的象征织网，是在某种语言的多重因素作用下产生的，要消除病症就需要把那个语言的句法原理揭示出来。"如果说弗洛伊德教导我们，要在患者自由联想的文本中沿着象征系统的分枝，来溯本穷源地找到它的言语形式与其结构的结点相交错的地方，这就非常清楚地表明，症状是完全地在语言分析中得到解决的，因为它自己是像语言那样构成的，因为它就是语言，是一个必须说出来的语言。"（拉康）

我们这里只是概略地论及了由弗洛伊德发现的梦和无意识语言的运转规则。我们必须再一次地强调，这个语言与语言学研究的语言系统并不完全等同，而是在后者中形成的；另一方面需要强调的是，这个语言系统本身只有在弗洛伊德找寻其规则的言语中才是真正存在的，所以，弗洛伊德的研究澄清了语言的某些特征，而这些特征是一个不考虑言语的科学永远无法达及的。弗洛伊德所研究的能指系统同时是语言内在的（intra-linguistique）又是超语言的（supra-linguistique），或是跨语言的（trans-linguistique），它具有"横贯"一切业已形成的民族语言的普遍性，因为它所涉及的语言功能确实是一切语言都具有的。弗洛伊德曾假设，梦与无意识的能指系统的这种共性是遗传性的；事实上，人类学精神分析证明，弗洛伊德的观念及他揭示出的无意识的运行步骤同样适用于所谓的原始群体。"今天那些以象征相连接的东西，在以往很可能是以概念和语言的同一性连接在一起的。弗洛伊德写道。象征关系看来是过去的同一性的残余和痕迹。关于这一点，我们在一系列案例中可以注意到，象征符号的同一性远远超出了语言知识的范围。一些象征符号甚至和语言的形成是一样的古老。"

虽然我们还不至于提出假设"原始语言"与无意识的规律相一致的论点——语言学不接受这个假设，而且在目前的认知状况下似乎没有任何古代或原始语言可以证实它——但是，在一些本身就是某种类型的语言的某些能指系统的组织中找出弗洛伊德发现的逻辑规则，应该是更有意义的。弗洛伊德自己也指出："这种象征系统不为梦所专有，我们在无意识的整个影像活动中都可以找到它，它也存在于所有集体的表达之中，特别是大众的表达：如民俗艺术、神话、传说、谚语、成语、日常双关语中；象征系统在那里甚至比在梦里还要齐全。"

现在我们知道,精神分析的范围已大大超过了患者言语混乱的区域。可以这样说,精神分析对语言领域的参与所带来的一个主要成果,就是避免了所指被能指彻底压垮而导致语言变成一个以逻辑分割的不透明的单一平面;而精神分析却恰恰相反,它使语言可以被一页一页地翻阅,它把能指与所指分离,迫使我们以产生了所指的能指来思考所指,反之亦然。这就是说,精神分析的参与阻止了形而上学把各形各色的语言实践都归属为同一个大写的语言系统(Une Langue),同一个大写的言语(Un Discours),同一个大写的句法(Une Syntaxe)的做法,它亦激励人们去探索各种语言、各种言语的差异,或更确切地说,探索用曾被认为是大写的语言系统(La Langue)、大写的言语(Le Discours)构建的各种不同的能指系统。这样一来,大量通过语言系统的能指实践活动就此向语言学家敞开了大门;例如两段同为希腊语并且都符合语法的言语,并非必然具有同样的符号学句法;假如两者以不同的句法构建,其中的一个可能会隶属亚里士多德的逻辑,而另一个会接近象形文字的逻辑。这些不同的句法可称之为跨语言(trans-linguistique)句法。

弗洛伊德第一个把他从梦和无意识句法中获得的结论用于对复杂的能指系统的研究。在分析诙谐语及其与无意识的关系时,弗洛伊德发现,一些诙谐语的构成方法,我们在梦的工作中已经观察到了:简洁(concision)(或省略 ellipse)、压缩(compression)(带有替换成分的凝缩)、倒装(inversion)、双关(double sens)等。另一方面,弗洛伊德从梦和无意识中得到的结论,使他得以涉足无法以其他方式解读的复杂的象征系统,如禁忌、图腾和原始群落里的其他禁戒条律。

弗洛伊德的研究为当今时代提供了一个崭新的语言景观,精神分析法近年来在研究工作中所尝试的,就是对其进行系统性和精确性的阐述。

诚然,语言分析理论没有现代语言学里登峰造极的形式或数理理论所特有的那种严谨。亦诚然,语言学家对精神分析在语言运作中的发现鲜有兴趣,而且我们也很难看出如何有可能把诸如美国结构主义和生成语法的形式化表达和弗洛伊德以降的现代精神分析法所表述的语言运作原理调和在一起。这里涉及的显然是语言观上两种相互矛盾或者至少是不一致的趋向。弗洛伊德不是语言学家,他作为对象所研究的"语言",也不符合语言学所研究的、我们前面揭示的那个经过历史缓慢而艰辛的抽象化过程后形成的形式系统。然而,对语言的精神分析研究与语言学之间的分歧之大,已经超出了仅仅是两者研究对象体积的大小之分。精神分析和语言学在对语言的一般性观念上,存在着根本的差异。

我们下面将力图对两者之间主要的分歧作一个概括的介绍。

当今语言学普遍接受的惯常做法,是在考虑语言时不包括其在言语中的具体实现,即忘记语言在主体的言语之外是不存在的,或者认为主体是隐含性的(implicite),等同于其本身,是与其言语重合的一成不变的单位。而精神分析让这种做法变为一件不可能的事。这个隐含在现代语言学程序深层、由乔姆斯基发掘出来的笛卡尔公设,为弗洛伊德所发现的无意识和无意识逻辑所动摇。从此,倘若不去过问由各个主体与他们言语之间不同关系所呈现出的各种布局(configuration),就很难再谈论某一主体了。主体是不存在的。他在一个包括他者及其言语的复杂的拓扑学①环境中自我形成并自我解体;因此,在不

---

① 拓扑学(topologie):研究空间和形体的一门数学分支;这里引申为对主体相对于他者和言语而言的言语空间的布局的研究。

考虑这个拓扑学的情况下,某一言语的意义就无从谈起。主体和意义不存在,它们在言语的工作(弗洛伊德谈到过梦的工作)中自我生产出来(ils se produisent)。精神分析用意义(即须从理论上圈定的主体的意义)生产(production)这一论题,替代了在结构主义语言学及其转换语法变种看来是平面结构的语言。这个生产不是生成语法意义上的,生成语法是不生产任何东西的(因为它不考虑主体和意义),它只满足于在一个对结构的基础毫不提问的操作过程中合成结构;而一个有效的生产会透过陈述的言语(discours énoncé)这个表层,在陈述行为(énonciation)中——这是语言分析中开启的一个崭新的阶段——为某个主体孕育出某种意义。

在此之前,雅各布森已经提醒人们将陈述行为本身与它的对象(陈述的内容)区分开来,以证明某些被称作转换者(shifter)的语法范畴能够表示下列事实:陈述的过程(procès de l'énoncé)和/或其参与者是以陈述行为的过程(procès de l'énonciation)和/或其参与者为参照的(例如代词"我""将在场固定为言语主体、同时将时间前后顺序定格为'此时'的小品词和屈折变化")。拉康使用这一区分来捕捉陈述之外、陈述行为里的一个不为语言学察觉的所指(无意识):"在'我怕他会来'(Je crains qu'il ne vienne)这个陈述里,'我'是陈述的主体,但不是实际愿望的主体,它只是在场(présence)陈述这个愿望的一个转换者或索引(index)。""作为表露愿望的那个陈述行为的主体,不在别处,而恰恰是在那个必须在逻辑里快快找到其意义的'会'(ne)里……"

通过改动语言观来构建一个将语言作为生产(production)的理论,对陈述行为/陈述的这种区分仅是众多例证中的一个。

精神分析不仅与意义和主体的产生这一论题连在一起,

而且还会引发另一个新的论题：能指比所指（共时的）更为优先。我们这里所指的，远非是布龙菲尔德和后布龙菲尔德语言学对所指概念所持有的那种怀疑态度。相反，在每一个分析里都有所指出现，分析者在言语这个浓缩和移位的梦中倾听的，正是所指间的逻辑关系。但是这个所指不是独立于能指的，而能指却相反，它脱离了在信息交流开始时与之结合的所指，变为自主体，并且可以在有意识交流的所指下面（如上面"satyre"和"我怕他会来"的例子），分割成为一些传递着无意识的、看不见的新所指的能指单位。对语言中能指—所指关系的这种分析表明，"能指是如何在事实上进入所指的，即以一种因其不是非物质性而提出自己在现实中的位置的问题的形式"，拉康写到。他后来更明确地指出："能指对所指的优先性在那个时候似乎就已经不可能在所有有关语言的论述里都说得清清楚楚，而且这个问题也让思想困惑不已，以致语言学家们从来没有能够对其直面相对，即使在今天也是如此。""只有精神分析能够将这种优先强加于思想，因为它证明，能指可以不需要任何哪怕只是最简单思索，就能对奴役着主体的意指进行明确的重新组合，更有甚者，它能够以这种异化性的入侵显现在主体身上，而这种异化性入侵的症状的概念在分析中获得了一个全新的意义：即隐含着主体与能指关系的能指的意义。①"

最后，能指优先原则在被分析的语言中建立了这样一种句法，它跳过话语链的线性意义，把处在文本不同词素中的能指单位根据一种组合逻辑连接了起来。"多重决定首先应当作是一个句法事实。"这种对能指链的碎片化（morcellement）、义延

---

① 索绪尔在他的《易位书写》一书中，是第一个听到/理解（entendu）这个"能指优先"正在制定一个谓之"诗性"的理论的语言学家（见本书"文学"一节）。

(ramification)、合并(recoupement)，形成了一个复杂的能指网，主体在里面回想复杂而变动的实在界，但是他却无法用任何意义确切的名称把它固定下来（概念层面除外），因为"没有任何一个意指不是靠着另一个意指的附注才得以成立的"（拉康）。

上面我们就语言分析观里的几个基本原则，对它们相对于现代语言学的愿景而表现出的激进的创新性所作的概括性介绍，不可避免地提出了下面的问题：这些原则能不能被引入对语言的认识里面？这将是一个今天还不可能对其作出预测的举措，更遑论它的结果了。但显而易见的是，这种分析语言的态度一定会触及科学语言的中立的系统性，并迫使形式语言学改变它的言辞。我们觉得更有可能的是，分析性方法将进入广泛的能指系统的研究领域，即索绪尔一直梦想的那个符号学，并以这种方式修改笛卡尔主义的语言观，使科学能够捕捉到在语言系统中并以其为起点而形成的种种能指系统。

2 语言的实践

语言作为一门专门学科的对象和构成主体及其知识的材料，首先是一种实践。这种日常的实践充斥我们生命的每一秒钟，包括我们的梦境、话语或文字。它是一种在执行中显现并得到认识的社会功能。

一般的交流实践：交谈、传达信息。

演讲实践：政治、理论、科学讲演。

文学实践：口传民俗、书写文学；散文、诗歌、歌唱、戏剧……

这个单子还可以继续写下去：语言遍及人类活动的全部领域。在日常交流中我们几乎是自动地使用语言，好像我们并不留意它的规则，而演说家和作家则总是不断地面对这种材料，并以对其规律的不言而喻的谙熟运用它。可以肯定地说，即便是科学也还没有完全探明这些规律。

演说家与雄辩家

历史记载着那些口才让听众赞叹不已、如痴似醉的古希腊和古罗马著名演说家的例子。我们知道，征服听众的不是，或不仅仅是演说家的"思想"，而是他们用民族语言传递思想的技巧。

在希腊，辩才也是到了公元前 5 世纪末期，受修辞大师和辩术家的影响，在任何公民都可以通过演说来参政的议会大厅里发展起来的。不过人们认为，辩术的起源是西西里岛，产生于法庭上公民的辩护发言。正是在那里的叙拉古城（Suracuse），考拉克斯（Korax）和提锡厄斯（Tisias）合著了第一部修辞论，并区分出下列构成演讲的部分：开场白（exorde）、叙述（narration）、讨论（discussion）和结束语（péroraison）。但他们也发明了可能性（vraisemblance）这样一个模糊而卑屈的概念。这个概念曾经在公众事务中扮演过重要角色。当一个羸弱的人被指控打了一个伤残人，这会是不大可能的（invraisemblable）；而当一个身强力壮的人被指控打了一个伤残人，这也会是不大可能，因为他的强壮自动地置他于易被指控的地位。可能性的概念有如此大的伸缩性，这对那些权高位重的人来说显然是有好处的……

以普罗泰格拉（Protagoras，前 485—前 411）为代表的辩术家在演说艺术的形成中起了决定性的作用。在他的《论辩艺术》（*Art de disputer*）一书中，普罗泰格拉声称"在任何问题上都存在有两种相反的观点"，而一个完美的演说家应该能使

"弱势的观点取胜于强势观点"。高尔吉亚(Gorgias,前485—前380)是名气最大的辩术家中的一员：集文体大师与辩证家于一身,他发明了诸如将形式相近的语词放在语句两个连续词组中使之相互烘托等经典辩术手段。高尔吉亚为我们留下了一篇《皮提亚演说》("Pythique")、一篇《奥林匹亚演说》("Olympique")、一篇《祭文》("Oraison funèbre")、数篇《赞美文》("Éloges")（如"Éloge d'Hélène","Défense de Polamède")。安蒂丰(Antiphon,前480—前411),尤其是安多西德(Andocide),伊塞优斯(Isée)和莱西阿斯(Lysias),都是演说稿代写人和司法演说家,后三者并有文字讲演稿留世。伊索克拉底(Isocrate,生于前436)放弃前人的文风,发展了一种结构完美、节制中和、谙熟语言材料、逻辑法则和谐音规律的辩才。他颂扬雅典的讲演稿便是这种辩才的范例。在政治辩才方面,德摩斯梯尼(Démosthène,前384—前322)则颇为出众。他曾是一个体弱并且口吃的孩子,以口含小石子的方法练习朗读,最终练成完美的发音和优美的姿势,这个有关他的传说,早已为人们耳熟能详。他的著名演讲《斥菲利普》("Philippiques"),抨击马其顿国王菲利普二世的政策,为他建立了爱国者的声誉。他先后抵抗过菲利普和亚历山大。亚历山大死后,提帕特罗斯(Antipatros)命令逮捕所有爱国演说家,德摩斯梯尼于逃避士兵追赶途中,在一个波塞冬神庙里服毒自杀。

这个辉煌的演说家群体无疑是当时繁忙活跃的公共生活的产品,它后来也随着雅典的堕落和崩溃而消失了。

演讲的实践将伟大的演说家变成民众领袖,演讲的科学正是在的这个实践的濡染里建立起来的。它所要研究的不是语言系统及其(语法)范畴的(语法)形式系统,而是一些被演说家用来构建一个论据和论证的能指世界,在语言系统内构成的较大的单位(条件当然是完全掌握该语言的语法)。所以在当时的希腊就有了将这些构建的规律规范化需求：这便是修辞学。我们上面已经指出，修辞学创立伊始便分为两个流派：一边是伊索克拉底的弟子们，他们把演讲区分为四个部分：诗章(poème)、叙述(narration)、举证(preuve)和结语(épilogue)；另一边是亚里士多德的信徒，他们遵循老师的教导，特别重视演讲对听众的影响，并把演讲划分为举证(preuves)(或资料内容，contenu matériel)、风格(style)和布局(disposition)。一般认为，举证体系是亚里士多德修辞学的核心。亚里士多德将这些看作是演讲的功能，并由此建立了包含三个部分的理论：修辞论据理论(théorie des arguments rhétoriques)(以逻辑为基础、采用三段论分析)、情绪理论(théorie des émotions)和著者性格理论(théorie du caractère de l'auteur)。

西塞罗(前160—前43)和荷尔顿西乌斯(Hortensius)时代的罗马，也曾享有过其朴素与温和的讲演风格所带来的荣耀。马库斯·图利乌斯·西塞罗(Marcus Tullius Cicéron)曾亲历苏拉(Sylla)、卡提利纳(Catilina)、庞培(Pompée)、凯撒(César)的兴起与败落，他动荡的一生与公元前1世纪罗马的政治活动紧密地绞缠在一起，是古代演说家既强大又脆弱的双面性的完美写照。他荣获过"祖国之父"的尊号，后被放逐，然后又重新获得任用，凯旋般地回到罗马。他撰文赞美加图(Caton)，招致凯撒以反加图的檄文回应；他写下著名的《斥菲利普》("Philippiques")抨击安东尼(Antoine)，最终在三执政之一的安东尼的命令下，被士兵杀害。西塞罗创造了一种崭新的语言：他把希腊的逻辑和哲学带到了罗马，并以他无法抗拒的风格，献身于一个兼有贵族气质与平民政府色彩的政治理想；另外，作为一个讲演者，若能达到令台下听众鸦雀无声、完全信服地倾听自己的讲演，必会生出话语拥有者与主人的感觉，而西塞罗则让这种陶然如醉的感受达到了极致。

塞内卡(Sénèque，前55—公元39)的名望曾一度盖过了西塞罗的荣耀，直到昆体良的出现，这一现象才有所改观。昆体良生于1世纪中叶，曾师从当时有名的演说家多米提乌斯·阿弗尔(Domitius Afer)学习修辞。他在《雄辩术原理》(*Institutions Oratories*)一书中，阐述了他的修辞艺术。他曾在罗马执教二十年，教过几个有名的学生：普林尼(Pline)和苏埃托尼乌斯(Suétone)。后者曾写过一部修辞学家传记。昆体良认为，要培养一个完美的雄辩家，就必须从摇篮时期做起，一直到他走进坟墓的时候为止。他在教授完美讲演的结构与技巧之前，先要教给学生语法、书写、音乐、几何等知识，并对教学、记忆力和朗诵的训练格外重视。他认为，完美无缺地使用语言决不是一种技巧，而是一种只有智者才具有的品质：

> 让我们的雄辩家都成为一些可以真正被称作是慧智的人吧。我指的不仅仅是他的品行必须无可挑剔，因为不管人们说什么，这在我看来还是不够的。他必须是精通一切学问和各种辩才的。也许这样的一只凤凰永远不会出现？是不是我们因此就不那么迫切地去追求完美？多数的古代圣贤不都是这样做的吗？他们虽然承认还没有发现真正的智者，毕竟为我们留下关于智慧的训律。不是！完美的辩才决不是一个空想；它是一个非常真实东西，没有什么可以阻止人类精神达及它……

主导了古代社会的雄辩艺术在今天已显式微。宗教在17世纪时曾给它以滋养(如博须埃[Bossuet]的布道演说)，但日常生活中已很少有杰出演说家出现。当今时代似乎只有革命运动才能为话语施展力量提供一个适宜的舞台。在后一种情况下出现的是反修辞的修辞，因为演说向大众传递的是一种科学的、无人称的话语。这种话语的力量取之于它对经济和意识形态的严密的分析，它的影响力归功于它顺应听众意愿（所指和能指）的能力。

一切统治阶层或阶级都知道利用语言实践，尤其是演讲实践，来巩固他们至上的权力。因为，如果说一个民族的语言几乎是不变的，或者只有难以觉察的改变，那么在这个语言里形成的一切语言形式——各种类别的修辞和风格、能指系统——都含有并强力推行着某种意识形态、某种世界观、某种不同的政治立场。人们常说的那个"说话的方式"远非对话语的内容无动于衷，而每一种意识形态都会找到它特有的形式，它的语言，它的修辞。

因此不难理解，为什么一切社会变革都伴随着一个修辞的变革是一个客观的规律，为什么每一个社会变革都在某种意义上并极为深刻地是一个修辞的突变。在这一点上，法国大革命的例子格外令人印象深刻。

大革命不仅依靠了诸如伏尔泰、狄德罗、萨德等作家在语言本身和法国文学层面所做的大量的创新工作；它不仅在它的法律里提倡改变言辞；而且它本身也是逐字逐句地由它的领袖们的讲演和著作完成的，而不仅仅是由它们宣告的。可以说，通过追踪震撼了17世纪到18世纪法国语言而导致罗伯斯庇尔那句名言的新修辞、新文体的诞生和发展轨迹，人们就会追踪到法国大革命诞生和发展的轨迹……

如果说君主立宪派主要使用的仍然是受昆体良启示的传统修辞，那么随着立法派的兴起，人们开始从学院主义和华丽铺张中自我解放出来。山岳党（起义人民党）彻底改变了演讲艺术，而罗伯斯庇尔则是这种新雄辩术的大师。督政府倒台以后依然喋喋不休地发声，而执政府和帝国却变得悄然无息了。米拉波（Mirabeau）、巴纳夫（Barnave）、孔多塞（Condorcet）、韦尼奥（Vergniaud）、丹东（Danton）、罗伯斯庇尔、圣约斯特（Saint-Just）秉承孟德斯鸠、狄德罗、卢梭的原则，保持了一种缓慢但坚定的要挣脱君主立宪派议员中盛行的古代圣贤的那种拘泥形式和浮华夸张的修辞和文学沙龙里的颓废的古典主义的言辞。共和国在塔西佗（Tacite）和蒂图-李维（Tite-Live）那里找寻它在辩才上的楷模，它曾轮番使用过配得上贵族听众的语调（米拉波）、被征服者（维尔涅）失望的人道主义和令人烦恼的个人主义的哀歌旋律、立法者与廉洁者发出的悲怆（罗伯斯庇尔），最后在波旁王朝复辟时期又重新变得慷慨激昂，为浪漫主义者怀旧情怀的孕育提供了营养。虽然在这个社会各阶层争夺话语的大变动中，对辩才的关注没有改变，但每个阶层都在它的上面留下自己的烙印："那个时候，拉辛和博须埃的语言呼喊血腥和屠杀。它在丹东那儿变成咆哮，在马拉那儿变成吼叫，到了罗伯斯庇尔的口中，它变成了犹如蛇发出的嘘声。但是，它依然纯净如初"，保皇党人德马雷如是写道：

  米拉波①
  内克（Necker）刚刚提出了一个征收占全国收入四分之一的高额所得税。
  "……先生们，在这么多嘈杂的争论之中，我难道不能为今天的审议提几个非常简单的问题吗？

---

  ① 米拉波于1789年9月26日所作的演说《论破产》（*Sur la banqueroute*），载《法国大革命的演说家》（*Les Orateurs de la Révolution française*，Larrousse，1939）。

请回答,先生们,请回答我!

关于我们的处境,财政部长不是向你们描绘了一幅触目惊心的图画吗?

他不是告诉你们,任何的拖延都会使危机更加恶化吗?他不是告诉你们只要再拖延一天,一小时,甚至一分一秒,都会带来致命的后果吗?

我们有其他计划来代替他的提议吗?

……朋友们,听我说一句,就一句。两个世纪以来的挥霍无度和匪盗肆虐,挖下一个将要吞没我们国家的深渊。这可怕的深坑必须填平!好吧,这里有一份法兰西财主的名单。从最富有的人中挑选吧,这样可以减少需要作出牺牲的公民。来挑选吧;因为,为了使广大人民得救,难道不应该牺牲少数人吗?干吧,这两千个显要人物的财产足以弥补财政赤字、恢复你们的财政秩序、国家的和平与繁荣……下手吧,不要心软!牺牲这些不幸的蒙难者,把他们投到深渊里去!深渊也就填平了……你们畏缩了,害怕了……你们多么矛盾、懦弱呵!怎么,你们难道没有想到,如果公布全国经济破产,或更可憎的是,未作公布而使破产变得不可避免,你们会让这件比犯罪还要坏一千倍的事玷污你们的,因为无论如何,这令人恐怖的牺牲至少可以消除财政赤字。你们真的以为自己没有付款就什么都不欠了吗?想想看,那突然爆发的可怕破产,或因破产而生的剧变,会令成千上万甚至数百万的人顷刻之间失去给他们的生活以慰藉甚至是唯一赖以生存的东西。难道你们以为他们会让你们安安稳稳地享用犯罪的果实吗?

这场降临到法兰西头上的灾难,将造成数不清的恶果。你们这些冷漠的旁观者,麻木不仁的自私自利者,你们还自以为是地相信,这场绝望和苦难造成的大动荡会像那么多其他的灾难那样,终将成为过去,甚至因其变动剧烈而会更快过去,难道你们真有把握这许多忍饥受饿的人会让你们安稳地享用种种美味佳肴,花色品种一样不少,味道丝毫不差吗?……不,你们会灭亡的!在这场你们用冷酷的手点燃的遍地大火中,你们不仅声名扫地,你们那可恶的纸醉金迷的生活将烧得干干净净……"

韦尼奥①

自1793年3月1日迪穆里埃(Dumouriez)的部队在亚琛战役中溃败、革命法庭得到加强以后,山岳党逐渐强大。

最后的几个月中,时局急剧变化:3月10日,旺代发生暴动;4月4日,迪穆里埃叛变投敌;5日,救国委员会宣布成立。局势危急,需要更强有力的领导。罗伯斯庇尔证明了这一点。对韦尼奥的辩护已经看不到任何希望:几个星期以后,伦特派的领导成员也遭到逮捕。

"……罗伯斯庇尔指责我们突然变成了'温和派'和'斐扬派'(feuillants)。

我们是'温和派'?罗伯斯庇尔,8月10日当你躲在你的地窖里的时候,我就没有做温和派!'温和派'!不!我不是要熄灭国家活力的那种温和派;我知道自由永远像火焰一样的炙热激烈,它与只属于奴隶的完美平静水火不容:这神圣之火在我的心中燃烧,它的炽热决不亚于燃烧在那些整日炫耀自己性格暴烈的人心中的烈火。

---

① 与米拉波的演说出处相同。

如果我们大家一开始就只想着为这场熊熊大火加柴续薪,这个议会里就不会爆发如此巨大的分歧。我也知道,要在革命时期刻意平息人民的狂热,就像命令被狂风掀起的海浪平静下来一样的荒唐可笑。但是立法者的职责,就是以自己明智的建议尽量地防止暴风雨带来的灾难;假如以革命为借口,为了爱国而必须保护谋杀与抢掠,那么,我就是一个'温和派'!

自从君主制度被废除以来,我常常听到人们谈论革命。我在想:现在只有两个革命可能发生:一个是对财产的革命,即制定土地法,另一个就是导致专制的革命。我决心已定,将坚决地与这两个革命及一切可能导致其发生的迂回式的举动进行斗争。假如这样做就是'温和派',那我们所有的人都是温和派,因为我们都曾投票赞成对提议这两个革命的人处以死刑……"

罗伯斯庇尔①

"……革命政府就是自由对暴政的专政。

……什么时候暴君的震怒不再被称作正义,人民的正义不再被称作野蛮或造反?

……可怜可怜那些保皇党吧,有人这样喊:宽恕那些坏蛋吧!不!需要怜悯的是无辜的人,要怜悯弱者,怜悯不幸的人,怜悯人类!

……法兰西人民内部的敌人分作两派,就像两支队伍。他们打着颜色不同的旗帜,走的途径彼此相殊;但是他们进军的却是共同的目标。

这个共同的目标就是解散革命政府,摧毁国民会议,

---

① 与米拉波的演说出处相同。

也就是说让暴政取得胜利。敌人的一派要把我们推向软弱，另一派则把我们推向过激。一派要把自由变成荡妇，另一派则要把她变成妓女。

……人们把一派叫做'温和派'，这个叫法倒是比称另一派为极端革命者更为贴切。

……假革命也许更常出现在革命的内部而不是外部。他会根据情况，时而温和，时而疯狂般的爱国。他脑子里的想法，前一天在普鲁士、奥地利、英国，甚至莫斯科的委员会中都已决定好了。他反对有力的措施，但当他无法阻止这些措施时，就会把它们推到极端。他对无辜严酷而对罪恶宽容。他甚至会控告那些没钱买通他或地位低下不足引起他热情的罪犯；但是他又谨慎小心，从来不使自己受到牵连而需要为自己被中伤的德行进行辩护；他偶尔也会发现已经公开的阴谋，揭露已经失去面具甚至脑袋的叛徒；但是他会吹嘘活着的、仍然受到信任的叛徒；他从来都殷勤地迎合时下流行的观点，却百般留意地不去阐明、特别不去顶撞它；他时刻准备采用鲁莽大胆的政策，只要它们能造成很多的麻烦；他污蔑那些有百利而无一弊的措施，或者将其修改的面目全非而变得有害无益；他吝于讲真话，却千方百计地去争取撒谎而不被惩罚的权利；他施善如渗漉滴浆，行恶如湍水急流；他对空话连篇的恢宏方案充满热情，对有助于实现人民事业、拯救祖国的方案无动于衷；他热衷于爱国主义的形式；他像与之为敌的笃诚教徒那样依恋外在的行为，宁愿带烂一百顶红帽子①也不愿做一件好事。

……应该行动时他们在高谈阔论，需要磋商时他们

---

① Bonnet rouge：法国大革命时革命派的标志。——译者注

却要立即行动。风平浪静时他们抵制所有有益的变革,暴风骤雨中他们却要翻天覆地地改革一切。你要关押叛乱分子,他们提醒你凯撒的宽宏大度。你要搭救遭受迫害的爱国者,他们却建议你仿效布鲁图斯(Brutus)的严酷无情。当某人效力共和国时,他们会发现他曾是贵族,但这个人一旦背叛共和国,他们便把他的贵族出身忘得一干二净。当停战有益时,他们会向你展示胜利者的棕榈枝。当战争必要时,他们会对你赞美和平的温柔。当我们必须把我们的要塞夺回时,他们却要攻打教堂并登上天堂,他们忘了奥地利人而向教徒开战……"

言语承载某种意识形态并把它强加给人们,而每一种意识形态都有自己的言语。因此不难理解为什么所有统治阶级都格外警惕语言的使用,控制它的形式和传播方式:信息、新闻、文学。人们也清楚地知道,为什么一个统治阶级有它钟爱的言语,有它自己的文学,自己的新闻机构,自己的演说家,并倾向于查禁所有其他不同的言语。

文学

文学无疑是语言运作、精确化和变化的理想领域。从神话传说到口传文学,从民俗文学和叙事诗到现实主义小说和现代诗歌,文学语言表现出丰富多彩的形式,成为文学体裁研究的对象。然而众多的文学体裁被一个共同的特征联系在一起,使它们有别于一般的交流语言。如果说文体学分析各个文本不同的特点,并因此促成了文体理论的建立,那么诗学(la poétique)则试图圈定语言在不同文学形式中所共有的这种功能。人们曾把语言在文学中的这种特殊的功能称作诗学功能(fonction poétique)。那么如何来确定诗学功能呢?

雅各布森用下图表示语言交流：

如果信息以语境为取向，它的功能是认知性、所指性、参照性的（fonction cognitive, dénotative, réferrencielle）。如果语句的目的表达说话人对说话内容的态度，它的功能是情感性的（fonction émotive）。如果语句着重于语境，它的功能就是酬应性的（fonction phatique）。如果语言以语码为中心进行表述，它执行的便是元语言功能（fonction métalinguistique）了。但是"信息以信息为目的（Einstellung），为信息自身利益而加强信息，构成了语言诗性功能（fonction poétique）的特点"。完整地引用雅各布森对语言的诗性功能所作的定义是很重要的：

> 如果无视语言的一般性问题，对这个功能的研究就不会有效果，但另一方面，对语言深入细致的分析要求我们对语言的诗性功能进行认真地研究。把诗性功能压缩在诗歌的范围之内，或把诗歌局限于诗性功能的任何努力，其结果都只能造成过分和欺骗性的简单化。诗性功能不是语言艺术的唯一功能，它仅是其主导的和决定性的功能，而它在其他的言语活动中，就只扮演着次要的、辅助性角色。这个功能突出了符号的可触摸的一面，从而加深了符号与事物的根本性的二元对立。再之，语言学在研究诗性功能时，不能仅局限于诗歌的范围之内。

语言的这个"诗性功能"显然不是某一种言语类别所特有的,如诗歌或文学。诗歌以外的任何语言活动都能产生诗性功能。

对于严格意义上的诗歌来说,这种为信息自身利益而对信息的加强,这种符号与事物间的二元对立,首先表现在诗歌里能指组织(organisation du signifiant),或语言的语音面所起的重要作用上。不同诗句间的谐音、韵律、语调、节奏,等等,其功能远非纯粹修饰性的,而是承载着某种新的所指,加添在显性的所指之上。它是爱伦·坡(Poe)所说的"意指底下的暗流";或如波普宣称的,"音似乎是意义的回响";抑或如瓦雷里(Valéry)指出的那样:"诗,这个音与义之间拉长的踌躇。"研究这种能指组织的现代科学——诗律学,称它是声音的象征。

雅各布森还引入了选择(sélection)和组合(combinaison)的概念来进一步阐明诗性功能。比如一个信息的主题是"孩子",说话人可以在一系列的词里进行挑选(孩子、小孩儿、娃娃、孩童)来代表这个主题;若要对主题进行评论,他也有数个词供他挑选:睡觉、打瞌睡、入眠、打盹儿。

被挑选的两个词在话语链中进行组合。选择的基础是等同性、近似性或相异性,是同义性和反义性,而组合,即序列的构成,则是建立在毗连性上的。诗性功能将选择轴心的等同原则投射在组合的轴心上。等同性被提升到序列构成方法的行列。在诗歌中,每一个音节都被置于和同一序列中所有的音节等同的关系之中;每一个词重音都被认为与另外的任何一个词重音相等;同理,非重音等同非重音,长音(诗律性的)等同长音,短音等同短音,词界等同词界,非词界等同非词界;句法停顿等同句法停顿,非句法停顿等同非句法停顿。音节变成衡量单位,重音亦是如此。

请不要忘记,在谈到梦的句法时,我们已经碰到过毗连序列的等同原则。

建立在语言学和传统的文学描写体验的基础上的现代文学科学,在上述的文学语言特点之外又添加了另外的一些特点,以证明诗性功能实际上是"对言语及其所有成分的一个彻底的重新评估,无论这些成分是什么样的"。正如布拉格语言学派曾经指出的那样,广泛地说,这个重新评估在于,"所有那些在交流语言中只扮演服务性角色的层面,在诗歌语言中获得了相当大的自主性价值。那些聚合在这些层面的表达方式及其相互间存在着的那些趋向在交流语言中变为自动的关系,则趋向于在诗歌语言中得到实现"。能指浸渍了一种似乎复叠在显性所指之上的所指,而它对自主性的这种追求在一些情形中如此强烈深远,竟然使诗文成为一种崭新的语言。这种崭新的语言打破了一个具体语言的交流语言的全部规则,呈现为一个超交流或次交流的代数学(une algebra supra- ou infra-communicative),如勃朗宁(Browning)和马拉美(Mallarmé)的诗中所表现的那样……翻译这些似乎要摧毁通常的交流语言并在上面建造一个新语言的诗文几乎是不可能的事情:通过一个自然语言的材料,它们趋向建立的,是一些更多地服从无意识的普遍法则(所有语言共有的),而非某一语法规则的能指关系。

马拉美通过法语写作,就是要创造这样一种别样的语言。如果说《伊纪杜尔》(*Igitur*)和《骰子一掷,永远不会取消偶然》(*Un coup de dés jamais n'abolira le hasard*)见证了这种语言,马拉美的理论观念则揭示了它的原则。首先,这种语言不是交流语言。"作为对话伙伴,两人之间所发生的最美好的事情,总是他们觉察不到的。"这个需要构建的新语言,穿行于自然语言和它的结构之内,或将其移位使用:"这个目标,我叫它移位——结构,是另一个。"他把交流的显性结构搬离中心并造出一个额外的意义(一首歌):"空气抑或文下的歌,引着预知由此及彼……"如何在语言系统中构建这种语言?首先,马拉美依照当时的比较语言学(它刚刚发现了梵语并正在探索语言的起源),力图了解世界各民族语言的法则。他要寻找的不是一个原始语言——如语言学所幻想的那样——,而是任何语言都拥有的原发性的、普遍的,因而也是隐匿无名的原理:"要很好地感知一种民族语言并全面领会它,就必须了解同时存在的所有语言,甚至曾经存在过的语言,这难道还不是那么的一目了然吗……"(见 les Mots anglais)阅读文字,就是侧耳聆听组成眼前那个结构的每个元素的降生:"而那更是些沉湎于无名与深眠里的新生,接生的听觉此时俯压着它们,带着亘古的沉重与无边的张弛……"

文学写作在神话、宗教、习俗——在人类无意识的记忆中寻找自己的语言。这种无意识的记忆终有一天会被科学通过分析意义的各种不同的系统而揭示出来。

  想象力不仅渴望观赏外部世界景观里那光彩夺目的象征,而且希望把这些景观和用以表达它们的话语联系起来。它这种恢宏的努力触及语言一个神圣而诡异的奥秘。只有在科学彻底清点了地球上所有说过的语言,开始撰写字母从古到今的历史,以及什么是它那个被造字的人们时而猜测、时而误解的近乎绝对的意义的那一天到来的时候再去分析这个奥秘,才是谨慎合适的。但是到了那个时候,将不会再有科学来概括、有人来阐述这些分析了。痴心妄想而已；当下，还是让我们满足于美妙的作家们投射在这个题目上的那点微弱的希望之光吧。

文学的功能是努力昭示这个亘古的语言、这个贯穿言语的无意识的代数、这个设立关联关系的基础逻辑(即雅各布森所说的等同逻辑)的规律："绝妙地从逻辑那原始的雷霆之力中获得并化为己有的清澈结构。"(Le Mystère dans les letters.)抑或"而文学比这个更具精神性；事物是存在的，我们不需要去创造它们；我们只需要捕捉它们之间的关联；正是这些关联的线缕，构成了诗篇与乐章"(Sur l'évolution littéraire)。

那么文学的目的是什么？它的目的就是通过手头的文字，通过语言系统本身来达到人类梦想的规律，并将这些规律展现在回归本源的象征的舞台上："我相信，文学一旦回归本源，即艺术和科学，它将为我们提供一个舞台，台上上演的将是真正的现代崇拜物；一本书，对人的诠释，足以惬怀我们最美好的梦想。"(Sur le théâtre)

代表诗性功能特征的这种符号的自主性，在其他文学文本里并没有如此显著，文学语言与交流语言各自的特点也没有太大的差异。浮光掠影地浏览一本现实主义小说，除了文体自身的不同之外，的确察觉不出它的语言与日常交流语言之间存在殊异。事实上，一些诸如叙事诗和小说的体裁，并不像诗，尤其像现代诗那样，把拆解能指作为首要的功能。它们从本民族语言里符合语法的句子中借取通用的规则，却是把文学的整体空间(ensemble de l'espace littéraire)作为一个特别的系统，或一种语言，来组织的。请不要忘记，克罗齐(Croce)、斯皮策(Spitzer)和另一些学者的著作，都是把关注点放在对文学语言或将文学作为语言的研究上的。

在另一个较之更为积极、摆脱了美学且与语言研究紧密相连的平面上，俄罗斯形式主义，特别是OPOJAZ①揭示了这种组构在叙述题材中的基本的（和几乎所有情况下放之皆准的）规则。普洛普（Propp）分析了俄罗斯民间故事，区分出它的结构脉络、主要角色和它们的行为逻辑。雅各布森、托马舍夫斯基（Tomachevski）等人是首先把文学文本作为结构性能指系统对待的学者。列维-斯特劳斯（Lévi-Strauss）则更为精确地描写了神话语言的结构（*Le Cru et le Cuit*，*Du miel aux cendres*）。从此以后，语言学家与文学家之间的合作愈加紧密，将用来分析语句的语言规则移用于神话、故事和小说这些更大的篇章的尝试也越来越频繁，越来越富有成果。这样的研究今天也同样用在了现代文学上面，它把受惠于最新科学启示的分析方法与最超前的语言实践相结合，其重要性怎么强调都不为过。

最新出版的索绪尔的研究著述对这一领域的研究具有重大的意义。在涉及诗歌语言的系统时，索绪尔在他的《易位书写》（由斯塔罗宾斯基 Starobinski 部分出版，法国水星出版社，1964年；《原样》丛书，第37册，1969年）一书中所作的一些论证，似乎对语言符号的概念提出质疑。他在研究农神体诗和吠陀诗歌中发现，每行诗里都隐含着一个人名，或是一个神祇，或是一个军事统帅，或是某一其他人物，这些名字由分散在不同词中的音节组合而成。这样一来，每一个信息都包含另一个隐匿的信息，而后者同时也是一个双关编码（double code），每一个文本也是另一个文本，每一个诗歌单元至少含有一个也许是无意识的、通过一个能指的游戏而重组的双重意指。这个显性文字之下必藏有一个人名的规则究竟可靠到

---

① Obščestvo izučenija POèti českogo JAZyka 的缩写形式，即"圣彼得堡诗学语言研究会"。——译者注

什么程度,对此,索绪尔的结论可能存有偏误,但重要的是,他通过这个"错误",揭示出诗歌运作的一个特征,即一些附加的意义潜入言语信息,它们撕破言语信息不透明的结构组织,重新搭建起另外一个能指的舞台:就像一种使用言语符号材料的速写文字,写出的是一个叠加在由交流线路输送的信息之上并增大其信息量的跨言语信息。我们看到,上面的构想是以怎样的方式,驳斥了诗歌信息的线性论点,并提出诗歌语言是一个复杂的、具有多层次语义的网络的论点来取而代之。

在科学对文学文本的构成进行研究的同时,文学则通过自身的实践来探索自己的构建规律。现代小说成为对传统叙事的恒理与定规的拆解(désarticulation)和对叙事语言的探索。它揭示叙事的手法然后把它们炸得粉碎。"新小说"成为一部十足的叙事语法大全:米歇尔·布托尔(Michel Butor)的《变》(la Modification)、阿兰·罗布-格里耶(Alain Robert-Grillet)的《窥视者》(le Voyeur)和《橡皮》(les Gommes)、娜塔丽·萨洛特(Nathalie Sarraute)的《向性》(Tropismes),都对传统叙事的结构单位进行了探讨:叙述情境(叙述者——作者/读者——"你");人物,这些变作人称代词的无名实体;故事情节的跌宕起伏、循环往复的线索,等等。而作者写作的目的,常常是非常有意识地将叙事的章法和与之相随的言说情境的规则一起全盘曝光。于是,现代小说不但成为一门叙事的科学,而且还成为一门言语的科学。它研究言语的主体、角色、表现方式,并由此进而研究通过语言并以语言实现的表现方式问题。它是一门隐性的科学,有时甚至会变为显性科学,但无论如何,它至今仍然是一个未被实证科学系统化的领域。

另外,通过突出表现我们所说的"语言的诗性功能",现代小说不但变成对叙述结构的探索,而且也成为对语言系统的语句、语义和句法的结构本身的探索。当今法国小说的创作回归马拉美和埃兹拉·庞德(Ezra Pound)的写作模式,如菲利普·索莱尔斯(Philippe Sollers)的《数》(*Nombres*)(我们这里的讨论不涉及这部小说的意识形态层面),成为一种对法语语音、词汇、语义和句法资源的精密分析,并在此基础上建立了一种为操用这种语言进行交流的人所陌生的逻辑。这种逻辑如梦一般的凝缩,已经接近表意文字或汉语诗歌的律则——写在法语文字里的汉语象形字,把我们从整个"逻各斯中心主义"("logocentrique")科学(就是我们在前面分析过程中阐述那个)一直都想使我们接受的是我们的语言的形象的那些东西中解脱出来。

3 符 号 学

在我们的论述过程中,特别是在前两章中,我们有机会探讨了一些能指系统(梦、诗歌语言),并把它们作为"语言"的特殊类型看待。显然,语言一词用在这里,其意义与语法描写的那个语言系统的意义是不相吻合的,两者之间唯一共同的地方,就是它们都是符号系统。那么,这又是些什么样的符号?它们之间有何关系?相对语法的对象—语言系统而言,它们之间有何不同?

这些问题自斯多葛学派(stoïciens)以降,就以不同的重视程度被不断地提出来:其间有中世纪的"意指方式",再经过隐士们和他们的逻辑理论,一直到了18世纪的洛克、莱布尼茨、孔狄亚克、狄德罗等首批"符号学家们"那里,才逐步迈向了一个普遍的语言和意指理论。但是中世纪的"意指方式"所反映和论证的,是一种只需要在语言系统里找到支撑基础的先验的神学论。与此相反,18世纪的思想家们把符号视为理想主义的神经中枢，并试图将它回收利用，借以证明实在界是它根植的土壤，而一个有组织的社会里的自由主体的意识则是实现它的王国。符号学今天所做的，就是继续这种被资产阶级大革命所中断、被黑格尔历史主义和逻辑—实证经验论所窒息的努力。通过这种努力，加之对符号母体本身、符号类型以及它们的局限性和不定性的拷问，符号学成为科学探索语言基本构想、符号、能指系统，以及能指系统的组织结构和转变的域所。

对这些问题的探讨，也促使语言学开始深刻地修正它的语言观。因为，如果语言系统中可能存在数个能指系统，它就不应只表现为一个单一的系统，而是多个能指系统，而且它们中的任何一个都是一个广阔的整体平台。换言之，语言学描写的那个直接参与交流的语言，愈来愈表现为诸多能指系统之中的一个系统，而这些能指系统都是作为语言在不断地产生和实践着——因此，语言一词今后应当书写为复数的形式。

另一方面，多个能指系统似乎可以同时存在，而且它们的形成也未必一定要借助语言或者以语言作为模式。例如，肢体表达、各种视觉标识，甚至图像、摄影、电影和绘画，都是语言，因为它们都是通过使用一个特别的编码，在主体与受体之间传递信息，而不必服从语法所规定的话语语言的构建规则。

将所有这些言语的或非言语的系统都作为语言，即作为符号于其中分节组合为一种差异结构的系统来进行研究，正是符号学（源自希腊语 σημεῖον "符号"）这门新兴的、涵盖广阔的学科所探究的对象。

两位学者，一位是美洲的皮尔斯（1839—1914），另一位是欧洲的索绪尔，几乎同时但又相互独立地对这门学科的必要性作出肯定，并确定了它的基本框架。

作为逻辑学家和公理学家的皮尔斯之所以创立符号学理

论,是为了给逻辑学打造一个基础支撑。他认为(1897),一般而言,逻辑学就是符号学的别称:它是研究符号几乎不可或缺的学说,或者是符号的形式学说。它建立在抽象的观察上,而它的表述则应该接近像数学推理那样的严谨性。所以,符号学应该运用一种逻辑的运算以涵盖所有的能指系统,成为莱布尼茨所梦想的那个"推理演算"(calculus ratiocinator)。符号学包括三个部分:隐含说话主体的符用学(pragmatique);研究符号与所指(designatum)事物之间关系的符义学(sémantique);描写符号之间形式关系的句法学(syntaxe)。

在索绪尔那里,符号学更多的是面向自然语言的。

> 我们可以设想有一门研究社会生活中符号生命的科学;它将构成社会心理学的一部分,因此也是一般心理学的一部分;我们管它叫符号学(取之希腊语的 sémêion"符号")。它将告诉我们符号是由什么构成的,受什么规律支配。因为这门科学还不存在,我们说不出它将会是什么样子;但是它有存在的权利,它的地位是预先确定了的。语言学不过是这门一般科学的一部分,将来符号学发现的规律也可以应用于语言学,所以后者将属于全部人文事实中一个非常确定的领域。确定符号学的恰当地位,这是心理学家的事。① (Cours de linguistique générale)

因此,语言学既然接受符号的"任意性"概念并认为语言是一个差异系统,它就使符号学成为可能的事情:事实上,索绪尔也是因为语言系统可能简约为自主标记(marques

---

① 费尔迪南·德·索绪尔:《普通语言学教程》,高名凯译,岑麒祥、叶蜚声校注,商务印书馆,1980年,第38页。——译者注

autonomes)才预见了语言学将是"任何符号系统的基本模式":"……完全任意的符号会比其他符号更能实现符号方式的理想。这就是为什么语言这种最复杂、最广泛的表达系统,同时也是最富有特点的表达系统。正是在这个意义上,语言学可以成为整个符号学中的典范,尽管语言也不过是一种特殊的系统。"①

但是,索绪尔指出,符号学将不会像逻辑学,甚至也不会像语言学那样,是一门中性的、纯形式的,以至抽象数理的学科,因为符号学的世界是广阔的社会领域,对它的探索,就是加入社会学、人类学、心理学等领域的研究里面。所以,符号学需要从所有这些学科里汲取知识,在用形式化的方法处理它所涉及的系统之前,自己首先成为一个意指的理论。这样一来,符号的科学就和一个意指的和认知的理论,即一种认识论(gnoséologie)变得不可分割了。

20 世纪 20 年代左右,逻辑学的发展在符号学领域引发了一波旗帜鲜明的形式化思潮:我们前面已经看到叶尔姆斯列夫语符学的例子,但把它推倒巅峰的,是维也纳学派的研究成果,特别是在鲁道夫·卡尔纳普(R. Carnap)的著作《论逻辑构建》(*Construction logique*)。如果说符号学现在似乎已另辟蹊径,这个形式化的思潮依然活力勃勃。在那些提出符号学形式化理论的著述中,查尔斯·莫里斯(Ch. Morris)的研究是值得注意的。和卡西尔(Cassirer)一样,他认为人与其说是一个"理性动物",倒不如说他是卷入象征化一般过程或指号过程(semiosis)的一个"象征动物"。莫里斯在《论意指和会意》(*Signification et signifiance*, 1964)一书中对指号过程

---

① 费尔迪南·德·索绪尔:《普通语言学教程》,高名凯译,岑麒祥、叶蜚声校注,商务印书馆,1980 年,第 163—104 页。——译者注

是这样定义的:"指号过程(或符号过程)是一个 5 时段关系——v, w, x, y, z——,其中 v 在 w 身上引发以某种方式 x(d'une certaine façon x)对某个客体 y(certain objet y)在某种情况 z(sous certaine condition z)下作出反应的状态……v 是符号(signe),w 是解释者(interpréteur),x 是解释行为(interprétant),y 是意指(signification),z 是背景(contexte)。"受索绪尔教导的影响,符号学选择了一个明显不同的发展方向。

　　首先,它采取语言学的模式和语言学梳理、组织或解释语言系统的各种方式来构建它所涉及的那些广义的语言系统。人们此时发现,正如索绪尔早前指出的那样,语言系统仅仅是纷繁复杂的符号学世界的一个个别系统,对用于直接交流的语言之外的其他语言(肢体、诗性语言、绘画,等等)的系统化研究,并非必须照搬适合日常交流语言的那些范畴。另一方面,如索绪尔已经阐明的那样,能指系统的形式化显然不可能是纯粹的数学化,因为形式的阐述需要一个理论来保证它的标记及其组合具有确定的意义。

　　我们这里涉及了当代人文科学的根本问题。如果说人类活动各个领域里的反思趋向于前所未有的精确和严密,那么它需要在这些领域中找到最合理的那个作为它的背倚。语言学恰巧是所有研究人类实践的学科里第一个作为精密科学建设起来的学科,因为我们前面已经看到,它最大限度地限定了自己选择的研究对象。所以,人文科学只需把语言学的方法移植到其他领域就行了。作为起步,第一件事就是把这些领域都当作语言看待。可以看出,所有的学科都直接或间接地与符号学挂钩;或者可以这样说,符号学作为符号和能指系统的一般性科学,渗透到了所有的人文学科:社会学、人类学、艺术理论,等等。(Roland Barthes, *Éléments de sémiologie*,

1966)

但是另一方面，如果说人们开始时曾相信符号学可以不需要理论，只要提出一个形式构图——并且尽量地贴近从语言学借取的这个或那个构图——来描写所研究的系统内的单位、层面和关系就行了，那么现在一个越来越明显的事实是，一个没有社会学、人类学、精神分析法等理论相伴随的符号学，就只能还停留在没有多少解释能力的朴素的描述阶段。人文科学不是物理学或化学那样的科学。它们名称里的科学一词最好打上引号（这里参照建立了形式化表达方式的理论操作使用引号的方法）。事实上，对借之于语言学的形式化方法及其基本原则（符号、系统等）进行批判性的反思，将可能导致对这些范畴本身作出修正并重新表达能指系统的理论，甚至将改变整个语言科学的方向。符号学的降临至少带来了这样的一个共识：那种对现代语言学营造的语言对象的缩聚减却，已显现出极大的狭隘性与种种缺陷。思想再次地透过语言的全景镜头，捕捉着纷繁复杂的现实世界——我们似乎又回到那个语言意味着一个有序宇宙的时代，不过这一次，科学加入了探索的队伍……

结构人类学

本世纪中叶，俄国的形式主义学者在语言学发展成果的启示下，对文学进行了近乎结构主义的分析。而人类学则是继文学之后的另一个采用了接近语言学方法论的主要领域。因此，我们可以这样说，虽然结构人类学没有明确地以符号学的身份出现，也没有刻意投入对符号性质的反思和探索，但它确实是一门符号学，因为它把人类学现象视为语言，并将语言学的描写方法用在对它们的分析上。

自莫斯（Mauss）以后的人类学家都饶有兴趣地关注语言学的研究方法，从中获取信息，特别是语源学方面的信息，用以解释礼仪和神话；然而使这种跨学科合作气象一新的强大推力，却是来自特鲁别茨科伊的音位学和视语言系统为交流系统的观念。

结构人类学便是以音位学的方法为基础而建立起来的。它的创始人列维-斯特劳斯早在1945年就写道："对于社会科学而言，音位学必将扮演原子物理学对所有精确科学所扮演过的那种革新者的角色。"事实上，对那些谓之原始部落亲属系统的分析，就是使用了音位学的操作方法。

在音位学和人类学的这次邂逅之前，婚嫁礼仪细节的叫法与规则都是随各种习俗自成体系，其间看不出有任何的系统规律性；但是，亲属系统的成因虽然缘于各种不同性质的历史因素的交合作用，但是从共时整体的观点来看，这种系统却表现出一种确切无疑的规律性。例如，亲属系统有父系和母系之别，其间女子的交换必须遵守一定的规则，如她们被允许可以嫁给某个亲戚，或同一部落、邻近部落或遥远部落的某一成员，而禁止与另一种关系的亲戚或另一种类型的部落的成员通婚。列维-斯特劳斯正是针对这种规律性提出了亲属系统和语言系统的类比关系：

> 在研究亲属问题时（其他问题的研究无疑也是如此），社会学家处于与音位语言学家完全相似的境地：亲属关系的各种名称和音位一样，是意义单位；它们和音位一样，只有在归纳为系统的条件下才获得意义；"亲属系统"和"音位系统"一样，是精神在无意识的思想阶段建立起来的；总而言之，相同的亲属模式、婚姻规则、某些类型的亲属关系之间规范相同的行为举止，等等，出现在世界上相距遥远的地区和截然不同的社会群体里面，这就使我们相信，在所有这些事实中，那些可观察的现象是一些

普遍的但也是隐秘的规律作用的结果。因此,我们的论题就可以以如下方式表述:亲属现象是在不同的现实中表现出的与语言现象类同的现象。那么,社会学家能不能运用一个在形式上(如果不是在内容上)类同于从音位学引进的方法,在自己的学科里完成类似语言科学领域里新近取得的进步呢?

显然,从这一基本原则出发,结构人类学应该像语言学定义一种语言的基本单位那样,为亲属的单位作出定义,同时也为这些单位在结构中的具体关系作出定义。民族学的观察表明,舅权(avunculat,即舅舅的至关重要性)是可以设想到的最为简单的亲属结构。这是一个四项结构:兄(或弟)、姐(或妹)、父、子,结合为(如同音位学)两对相关对立(兄或弟/姐或妹、丈夫/妻子、父亲/儿子、舅舅/外甥),这样一来,两代人中的任何一个里面,都永远存在一个阳性关系和一个阴性关系。内兄弟/妻舅是其中不可免的、处于核心位置的轴心,亲属的结构就是围绕这个轴心构建起来的。

很明显,以音位学规则的模式来建立这样的亲属规则,只有在将亲属系统看作是一个交流系统,并因此将其与语言联系起来的条件下才是可能的。列维-斯特劳斯观察到的正是这样的一个系统。他注意到,一个亲属系统的"信息"是"部群里的女人,她们穿梭往来于部落之间,或娘家或婆家(而不是像语言交流那样,由部群的成员之间互相传话)"。列维-斯特劳斯从亲属规则是社会交流规则这一观念出发,反对人类学家惯常的将这些规则划分成一些杂乱无章的范畴、给它们各不相同的名称的做法:如禁止乱伦、偏爱的联姻类型,等等。他觉得:"它们无一例外,都代表着一种保证妇女在社会群体内流通的方式,即用联姻的社会系统替代生物学的、血缘的亲属关系。这个工作假设一旦建立，人们只需用数学的方法，对所有可以想象的 N 个联姻者之间的交换类型进行研究，就可以推导出运作于现存社会中的婚姻规则，同时也会发现其他的、属于可能社会的婚姻规则。总而言之，人们将明白它们的功能、它们的运作方式和各种不同形式间的关系。"

列维-斯特劳斯在他的研究过程中建立了一个精致入微的亲属系统，他的《亲属关系的基本结构》(Les Structures élémentaires de la parenté, 1949)是这一杰出成果的集大成之作。但我们这里所要做的，并不是去分析这一系统是如何的精妙绝伦。我们只是想强调，语言问题，特别是音位学这一有关语言的个别学科，如何成为撬动另一领域里一门新兴学科——结构人类学的杠杆，从而使其能够揭示交流，亦即人类群体，所依赖的根本法则。

这样的说法是否意味语言和文化完全等同？假若两者之间没有任何关系，人类的活动现在一定是混乱无序的，它们的表现形式也一定是互不相干的。然而，我们所观察到的事实并非如此。但如果反过来说，这两种系统之间的对应关系是全面和绝对的，那么它们之间的互动就不会产生任何的冲突。列维-斯特劳斯也曾对此有过思考，他之后选择了一个折中的立场。经常回顾列维-斯特劳斯的这个立场，对于那些致力于构建符号学这一被认为是研究象征运作的科学的新颖学科的人来说，一定是有百利而无一害的：

在某些方面和某些层次，可能存在着某些可观察到的关联关系，而我们要做的，就是发现这些方面和层次。人类学家和语言学家可以携手合作，来完成这个任务。但是受益于我们最终发现的，将不是我们今天所设想的人类学和语言学：这些发现将惠泽于一个既古老又年轻的科学，一个涵盖广延最大的人类学，即一种结合了不同方法和多种学科的对人类的认识。这一认识终有一天会向我们揭示出那些驱动着人类精神这个我们辩论中不请自来的客人的神秘的力量。

肢体语言

之前在谈到文学语言或诗歌语言问题的时候，我们曾经指出，文学语言或诗歌语言被认为是一个有别于它借以产生的语言系统的能指系统。它拥有独特的元素和确切的组合规律，都需要一一分离出来。而以它作为研究对象的，是符号科学的一个部分——文学符号学（sémiotique littéraire）。自俄国形式主义学者及布拉格语言学派的工作之后，特别是后者把诗歌语言作为符号学本质的部分（如果不是首要的部分的话）而对其进行了大量的投入，这方面的研究有了显著的进展。辅之以结构主义的文学符号学成为研究文学文本最独特新颖的方式，而文学批评和文学教学也无一不被它的方法所渗透浸染。

然而，将肢体动作，如手势、舞蹈等当作语言来研究，这样的可能性似乎就不是那么的明显了。显然，肢体动作是一个传递信息的交流系统，也因而可以被看作是一种语言或能指系统，但要确定这个语言的某些成分却依然是一件困难的事情：这个语言的最小单位是什么（相当于话语语言里的音位、语素或短语）？肢体符号的性质是什么？它是否拥有像话语语言符号那样严格指定的所指？当肢体动作与语词同时出现在信息里，它们是什么样的关系？等等，这些都是有待回答的问题。

在概括介绍当代肢体符号学对以上问题提出的解决方案之前，我们首先需要指出，肢体动作作为意指的重要行为，或者更确切地说,作为意指在语词将其固定之前所萌发的过程,一直为不同文明、各种宗教和哲学所关注。我们在前文中谈到过肢体在符号性(symbolicité),特别是文字产生过程中所发挥的重要作用。这里还可以举出多贡神阿玛的例子:他"挥手一指,世界便创造出来";或班巴拉人的例子:对他们来说,"万物先是以手指为在,默语为名,然后才有体现,才有了可以呼叫的名字与符号"。指示性肢体动作,或简单地说肢体动作,似乎是会意(significance)极为关键的初形,而不是一个意指行为(signification)。肢体实践的这种作为意指孕育空间的属性,无疑使它成为宗教、祭祀舞蹈、仪式所青睐的形式。说到这里,我们一定记得日本的能剧(Nô)里诡秘的传统,印度的戏剧卡塔卡利(Kathakali),或是巴厘岛戏剧等例子。安东尼·阿尔托(Antonin Artaud)正是以后者为模式,提出彻底改变西方戏剧观的建议(Le théâtre et son double)……

　　肢体实践打开了一个被语法研究的那些自然语言所不知晓的符号活动世界。阿尔托(Lettre sur le langage,1931)在对其描述时这样写道:"……除了言语文化之外,还有肢体文化。世界上除了我们西方的语言还有其他语言存在。我们的语言选择了裸赤地、干瘪地表达思想,它呈现在我们面前的思想呆滞而毫无生机,看不到东方语言里那种舞动着充满自然喻意的肢体一路走来的景观。"

　　当哲学在18世纪对符号的运作机制进行探讨的时候,肢体动作成了它反思的一个重要的对象。从孔狄亚克到狄德罗,从初始的肢体动作到聋哑人的手势语言,肢体表达的问题都是百科全书派勾画唯物论意指理论的重要场域之一。

　　孔狄亚克认为,肢体语言是语言的本源:"肢体动作、面部活动的变化及含混不清的语调,这些就是人类最初用来沟通思想的手段。用这些符号构成的语言称作动作语言。"

(*Principes généraux de grammaire*，1775)在研究语言的演变问题时，孔狄亚克强调指出，在那些表达情感的叫喊声符号形成之后，这种动作语言可能就是人类最初的语言了。(*Essai sur l'origine des connaissances humaines*，1746)孔狄亚克对动作语言是这样定义的：

> 看来这种语言被保存下来的主要原因，是为了教给人民一些他们较感兴趣的事物，例如行政和宗教。这是因为这种语言对想象的作用更为鲜明生动，它所造成的印象也就更为长久。它的表现能力甚至具有某种强大与伟大的力量，而这是那些当时仍然相当贫乏的语言所不能企及的。古人把这种语言称作舞蹈：这就是为什么说大卫在约柜前舞蹈。
>
> 人类在完善自己的趣味的同时，也给了这种舞蹈更多的变化，更多的优雅，更多的表现力。他们不仅要使手臂的动作和身体的姿态服从一些规则，而且还要为双足画出应当形成的步法。这样一来，舞蹈便自然地分化成了两类分别隶属它的艺术：一类是，这里请允许我引用一句符合古代语言的说法，姿势舞（danse des gestes)，这类艺术之所以被保存下来是为了帮助人类沟通思想；另一类主要是脚步舞（danse des pas)，人们用它来表现心灵的某些境况，特别是喜悦的心情。人们在欢乐的场合下跳这种舞蹈，而它的主要目的就是娱乐……

孔狄亚克接着对手势与歌唱的关系作了研究，这就使他在分析古人的哑剧（pantomime)时，将它看作是一种艺术，或者更确切地说，看作是一种特殊的能指系统。

类似的主题在18世纪的哲学家和唯物论者的著述里屡

见不鲜。在今天看来,它们可能会显得唐突和幼稚,但是有必要指出,一方面,它们代表了对各种符号实践所作的第一次系统性概括的尝试,而科学此时也才刚刚开始对其展开认真的研究。另一方面,作为对语言起源,或更确切地说对言语之前的符号表达的探索,肢体表达的研究和文字的研究,在当时的时代,似乎都越过了笛卡尔所教导的"主体等同其言语"的雷池,也因此在言语的理性里引入了前意义(pré-sens)这一颠覆性的元素……意义的产生、演变和转化等论题难道不都是这样地通过肢体而渗入了唯物论者的理性主义之中?

20世纪对肢体问题的重新关注,要么是以构建一个语言的一般性学说为框架(R. Kleinpaul, *Sprache ohne Worte ldee einer Allgemeinen Wissenschaft der Sprache*, Leipzig, 1884),要么局限在医学和心理学的范围之内(如聋哑人肢体行为的研究)。但在这两种情况下,肢体表达都被看作是与话语语言对立,并且是不可还原为后者的。一些心理学家证明,语法、句法和逻辑范畴都不适合于肢体表达,因为这些范畴都要对能指的整体进行切割和拆解,因此不符合肢体表达不容拆解的特点。因为,"手势语,P·奥列隆(P. Oléron)写道,不仅仅是语言,它还是行动和对行动的参与,甚至还是对事物的参与"。人们发现,相对话语语言,肢体对言语的情态表达(命令、怀疑、祈求)与言语的表达并无二致,但对语法范畴的表达则不尽人意(名词、动词、形容词)。还有学者注意到,肢体符号具有多义性(即拥有多个意义),而且肢体信息也不遵守通常的"句法"次序(主语—谓语—宾语),所以肢体信息更像是孩童的言语和"原始"的语言:例如,它强调具体性和现时性、运用对比法、置否定和疑问于结尾等。总而言之,以上的观点都是对18世纪朴素认识论的回归。根据这种认识论,肢体语言是真正地道和原本的表达手段,而话语语言仅仅只是一个后到的、有局限性的表现形式……

我们这里面临的,是肢体表达带来的最根本的问题:它是否像其他形式那样是一个交流系统,抑或只是一种产生出在交流中传达的意义的实践活动?选择第一个答案意味肢体表达的研究要套用语言学为言语信息打造的模式,而肢体表达也将因此被压缩为言语信息。相反,对第二个答案的选择则意味试图以肢体表达为出发点,全面更新对语言的一般性看法:如果肢体表达不仅是一个交流系统,而且还产生了这一系统(产生了它的主体和意义),那么我们对任何语言的构想也许都可以完全不同于目前已变得十分常见的交流示意图所表现的那样。这里需要立即说明的是,上面的第二种选择目前还是理论性的,对它的研究只是新近的事情,而且全部集中在方法论上。当前在肢体表达研究中占主导地位的是美国的身势学(kinésique)。

身势学被定义为一套方法论,用来研究"人体活动中那些习得的、形成结构的行为的交流作用"。它诞生于美国,和研究土著部落的一般性行为(语言的或肢体的)的民族学密切相关。人类在交流过程中通过什么样的肢体动作系统来组织自己的身体空间?一个部落或社会群体具有哪些代表性的肢体动作?它们的意义是什么?在复杂的社会交流中对它们应该如何定位?人类学和社会学都意识到了语言和交流在研究社会规律中的重要性,所以率先启动对肢体表达的研究。

然而自此以后,身势学作为一个专门科学独立出来,并更加直截了当地提出了肢体表达在什么程度上可算作语言的问题。

身势学首先承认肢体行为是交流通道中的一个特别的和自主的"层次"。人们用受音位学方法启示但又与其不尽相同的方法对这个层次进行分析,因为在被研究对象的系统化方面,语音学是公认的最先进的人文科学。于是人们在位置和动作中分离出最小成分,找出对立轴线,并围绕这些轴线建立多层次结构里最小成分间的关系。那么这是些什么样的层次呢?它们可以被看作是一些诸如音位、语素等类似语言的层次。另一些学者对这种将肢体语言与话语语言绝对类比的做法持较为保留的态度,提出一套以势子(kiné,即可观察到的身体动作的最小成分,如眼眉的上挑或下落)和势位(kenème,即恢复起始位置之前、以重复方式构成一个信号的同一动作)为单位的自主的分析方法来分析肢体代码。这些单位相互搭配,以前缀、后缀和分缀(transfixe)的形式,进而构成更高一层的形态单位:势形子(kinémorphe)和势形素(kinémorphème)。例如,势子"眉动"可以成为"摇头""手势"等势子的变体(allokinique),或与语音重音结合而构成势形子。势形子的组合产生出复杂的势形素结构。我们可以清楚地看出,这种分析方法与将语言分析为语音、词、从句等范畴的方法十分相似。

  副身势学(parakinésique)是身势学的一个专业分支,研究代表一种社会或个人行为中那些伴随通用肢体代码的个别和附带的肢体动作现象。在这里,与语言学的类比也是显而易见的:萨丕尔定义的副语言学(paralinguistique)同样也研究发声及普遍意义上的言语发音的附带现象。

  虽然说以上的研究还远不能完全覆盖日常肢体行为的复杂性,更无法把握像礼仪举止和舞蹈那样纷繁的世界,但它们毕竟朝着一个研究复杂行为的科学迈出了第一步,对这个科学来说,"肢体语言"的名称将不再是一个比喻的说法。

音乐语言

  音乐理论的研究常常是印象主义的,而不落此俗套的音乐语言研究则极为少见,而且也都是非常新近的事情。即便如此,这些研究的主要工作也仅限于与充斥音乐讲义的那些主观、模糊的言说及精确但纯技术性的研究(声学研究,音长、音频的估量等)划清界限,并从理论上确定音乐与语言的关系:音乐在什么程度上是一种语言?它与话语语言的根本区别是什么?

皮埃尔·布列兹(Pierre Boulez)是将音乐作为语言来研究的先行者之一。他在《学艺手记》(*Relevés d'apprenti*,1966)一书中谈到"音乐性语言",音乐的"语义学""形态学"和"句法学"……与这些研究一脉相承的音乐符号学则将这些术语纳入音乐能指系统这一特定的系统内,以求厘清它们的确切含义。

事实上,这两个系统之间有着大量的相同点。话语语言和音乐都是以时间为轴心,使用同样的材料(声音)并作用于同样的感官。两个系统都有各自的书写系统,以记录它们的单位和单位间的关系。然而,这两个能指系统的结构尽管都是以其成分的声音差别为原则,但这种差别在话语语言和音乐里却是不同性质的。音位的二元对立在音乐里无关紧要,因为音乐编码的组织是以各种音值,即音符的任意性和文化性差异(即强加于某一文明的范围之内)为基础的。

两者间的这种区别只不过是另一个根本差异的结果而已:如果说语言的基本功能是交流,是传递某种意义,那么音乐就违背了这个交流原则。它是在一个主体和受体之间传达"某种信息",但很难说它传递了一个确切的意义。它是差异成分的聚合体,它所展现的与其说是一种言语,不如说是一个代数系统。如果受体听到这个聚合体并将它感受为某种情感、情绪、爱国主义情怀或其他的信息,那也是在一个文化体系框架内作出的主观诠释,而非"信息"自身隐含的"意义"。因为音乐虽是一个差异系统,它却不是一个符号系统。它的构成成分不具所指。在这里,指涉物/所指/能指似乎融为一体,变成一个单一的标记。这个标记和其他标记结合,但它们组成的却是一个不传达任何意义的语言。斯特拉文斯基(Stravinsky)下面这段文字说的正是这个意思:"我认为音乐就其本质来说,不表达任何东西:它既不表达情感、态度,也不表达心理状态、自然现象或其他事物。表达从来不是音乐的基本属性……音乐现象之所以呈现于我们,其唯一的目的是为事物建立某种秩序。所以,音乐现象的实现,就必然而且仅仅需要一种构建。这种构建一旦完成,秩序一旦建立,则一切皆已言明。想要在它里面找寻或听到其他什么东西的努力都将是徒劳的。"

所以,音乐把我们带到了符号系统的边缘。它并非像多数的话语语言结构那样,是一个意在表达的差异系统。我们在肢体语言里也观察到了同样的特征:我们指出了意义在肢体动作中的特殊地位,即意义由肢体动作产生,但它却无法固定在一个产出的所指之上。在肢体动作里,作为意义产生者的编码并不承载其产生出的所指,但这种失却所指的现象并没有像音乐里那样明显,因为肢体动作伴随言语交流,还没有被作为一个自主体(如礼仪、舞蹈等)来进行研究。这是一个让符号学束手无策、让万能的符号蒙受质疑的问题,而音乐使这一问题变得明显了。因为音乐的确是一个不具意义的差异系统,一个非表意的形式体系……

那么,在这一前提下,符号学对音乐系统可以有什么样的说法呢?

一方面,它可以对各种不同音乐文本的形式构造作出研究。

另一方面,它可以构建一个时代或文化通用的"编码",即它通用的音乐"语言"。一个特定的音乐文本的传播能力(degré de communicabilité,即它达及听众的可能性)取决于它与时代音乐编码相似或相异的程度。在类似原始社会的单体社会(sociétés monolithiques)里,音乐的"创作"要求严格遵守被视为是既定的和神圣的音乐编码规则。相反,在被称为古典音乐的时代,音乐表现出了追求多样化的倾向,以至于每个文本都创造出自己的规则而不是恪守"通用"语言的规则。这就是那个著名的失去"普遍性"的现象(音乐史将这一"普遍性"主要归功于贝多芬)。一部与通用音乐语言决裂的音乐文本必须是一个内部组织规范的系统,唯此才可成为一部可传播的作品:例如,一部音乐作品作为一个具有个性的系统,对其坐标性特点的某些旋律片段的准确的重复,就是这个道理。这些坐标性特点在不同音乐家的作品里各不相同,比如巴赫较之他以后的音乐家……鲍里斯·德·斯勒兹尔(Boris de Schlözer)写到,风格是"将自己的灵魂施加于社会的某种程度上的集体产品,是一个时代、一个民族甚至一个群体的某些思维、感受、行为方式的结晶",而"自19世纪初以降,风格死矣"(Introduction à Jean-Sébastien Bach)。

按布列兹的说法,勋伯格(Schoenberg)的作品是当今时代寻觅语言的典型范例。当他来到一个分崩离析的时代,他把这种分解推到极致,那便是音律语言的"悬止"……这是音乐形式演变中一个何其重大的发现!因为,其意义之重大,或许并不是他以十二音序列法实现了半音律的理性组编,而这也正是衡量勋伯格现象的绝对标尺。以我们的看法,那恰恰是因为他将序列法本身作为原则树立起来。我们非常乐意地倾向于认为,这个原则将可以调控一个比半音节音程更为复杂的音律世界。因为,正如调式或音色不但孕生了音乐形态,而且以此为起点,产生了音律句法和形态一样,序列原则蕴含着崭新的形态,它也同样地以这种声音概念本身在其中占据优先位置的音响空间的往复循环,包含了一种全新的句法和新颖特殊的形态……

相比之下，在韦伯恩（Webern）那里，声响的凸显性是基于质材而孕生的结构来达到的。我们想要说的是，作品的架构直接衍生于序列法的配置。换言之——粗略概括地说——贝尔格（Berg）和勋伯格在某种程度上限制了序列文字在音乐语言语义层面的作用——即发明依照非序列修辞法进行组合的成分——，但是在韦伯恩那里，这种文字的作用一直延伸到修辞法本身的层面……

最后，音乐符号学可以构建一个特定时代的某一音乐文本具体的组构规则，将其与同一时期的文学文本或绘画语言的规则相互比较，以确立各种能指系统之间相对的差别、歧异、滞后和超前状况。

看得见的语言：绘画

在一个古典的艺术观里，绘画被认为是实在世界的一种再现（représentation），犹如一面竖立在面前的镜子。它讲述或诠释某个事实，某个真实存在的故事。这种诠释所使用的是一个由形状和色彩构成的独特的语言，在每一个画面上，这种语言都是以图画符号（signe pictural）为基础组构成系统的。很显然，从这样一个艺术观出发，便可以把一个画面分析为一个结构，这个结构包含具有自身特点的实体单位及配置组合这些单位的规则。近年来才有人开展这个领域的研究工作，其中必须提及的是迈耶·夏皮罗（Meyer Schapiro）所作的研究。他的研究主要目的，是首先为图画符号，亦称象似符号（signe iconique）作出定义，条件是这些符号必须是存在于图画系统之外的指涉物的图标（"icône"）。他的这个视角为我们提出了一些不同寻常但至今仍无答案的问题：象似符号由哪些成分构成？实物的写生是否可以称作为象似符号？但是将绘画语言的成分压缩为画面之外景观的组成部分，是不是毁损了它的特殊性质？因为线条、形状、色彩的语言才是绘画所特有的语言……

于是人们发现，在解决这些导致定义图画符号的问题之前，再现这一概念的本身成为被质疑的对象，而它正是具象性绘画赖以存在的基础。

事实上，如果我们面对一幅古典绘画，即一幅其象似符号相似于所表现之物的绘画（如巴丽斯·博尔多内 Paris Bordone 的《下棋者》[*les Joueurs d'échecs*]，J·-L·舍费尔 J.-L. Schefer 在其《一幅画作的布景研究》[*Scénographie d'un tableau*]一书中曾作过这样的分析），我们将会发现，这幅画作的语言可以通过三个要点来进行解读：1）画作数目有限的元素在一个封闭的结构中的内在组构（即相关对立元素的组合：人物、物体、造形、景透等）：这就是图像编码（code figuratif）；2）以这种方式表现的实在世界；3）用以陈述图像编码和实在世界的言语。陈述言语（discours énonçant）是一幅画作的第三个元素，只有它才使画作的所有成分联结为一体；换言之，画作无非就是对其分析的文本本身。这个文本在这里成为各种能指的交集点，它的句法和语义单位照应着其他不同的文本，而解读的文化空间便是由这些不同的文本构成的。我们在破解画作的编码时，对画作的每一个元素（人物、图形、位置）都会加上原本可以由解读过程中联想到的文本（哲学教本、小说、诗歌等）给予它们的一个或数个的意义。画作的编码以它的历史氛围为背景，如此写就了画作所构成的文本。

从画作的这种"文本性嬗变"（devenir-texte）中，我们看到画作（和由此而及的象似符号）并不表现实在世界，它表现的是一种"介于世界与语言间的虚幻"（simulacre-entre-le-monde-et-le-langage），文本的星云围绕这个虚幻旋转着，相互交叉补充，一起构成对那个画作的永不完结的解读。曾一度被认为是简单的现实再现，最终表现为以语言永不间断的关联游戏为体现的结构的毁灭。

从这样一种绘画语言观里，可以导致出下面两个直接后果：

首先，特定的图像编码与构成它的语言紧密相关，所以绘画的表现所参照的是语言系统的系统架构。这个系统架构发端于图像编码所表现的虚幻，但超越了它，并在超越的过程中将它全然化解。

再之，结构的概念看起来仅适用于图像编码，但它在由画作变化而来的文本中被画作的解读推离了核心位置。绘画，甚至古典和具象性的绘画，无非都是一个结构编码；这个编码引发启动一个意指过程并且服从于这一过程的编排。这一过程自身则是一种通过一个给定图像编码的过滤而呈现出的一种文化的历史。

我们看到，对象似符号及其系统的这种定义如何引导我们对象征化规律进行探索，而语言符号的规律也越来越清楚地显示，它们只是象征化规律的一个特殊现象。

以M·普莱内（M. Pleynet）的洞见，保罗·塞尚（Paul Cézanne, 1839—1906）在欧洲画坛的出现改变了绘画语言运作的条件。的确，在塞尚和许多追随者的作品中，将画面结构"推离核心位置"并超越图画编码本身的过程——在古典绘画里，这个过程藏匿于画作（或观画主体）的"文本"的字里行间——渗透到物体的自身。于是物体不再是被画出来的物体，而是变作一个永不止息的过程。产生了物体并将其改变得形态万般的种种力量都被纳入这种过程的考虑之列。让我们一起回顾塞尚身后留下的大量未完成和未署名的画作，以及他画中同一形体的反复出现，他对各种不同透视法的使用，和他的名言:"我是不会任由摆布的。"还有,别忘了从单眼透视视角过渡到透过一种双眼视角而感受到的碎片深度感,如此等等,都是对上述论点的支持。普莱内注意到,塞尚以后,对他掀起的革命曾经有过两种诠释:或者将它视为一种纯粹形式化的探索(立体派艺术家),或者认为它是对物体/绘画过程关系的重新调配,而这后一种的解释,始终是最忠实于将物体变为追溯其历史之过程的塞尚式革新的(杜尚 Duchamp,达达主义,反艺术)。

由此而产生的结果,就是画作不再是一个物体:对画作重建的过程替代了画作的再现性。因此,我们可以相对于画作(tableau)——一个封闭的、系统为语言所贯穿的结构——,提出绘画(peinture)的概念与之对立——这是一种贯穿于它所生产的物体(符号、结构)的过程。

随着马蒂斯(Matisse)、波洛克(Pollock)、罗斯科(Rothko)及其他众多艺术家的出现,现代绘画和现代雕塑展现出"以自我历史为背景的某种实践活动在制作—变换中的逐一步骤"。换言之,绘画成为一个制作的过程,这一过程不表示任何符号或意义,仅代表着一种可能性,即从一个有限编码(很少数量的造型、几许色彩的对立、某种造型与某种色彩的搭配关系)出发,制定出一个能指程序,对一开始就作为再现性根基的那些因素的构成成分作出分析。(现代)绘画就是这样地让话语语言住口,而后者通常是附加在以再现为期许的(古典)画作上的。然而面对一副绘画,幻想不复存在,话语戛然而止。

看得见的语言:照片与电影

照片与电影的性质是人们经常探讨的问题,特别是从现象学的角度,但是将它们当作语言去观察分析,还是非常新近的事情。

人们在观察中注意到,照片和电影在捕捉现实的方式上,存在着结构性的差异。因此，巴尔特从照片的时间性（temporalité）里看到一种全新的时—空范畴："空间的现场性与时间的先在性（locale immédiate et temporelle antérieure）"，一种"此地（l'ici）与彼时（l'autrefois）的非逻辑性连接"。照片向我们展现的是一个先前的现实，虽然它造成了一种理想化的印象，但它从来没有被感受为是一个纯粹的幻觉：它是一份文档资料，记录着那个"我们赖以庇身的现实"。

与照片相反，电影将主体投射到他所看到的世界之中，它不是作为对逝去的现实的追忆，而是作为主体正在经历的故事呈现给我们的。我们此前已经看到，电影之所以令人们对想象的现实产生出这种亲临其境的感觉，是因为动态、时间、叙事等都可以被重现出来。

另一方面，除了现象学的评论以外，导演们自己也从一开始就对电影的特征进行探索，并首先总结出这种艺术形式的规律。我们这里所指的是像爱森斯坦（Eisenstein）、维尔托夫（Vertov）这样的理论家。例如，最早的关于电影形式和意指的权威著述要归功于爱森斯坦。他在这些著作中论证了蒙太奇（montage）在电影制作和由此而及的所有能指制作中的重要性。电影并非是以"客观"的、自然主义的方式进行复制，或者继续一个交给它的现实故事：它剪裁连续事件，分离出拍摄镜头，然后以另一种蒙太奇手法将它们重新组合。电影不是在复制事实：它是在操作、组织事实，并为它们建立起结构的框架。各种元素只有在这个由蒙太奇造成的新的结构框架里才获得意义。这个蒙太奇的原理，或更确切地说，将孤立的、相似或矛盾的元素结合在一起，使它们相互碰撞而产生其本身所不具有的某种意指的原理，爱森斯坦是在象形文字中发现的。人们都知道他对东方艺术饶有兴趣，还传说他学了日语……按照他的想法，影片应该是一种象形字文本，其中每一个孤立的元素只有在情境组合中并依据它在结构中的位置才具有意义。让我们在这里一起回想爱森斯坦在《战舰波将金号》(Le Cuirassé de Potemkine)里面拍摄的三个不同的狮子雕像的例子：这三个独立拍摄的镜头连续地播放，构成了一段"电影陈述"，其寓意应该是将布尔什维克革命比作狮子的力量。

因此，电影自诞生之日，就将自己作为语言并寻找它的句法，我们甚至可以说，这种对电影陈述规律的探寻，在电影于话语之外的发展时期表现得更加突出：无声电影所要寻觅的，就是一种与话语的结构不同的语言。

与蒙太奇相对立的另外一种倾向，即一种不对镜头先行剪裁然后再进行编辑的电影叙事方法，而是通过摄影机的摇移(pano-travelling)，拍摄出一组自由动态的镜头；电影似乎对自己语言的句法弃之不用了(推镜头、拉镜头、横向全景、纵向全景，等等)，只满足于滔滔不绝，却并不在意说出的是什么样的语言。安东尼奥尼(Antonioni)、维斯康蒂(Visconti)就是这样做的。而在另外一些人，如奥森·威尔斯(Orson Wells)、戈达尔(Godard)那里，这两种方法似乎都是被接受的。

以上的评论虽然简短，但它却也表明，电影不但可以作为一种具有实体和句法的语言对待，而它其实就是语言。我们甚至觉察到作为语言系统的电影观与作为广义语言的电影观之间的差异。电影语言的内在规则成为目前不少研究的专注对象。人们甚至跨出电影本身的范畴，对连环画的语言展开研究。作为一组接连持续的图画，连环画无疑模仿了电影图像的组合方法，并因此超越了照片和图画的静止状态，把时间和动态引入叙述。孤立的图像(或照片)是一句陈述；当它与其他图像或照片连接组合以后，就讲出了一个故事。我们在这里看到的，是一个正在开启的很有意思的探索领域：一方面是电影语言与连环画语言的关系,另一方面是电影语言和与其相对应、对其作出诠释和支持的语言文本(台词、文字)之间的关系。

然而人们很快发现,这里使用的"语言"一词,不是作为语言学的意义去理解的。更确切地说这是一种类比的用法:既然电影是一个传递信息的差异系统,它就可以称作语言。问题在于,在心理学对电影现象已经作过大量研究的今天,语言学的语言观对电影的分析是否有益于建立一个电影符号学。

克里斯蒂安·麦茨(Christian Metz)在他的《释义电影文选集》(*Essais sur la signification au cinéma*, 1968)一书中指出,电影系统里没有任何东西可以比照语言的音位层面:电影没有音位那样的单位。而且它甚至连"词"这样的单位也没有:人们通常认为,影像就是词,一连串的影像就是一个句子,但对麦茨来说,影像相当一个或数个句子,一连串的影像是一个复杂的言语(discours)段落。这就意味,影像"从来都是话语(parole),而不是语言系统单位"。所以,如果电影有句法的话,那么它的构建就必须以句法为基础,而不是以形态为基础。

我们可以把电影符号学设想为一个外延意义(dénotation)的符号学或者一个内涵意义(connotation)的符号学。在第二种情况下,我们要研究的是取景、摄像机的运动、电影的光线效果等因素。在第一种情况下,我们要做的,是发现一个播放的片段(segment dénoté)所唤起的各种不同的意指、所营造的种种"气氛",等等。另一方面,电影符号学将显然是一个组合性(研究一个共时的整体内的成分的组织情况)结构的符号学,而不是一个聚合性结构的符号学:因为在一个影像链中,可能出现在某一确定位置的单位的数量并非总是有限的。

把研究电影单位的句法规则和编排逻辑作为电影符号学的表现形式,是一种可能的做法。句段交替(syntagme

alternant)便是这种逻辑的一个例证：一个埃及雕像的镜头，一个炼钢高炉的镜头，一个埃及雕像的镜头，一个炼钢高炉的镜头，如此不断重复。如果以文学的方式解释这种编排的用意，恐怕要在两个终极句段（雕像—高炉）之间讲出整整的一个故事来，但这些以不同视角、从各个方向拉向银幕中心的影像所产生的反复冲撞，就可以用电影的语言重现这个故事。句段的交替勾勒出这个故事里讲述的一段历史，即地中海文明的历史（*Méditerranée de Jean-Daniel Pollet*）。

我们看到，以影片的组合性分析来捕捉电影特有的意指方式，是一个复杂的问题：上面摄影的例子中最小的高级单位是什么？影像—声响—说白这些成分怎样连接成一个单位或数个自行结合的单位，等等？显然，语言学原理只有经过重新解释，并根据电影的特定系统修正后，才能在用于电影的分析时取得效果。这里所说的借用，更多的是指对语言学方法的借用：如能指/所指的区分、切割、交流、相关性，等等，而不是对语言学概念的借用。对电影进行符号学研究，其重要性与其他能指系统里的符号学研究一样，在于它揭示了话语语言研究没有能够发现的能指系统的组织法则；这些法则或许某一天使我们能够重新审视语言，发现那些现阶段语言科学中被查禁或被压抑的能指衍生（signifiance）地带：这些地带被我们不得已而称之为"艺术"的东西据为己有，成为其自身发展并对这些能指衍生进行陈述的场所。

动物符号学

对动物行为的观察为我们提供了有趣的资料。这些资料证明，动物界存在着某种往往是高度发达的交流系统。的确，动物以身体表示某种确切状态或功能的丰富的"表达方式"、兽类的各种叫声、鸟禽的啾啾啼鸣似乎在不同的层次表明，动物们使用着某些特别的意指编码。生物学家和动物学家在这方面进行了大量的研究，提供了包括昆虫交流到灵长目动物交流的一系列丰富的资料。这些资料最近由托马斯·A·谢伯克（Thomas A. Sebeok）汇编为《动物的交流》（*Animal Communication*）一书，于1968年出版。

我们将在下面一起驻足考察有关的两个例子：一个是蜜蜂的"肢体"交流，另一个是海豚的"声音"交流。

基歇尔在《音乐通论》（*Musurgia Universalis*，1771）一书的某些章节，是探讨动物语言问题最早的著述之一。然而只是到了20世纪30年代以后，科学才拥有了精确的调查手段来研究动物的编码。

时任慕尼黑大学教授的卡尔·冯·弗里希（Karl von Frisch），于1923年对蜜蜂的舞蹈进行了观察；他发现，当一只飞回蜂巢的工蜂在蜂巢的其他蜜蜂面前飞舞时，这种舞蹈包含着两个基本动作：水平的圆圈动作和类似数字8的形状的旋转动作。这些舞蹈动作似乎是在告诉其他蜜蜂这只工蜂刚刚返回的蜜源花的确切位置：果然，蜂巢的蜜蜂很快就出现在同一蜜源花的上空。卡尔·冯·弗里希猜测它们是被工蜂的舞蹈语言引导来的，它那些水平圆圈动作表示有花蜜存在，8字形的动作则表示发现了花粉。1948年到1950年期间，卡尔·冯·弗里希对这些观察结果作了更加详细的解释：圆圈形舞蹈表示蜂巢与蜜源之间的距离不超过100米，而8字形的舞步则可以指示达6公里之远的距离。具体的距离由一定时间内所飞舞的圈数表示，而蜜源的方向则是由8字的轴心相对于太阳位置的角度来指示的。

我们这里面对的是一个与人类语言非常相似的精妙的编码。蜜蜂可以传递包含数个内容的信息：发现食物、食物的位置和距离；它们拥有记忆能力，因为它们能够把信息储存下来然后再传递出去；最后，它们具有象征化的能力，因为它们

用一组身体动作所表示的是这些动作之外的东西：食物、它的位置、它的距离……然而本维尼斯特指出，尽管这是一个高度发展的交流系统，但要将它类比人类的语言，仍然是一件困难的事情。事实上，蜜蜂的交流系统是躯体的，而非声音的；它背后的预设是激发信息接受者方面的反应，而非它的回答：换言之，蜜蜂之间不存在对话；收到信息的蜜蜂不会把信息再传递给第三只蜜蜂（因此蜜蜂们不会从信息里构造出信息来）；最后一点，蜜蜂的交流似乎仅与食物有关。本维尼斯特的结论是，蜜蜂的交流不是一种语言，而是一种信号编码（code de signaux），它的发展和使用需要一个社会的存在：即

---

① 动物语言：猞猁（上图）和狐狸（下图）表示攻击或友好的各种体态。引自 Thomas A. Sebeok, *Animal communication*, Éd. Monton, La Haye, Bloomington：Indiana University Press, 1968。

蜜蜂群体和它们的群体生活。

①

另一方面,通过对海豚的交流方式进行观察,人们对动物语言有了新的发现。有一些海豚发出可以在水中或空气中传播的声音信号。它们会收到那个接收信号的海豚作出的答复,这样,海豚群就可以知道对方所处的位置。这些信号并不是以定位食物或相互联络为唯一目的。其中有一些似乎只是

---

① 基歇尔在《音乐通论》中为动物的各种叫声尝试记谱。引自 Thomas A. Sebeok, *Animal communication*, éd. par Monton, La Haye, Bloomington: Indiana University Press, 1968。

为了悦耳而发：北极冰层下的海豚就会发出这样的信号。这些信号以 7 000 赫兹的频率开始，其间包括数次几百个赫兹的腾跳般的脉冲，接着频率迅速减弱到低于脉冲前频率的水平。一些信号可持续 1 分钟之久，然后下降至 100 赫兹以下。一个信号频率的改变把这个信号切割成段，使这些信号段在交流中获得区分性价值。最后，这些潜水动物的信号常常是用来定位食物或敌人的：海豚以发出的信号和被障碍物反射过来的回声，帮助自己确定方向。

动物的交流使我们面对这样一种信息系统，它是语言，却又不像是以符号和意义为基础的。符号和意义愈来愈像是人类某种交流类型的特有现象，而不是所有意指行为的共相特征。因此有必要建立一个信号和符号的类型学，为言语交流现象确定正确的位置。

动物符号学让我们发现，一切活体生物那里都存在着信息编码。"这是因为地球上所有的生物，从原生动物到人类，在生物化学的细节方面是如此的相似，谢伯克写道，以致人们几乎可以断定他们都来自生命诞生时的同一个生命形式。多方面的观察均支持这样的假说：即整个有机世界是以线性的方式由原始生命演变而来的，其中最重要的事实是脱氧核糖核酸（DNA）分子的普遍存在。地球上已知的所有有机物的遗传材料一般都由脱氧核糖核酸和核糖核酸（RNA）构成。这两种核酸在其结构内含有代代传递复制的资讯，而且它们还具有自我复制和突变的能力。简而言之，遗传编码是'普遍性的'或'几乎是普遍性的'……"

此外，苏联数学家拉普诺夫（Lapunov, 1963）强调指出，所有生命系统都通过严格定义和稳定的渠道，传递一些数量微小的物质能量，这些物质能量包含着大量的信息并控制此后的一系列的有机物。谢伯克自己的结论是，不论是生物现象还是文化现象,都可以看作是信息过程的多面折射;甚至繁殖现象也可以视作是一个信息—反应的过程,或是地球生命的一个独立于其形式和实质的普遍属性。

　　鉴于目前在这方面所作的研究数量相对较少,要作出任何一种结论都为时尚早,而控制论的生命观可能最终被证明是一个形而上学的假设,这个假设为认知打下基础,同时也限制了它的发展。一些学者仍旧相信,遗传学、信息理论、语言学、符号学的共同努力将有助于理解"指号学(semiosis)"这一在谢伯克看来可以视为生命定义的东西。我们这里面对的,是一个给定的被经验证明的现象学公理:语言的秩序统一了生命与理想性的秩序;话语,这个意指元素,这个构成表达的物质把意义(超验的)和生命再次统一起来,与前一个统一体并行存在。

结　语

　　我们在前面章节中简要回顾的诸多语言表述和语言理论，虽然都是以语言的名义，但它们所研究的对象却是彼此迥然而异的；这些理论或从多方位的视角对这个对象予以阐明，或以不同的方式对它进行解知，但它们更多体现的，是某一社会或历史时期各自独具的认知类型。我们通过语言学认知史所看到的，倒不是人们对语言的认识愈来愈深刻丰富，而是思想对构成它自身的那个未知的世界所进行的探索，构成了贯穿这一整个过程的突出事件。

　　在那个我们习惯称之为史前的时代，对语言的反思与一个自然的和性的宇宙起源说是混为一体的。语言与宇宙起源说不可分割，它以动因、演者和观者的身份，通过对自身的组织梳理，组织梳理着宇宙起源的传说。语句文字（écriture phrasographique）——词符文字（logographie）和语素文字（morphographie）的基础——所宣示的正是这种类型的运作方式。在这种运作方式中，信息无须语词，而是以一种跨语言性的组构方式来传递的。不论是梦还是现代诗，抑或是所有美学系统的象形表达，都是对这种跨语言性的组构方式的体现和弘扬。

古印度和古希腊的原子论试图在从那时起就已被感知为具有差别性的意指行为与它所表示的意义之间进行调和。它们追求一种原子化、微粒化的思路，对融为一体又相为反射的两类系列作出解释。在古希腊理念(l'idée grecque)——这一"超验性能指"(Derrida, *De la Grammatologie*)——尚未出现之际，原子论的尝试构成了哲学和与哲学同时降生、作为一种哲学或逻辑学理论的经验支撑与从属性反射的语法学的出生文证。语法从它诞生之时直至今日，始终都是教育和教学性的，并且是教授哲学所颁布的思维艺术的首要工具。

语言客体——承载意义的有声物质——被从宇宙整体中剥离出来，成为独立的研究对象。将语言抽离于非己性、但又被语言命名和排序的东西之外，这一事实本身，无疑是导致创立语言科学的思想潮流中的一次关键性飞跃。这个飞跃是由希腊哲学和语法学呈献于世人并将其完成的。从此以后，意义成为语法、逻辑及其他所有研究语言系统的学说和理论通过各种方法论去勘测探究的一片广阔而未知的域地。

被剥离和界定为个别客体的语言，最初被认为是一个由元素构成的整体，这些元素与意义和事物之间的关系是人们找寻的对象：人们是以原子论来表述语言的。晚一些的时候，出现了将语言按不同的范畴进行分类的方法：这便是形态学。形态学的出现比关联性思维(pensée relationelle)的句法学早了两个世纪(对希腊和欧洲来说至少是这样的)。

中世纪把语言理解为一种超验性意义的回声，并加深了对意指的研究。在那个时代，语言与其说是一个形态和句法规则的整体，不如说是本体论的一个翻版；它是指符(signe)：即能指(significans)和所指(significatum)。

随着文艺复兴和17世纪的到来，对新发现的语言的分类知识并没有破除形而上学的目标：具体语言都是以一个由波尔·罗瓦雅尔学派制定了法则的共同逻辑作为普遍背景来进行表述的。结构主义的文艺复兴将让位于《普遍语法》这样一个推理性科学。

18世纪试图挣脱逻辑背景的束缚,但并没有因此将它完全排除在外。人们尝试着以一个纯粹语言学的句法来组织语言系统这一表面的事实;但是,以符号作为媒介来解释语言系统与实在界、与宇宙的失序之间的系结,这样的探索依然没有被放弃。

比较主义的来临使人们改变了对语言系统起源的探索方向。人们不再像以前那样地追求实在界,并竭力找到它得以表达的方式,而是把探索的眼光转向一个在时间的长河里繁衍了所有现代语言的母语言。从此,语言—现实界的议题让位于语言的理想的共同演变史的议题。现代语言都已经发展成为一些形式的系统,并含有诸如语音、语法、屈折、变格、句法等子系统。新语法学派把对语言的研究变成了一种对转换操作性的研究:在这里,语言理想的演变史倘若没有被结构化,至少是被系统化了。

20世纪的结构主义抛弃了以纵向为轴心的研究思想。以往的语言学在这种思想的指导下,不是面向语言之外的实在界,就是面向了历史,而结构主义则把关联比较的方法施用于同一语言的内部。于是,自身被切割和界定后的语言系统,成为索绪尔那里的系统,布拉格学派和叶尔姆斯列夫那里的结构。最新的研究将它析解为由愈来愈形式化和自主性的层面构成的层级结构,进而将它表述为无名(不具意义)项之间的一个数学关系系统。在这种极端的形式化里,符号概念本身步实在界概念和历史概念的后尘,消失得无影无踪,语言系统也不再是交流系统,不再是意义产生—表达的过程。语言学到了这一步,似乎走到了它初建时以研究一个对象,一个系统本身的科学自许而开辟的那条道路的顶点。从此以后,它在这条道路上所能够做的,将只是扩大逻辑—数理形式主义在语言系统上的应用。而这样做,也仅能证明它自身具有将一个严谨的形式系统(数学)与另一个必须削足适履的系统(语言系统)结合在一起的能力。可以说,这种形式化,这种将所指剔除出能指的处置方式,压抑了语言系统研究赖以起步的形而上学基础:如语言与实在界的分离和联系问题,符号、意义、交流的概念,等等。当语言学承受一种方法论的形而上学基础原则的重压,并希望摆脱这些原则的时候,这种压抑实际上强化了那个基础,因此人们有理由质疑这种压抑是否有助于——因为辩证法的作用——一个业已启动、旨在批判这些形而上学基础的行动。

因为,在语言学领域之外,对主体与其言语关系的精神分析法研究显示,人们不可能脱离语言的主体去研究语言——不论语言系统表现得如何系统化。话语之外的形式语言系统是不存在的,语言系统首先是言语。

另外,将语言学方法的应用范围扩大到其他能指实践领域,即符号学,有这样一个好处:即以语言学的方法分析一些棘手的对象,并以此愈来愈明确地证明,那些由形式语言学发现的模式并非万能,而对各种意指形式的研究必须独立于语言学所达到这个形式顶峰。

精神分析法和符号学这两门学科,一开始是建立在语言学的基础之上的。它们后来的发展证明,语言学的扩张——这是那个以理想的系统去设计宇宙的、包揽一切的行为所造成的后果——把它推到了自己的极限,并迫使它自我革新,以便对语言的运转,并广而言之,对能指的运转提供更为广阔完整的视野。对于20世纪强加于它的那个系统化和结构化模式,它无疑将继续保留于记忆。但是,它将会把主体、意指形式的多元性,这些形式的历史演变纳入考虑范围,并将自己重新塑造为一个普遍性的意指理论。

这是因为,如果没有一个作为多个能指实践互相作用的社会历史理论,就不可能为语言学正确定位,更不可能建立一个意指的科学。只有在这一理论产生之时,我们才能对那种将一切领域都视为与语言组织相同的思想作出正确的评价;只有到那时,我们才能为语言的位置,为意义和符号的位置,找到正确的坐标。这也恰恰是一个符号学唯一可能迈向的目标。这个符号学不应被理解为一个把语言的模式简单地延伸到任何可能被认为具有意义的对象上的那种符号学,而是一个以具体历史实践活动的深入研究为基础,对指号学概念本身作出批判的符号学。

语言在现代科学和意识形态里的统治地位导致了社会领域普遍的系统化。然而,在这一表象之下,我们隐隐约约可以看到一个更为深刻的征象,即技术官僚社会的科学和意识形态即将发生整体性的突变。因取得对语言结构的掌控而安然自得的西方社会,到了可以将这些结构与一个复杂的和不断变化的现实世界相对照的时刻,却突然发现,自己面对的,正是那些当初成全它建立这一系统的种种遗忘和压抑:可那是一个仅为托词的系统,是不含实在界的语言系统,是符号,甚至只是能指。物转星移,当我们的文化又重新面对这些似曾相识的概念时,它不得不对自己脱胎而出的哲学母体产生怀疑。

因此,当今语言学的研究之凌驾于诸类学科,更有甚者,如巴别塔下变乱的语言一般繁多的各派语言学说纷纷涌现——这个多元性是被人们称作了"危机"的——这一切都表明,现代社会和意识形态正在经历一场自我批判。而这场思想运动的起因,正是语言——这个至今尚未被认知的世界。

参考文献

鉴于本书广征博引的百科性质，我们在对语言学史的阐述中不得不紧扣某些著述的原文，有时甚至逐字引用而无法做到对每处的引证都给出出处。因此，下面仅列出其中较为重要的书目，以备读者查阅。

Caroll, John B.（卡罗尔），*The Study of Language, a Survey of Linguistics and Related Disciplines in America*, Cambridge, MA：Harvard University Press, 1959.

Février, J. G.（费夫里耶），*Histoire de l'écriture*, Paris：Payot, 1958.

Gernet, Jacques（谢和耐），*L'Écriture et la psychologie des peoples*, Paris：Armand Colin, 1963.

Kukenheim, L.（库肯海姆），*Esquisse historique de la linguistique française*, Leyde：Publications romanes de l'Université de Leyde, 1966.

Lepschy, G.-C.（莱普希），*La linguistique structurale*, Paris：Payot, 1968.

Leroy, M.（勒鲁瓦），*Les Grands Courants de la linguistique moderne*, Paris：Presses Universitaires de

France, 1963.

Mounin G.（穆南）, *Histoire de la linguistique des origines au XXe siècle*, Paris: Presses Universitaires de France, 1967.

Pederson, Holger(裴特生), *The Discovery of Language, Linguistic Science in the XIXth Century*, Bloomington: Indiana University, 1962(1st éd. anglaise, 1931; éd. original, 1924).

Robins, R. M.（罗宾斯）, *Ancient and Medieval Grammatical Theory in Europe*, Londres: Bell, 1951.

Zvegintsev, V. A.（泽维金茨耶夫）, *Istoriya Iazikoznaniya XIX-XX vekov*, Moscou: Maison d'Édition Educative et Pédagogigue du Ministève de l'Éducation, 1960.

图书在版编目(CIP)数据

语言,这个未知的世界/[法]克里斯蒂娃(Kristeva,J.)著;马新民译.
—上海:复旦大学出版社,2015.8(2019.3 重印)
(克里斯蒂娃学术精粹选译)
ISBN 978-7-309-11316-7

Ⅰ.语… Ⅱ.①克…②马… Ⅲ.语言学 Ⅳ.H0

中国版本图书馆 CIP 数据核字(2015)第 059811 号

LE LANGAGE, CET INCONNU
DE JULIA KRISTEVA
© ÉDITIONS DU SEUIL, 1981

SIMPLIFIED CHINESE EDITION COPYRIGHT:
2015 FUDAN UNIVERSITY PRESS CO., LTD.
ALL RIGHTS RESERVED.

著作权登记图字:09-2013-821

语言,这个未知的世界
[法]克里斯蒂娃(Kristeva,J.) 著 马新民 译
责任编辑/余璐瑶

复旦大学出版社有限公司出版发行
上海市国权路 579 号 邮编:200433
网址:fupnet@fudanpress.com http://www.fudanpress.com
门市零售:86-21-65642857 团体订购:86-21-65118853
外埠邮购:86-21-65109143
浙江新华数码印务有限公司

开本 890×1240 1/32 印张 11.625 字数 257 千
2019 年 3 月第 1 版第 2 次印刷

ISBN 978-7-309-11316-7/H·2439
定价:45.00 元

如有印装质量问题,请向复旦大学出版社有限公司发行部调换。
版权所有 侵权必究